Jochen Arntz
Holger Schmale

Die Kanzler und ihre Familien

Wie das Privatleben die deutsche Politik prägt

Büchergilde Gutenberg

Lizenzausgabe für die
Büchergilde Gutenberg Verlagsges. mbH,
Frankfurt am Main, Zürich, Wien
www.buechergilde.de
Mit freundlicher Genehmigung
des DuMont Buchverlags, Köln
© 2017 DuMont Buchverlag, Köln
Alle Rechte vorbehalten
Satz: Fagott, Ffm
Gesetzt aus der Documenta und der Gotham
Druck und Bindung: CPI books GmbH, Ulm
Printed in Germany 2017
ISBN 978-3-7632-6977-8

INHALT

Vorwort 7

TEIL I ERSTE FAMILIEN

1 Deutschland auf der Tribüne 13

2 Zeitenwende – Konrad Adenauer 19

3 Aufbruch – Willy Brandt 31

4 Ein Jahrhundertleben – Helmut Schmidt 47

5 Enge – Helmut Kohl 61

6 Patchwork – Gerhard Schröder 73

7 Effizienz – Angela Merkel 89

TEIL II HERKUNFT

8 Hinter der Mauer – Angela Merkel 105

9 Am Rhein – Konrad Adenauer 119

10 Aus der Fremde – Willy Brandt 131

11 In der Pflicht – Helmut Schmidt 145

12 Aus dem Westen – Helmut Kohl 159

13 Auf dem Weg nach oben – Gerhard Schröder 171

TEIL III DAS PRIVATE UND DAS POLITISCHE

14 »Kinder kriegen die Leute immer« – Konrad Adenauer 185

15 »Wir haben abgetrieben!« – Willy Brandt 197

16 (K)ein Familienpolitiker – Helmut Schmidt 209

17 Die Wende – Helmut Kohl 221

18 Gedöns? – Gerhard Schröder 233

19 Ist das noch ihr Land? – Angela Merkel 245

Nachwort
Sigmar Gabriels Babypause –
oder: Die Zukunft der Familie 261

Familienpolitische Zeittafel 268

Literaturverzeichnis 269

Abbildungsnachweise 271

Das Private ist politisch – das war einmal ein Kampfruf der Feministinnen. Die Frauen der 68er-Bewegung begehrten damit gegen ihre Männer auf, die die politische Revolution planten, an den privaten Verhältnissen jedoch festhielten. Die Frauen aber wollten nicht nur Kaffee kochen, Flugblätter abtippen und Kinder hüten.

Sie machten sich auf einen eigenen Weg, der inzwischen weit geführt hat, der Deutschland verändert hat. Wie es dazu gekommen ist, das kann man auch an den Kanzlern und ihren Familien erkennen, und darum geht es in diesem Buch: Es zeichnet ein Panorama der Bundesrepublik, eine unterhaltende Soziologie der Zeit- und Familiengeschichte am Beispiel der Männer und der einen Frau, die das Land persönlich und politisch in den vergangenen siebzig Jahren als Regierungschefs bzw. -chefin repräsentiert und geprägt haben.

Doch so wenig wie Geschichte sich in einer logischen Abfolge entwickelt, so wenig gilt dies für das Leben von Kanzlerfamilien. Wir erzählen ihre Geschichte nicht linear, sondern betrachten sie in drei großen Kapiteln immer wieder neu, unter verschiedenen Fragestellungen. Wie sahen die gesellschaftlichen Verhältnisse aus, unter denen sie gewirkt haben? Wie haben ihre Herkunft, ihre Familiengeschichte die Kanzler und die Kanzlerin geprägt? Und schließlich: Das Private und das Politische. Wie haben die Kanzler und die Kanzlerin das Familienleben der Deutschen abgebildet – oder vielleicht vorweggenommen?

Es beginnt mit Konrad Adenauer, dem Vater von acht Kindern. Mit einer Zeit, in der Kinder, viele Kinder, einfach dazugehören. »Da jitt et nix zo kriesche.« Da gibt es nichts zu weinen, das soll Adenauer zu seiner Tochter Libet an dem Tag gesagt haben, an dem er mit 91 Jahren starb. So ging das Leben weiter. Mit Kindern, Enkeln und Urenkeln. Mit Gelungenen und Missratenen.

Doch ausgerechnet Adenauers Nachfolger Ludwig Erhard, der im Jahr 1964 regiert, als der geburtenstärkste Jahrgang der Nachkriegszeit in Deutschland verzeichnet wird, hat nur noch ein leibliches Kind, eine Tochter. Am Geburtenrekord hatte Erhard also einen eher geringen Anteil. Vater, Mutter und Tochter Erhard aber haben den Deutschen eine Ahnung davon vermittelt, wie die Familie der Zukunft aussehen würde. Die deutsche Durchschnittsfamilie unserer Zeit mit 1,5 Kindern.

Willy Brandt ist mit seinen vier Kindern und seinem abenteuerlichen Leben im Widerstand und Exil die faszinierendste Figur dieser Geschichte. Ein Kämpfer, ein Einzelgänger mit einer bewunderten Frau an seiner Seite, ein schwieriger Familienmensch. Er führt das Land in eine neue Weltoffenheit und übergibt es dann dem einstigen Wehrmachtsoffizier Helmut Schmidt. Der regiert straff und pflegt mit seiner selbstbewussten Frau Loki eine moderne Partnerschaft. Gern hätten sie mehr Kinder als nur eine Tochter gehabt. Richtig populär wird das Paar erst nach der Amtszeit.

Bald folgt der Gegenentwurf: Helmut und Hannelore Kohl sind mit den Söhnen Peter und Walter typisch für eine Sechzigerjahre-Familie. In dieser Zeit hatte man den Eindruck, dass alle Eheleute zwei Kinder haben. Und dass Familie heißt: Der

Vater geht arbeiten, die Mutter bleibt zu Hause, und die Kinder sollen es einmal besser haben. Aber Helmut Kohl regiert in den Achtzigerjahren, das Modell hinter der Fassade zerbricht.

Dann kommt Gerhard Schröder, der Ehe und Familie immer wieder neu versucht, mehr oder weniger erfolgreich. Aber das stört niemanden, weil mittlerweile viele in ähnliche Liebes- und Ehekämpfe verstrickt sind, Wähler und Gewählte. Jeder und jede geben ihr Bestes. Wenn es wieder nicht funktioniert, dann heiratet man halt noch einmal.

Angela Merkel muss die Leistung, die sie bringt, dann nicht auch noch mit einem komplizierten Familienleben vereinbaren. Sie teilt die Erfahrung vieler, die sich ganz auf ihre Arbeit einstellen können, weil sie keine eigenen Kinder haben. Die Gründe dafür, so zu leben, sind sehr unterschiedlich, ein wesentlicher ist die Karriere. Es ist ein Lebensmodell, das viele Deutsche kennen. Doch warum entwickelt die Kanzlerin dann so viel Empathie für die Flüchtlinge?

Das Private ist politisch – in mancher Hinsicht hat sich die Forderung von damals in bundesrepublikanische Realität von heute entwickelt. Einst sehr private Anliegen wie das Erziehen von Kindern, die Krankenpflege, die Sorge für Junge und Ältere, die Wahlfreiheit, Kinder zu haben oder auch nicht, früher tabuisierte Themen wie die sexuelle Orientierung, aber auch Gewalt in der Familie, sind öffentlich geworden. Daran zeigt sich, dass die Grenzziehung zwischen dem, was öffentlich ist und was privat, auf Dauer nicht gleich bleibt. Darüber muss eine Gesellschaft sich immer wieder neu verständigen.

Die heutige Debatte dreht das Motto von damals fast um. Während zum Beispiel die politischen Bedingungen dafür geschaffen wurden, dass das Geschlecht keine Behinderung im Beruf sein darf, stellen junge Frauen oft fest, trotzdem an eine gläserne Decke zu stoßen. Muss es nun nicht eher heißen: »Das Politische ist privat«? Immerhin, mehr als ein Jahrzehnt hat Deutschland eine Kanzlerin, die das Gegenteil vorlebt. Kommen Sie mit auf eine spannende Reise durch die Geschichte unserer Republik, die zeigt, wie sie zu dem Deutschland von heute geworden ist – und warum Angela Merkel ohne Konrad Adenauer nicht zu verstehen ist.

TEIL I

ERSTE FAMILIEN

1

DEUTSCHLAND
AUF DER TRIBÜNE

Angela Merkel ist früh im Bundestag an diesem 22. November 2005. Im schwarzen Hosenanzug sitzt sie in der ersten Reihe der Unionsfraktion. Es ist ein großer Tag im Leben der ostdeutschen Pfarrerstochter, gewiss der größte in ihrem bisherigen politischen Leben. Ihr Blick wandert nach rechts oben, auf die Zuschauertribüne. In der ersten Reihe sitzt ein älteres Paar. Sie trägt ein dunkles Kostüm mit Seidenschal, er einen festlichen dunklen Dreireiher. Angela Merkel lächelt zu den ernst in den Saal blickenden Eheleuten hinauf. Es sind ihre Eltern, Herlind und Horst Kasner. Gleich wird der Bundestagspräsident Norbert Lammert die Abgeordneten zur Wahl des neuen Bundeskanzlers aufrufen. Und der wird zum ersten Mal eine Frau sein, Angela Merkel.

Es sind noch ein paar andere Vertraute der künftigen Kanzlerin in den Bundestag gekommen, um ihr an diesem historischen Tag nahe zu sein. Ihr Bruder Marcus, ihr einstiger Mathematiklehrer Hans-Ulrich Beeskow, ein paar Wegbegleiter und Parteifreunde aus Mecklenburg-Vorpommern.

Einer aber fehlt, wie die Beobachter schnell feststellen. Joachim Sauer, ihr Ehemann. Der Professor für Quantenchemie an der Berliner Humboldtuniversität habe die Wahl am Fernsehschirm verfolgt, heißt es später. Wichtige Arbeiten hätten ihn vom Besuch im Parlament abgehalten. Aber er habe seiner Frau telefonisch gratuliert, am Abend wolle er dann bei einem Glas Wein mit Angela Merkel noch ein wenig feiern. Spätestens bei ihrer zweiten Wahl vier Jahre später zeigt sich, dass Sauer offenbar immer Wichtigeres zu tun hat, als dieser Zeremonie beizuwohnen, konsequenterweise fehlt er dann auch 2013.

Der *Bild*-Zeitung ist das Fernbleiben Sauers am nächsten Tag noch eine eigene Schlagzeile wert, doch sonst haken die meisten das ab als eine Marotte eines vielleicht etwas wunderlichen Professors. Oder sie nehmen die Botschaft wahr, die auch von diesem Umgang der Eheleute Merkel-Sauer ausgeht: Da sind zwei eigenständige, unabhängige Persönlichkeiten, die sich zu einer offenbar dauerhaften, stabilen Partnerschaft zusammengefunden haben, aber jeder für sich verfolgt seine eigene berufliche Karriere. Das ist ein Modell, das viele Deutsche kennen, es auch selber leben. Das macht einen Teil des Vertrauens aus, das Merkel in den folgenden Jahren zunehmend erwirbt.

Kinder passen in ein solches Konzept oft nicht gut hinein. Das ist auch bei diesem Paar so. Seine beiden Kinder aus erster Ehe wachsen bei der Mutter auf. Angela Merkel und Joachim Sauer aber konzentrieren sich ganz auf ihre Arbeit. Obwohl 2005 die CDU/CSU mit ihrem konservativen Weltbild antritt, wieder die Politik der Republik zu bestimmen, zeigt sich an Merkels ganz privaten Lebensumständen, wie sehr sie eine Kanzlerin der Moderne ist. Die ganze Dimension der mit ihr verbundenen Umwälzungen ist an diesem 22. November noch kaum zu ahnen.

Obwohl ein Blick in die zweite Reihe der Besuchertribüne schon hätte Hinweise liefern können, in welche Richtung es gehen würde. Dort sitzen die einflussreichen Frauen Isa Gräfin von Hardenberg, Inga Griese, Sabine Christiansen und Friede Springer beieinander und beobachten die Wahl ihrer Wunschkanzlerin. Sie haben mit ihren Netzwerken nicht unerheblich zu diesem letztlich sehr knapp errungenen Erfolg beigetragen. Die *FAZ* zeigt am Tag darauf das Foto der Frauen auf der Tribüne und identifiziert sie in einem beziehungsreichen Bildtext als »Braintrust der neuen Frauenrepublik«. Die Bemerkung, dass ihre recht ähnlichen blonden Frisuren ein Triumph des Berliner Hofcoiffeurs Udo Walz seien, lässt auf eine gewisse Sorge des doch sicherlich männlichen Texters schließen.

Frauenpower auf der Bundestagstribüne

Jedenfalls wird an diesem Tag deutlich, dass mit Angela Merkel und Joachim Sauer auch gesellschaftspolitisch ein neues Zeitalter an der Spitze der Republik begonnen hat, und das unter konservativen Vorzeichen. Welch weiten Weg das Land in den vorangegangenen beiden Jahrzehnten genommen hat, zeigt ein Blick zurück auf eine ähnliche, wenn auch viel dramatischere Situation 1982 im Bundestag, damals noch in Bonn. Am 1. Oktober stürzen CDU/CSU und Teile der FDP den sozialdemokratischen Kanzler Helmut Schmidt. Auf dem Wege eines konstruktiven

Misstrauensvotums wird gleichzeitig der CDU-Vorsitzende Helmut Kohl zum Kanzler gewählt.

Auf der Empore verfolgt seine Familie die Wahl, und dieses Mal ist es eine klassische deutsche Familie, wie sie damals noch vorherrschend war. Jedenfalls entspricht sie dem gesellschaftspolitisch gewünschten Bild: Die Ehefrau und Mutter Hannelore Kohl verfolgt gemeinsam mit ihren Söhnen Peter und Walter die Wahl des Familienpatriarchen zum neuen Regierungschef der Bundesrepublik.

Dabei geht es seiner Frau alles andere als gut. Sie kommt direkt aus dem Krankenhaus. Sie hatte am Tag zuvor während einer Landtags-Wahlkampfveranstaltung mit ihrem Mann im Ruhrgebiet – von der Öffentlichkeit unbemerkt – eine schwere Gehirnerschütterung erlitten, als eine Fernsehkamera ihren Kopf streifte. »Sie zwingt sich, bei der Wahl ihres Mannes zum Bundeskanzler dabei zu sein, weil sie ahnt, was für ein Gerede entstehen würde, sollte sie der Wahl aus gesundheitlichen Gründen fernbleiben«, schreibt Peter Kohl später in der Biografie seiner Mutter. »In diesem aufgeheizten Klima würde ihr niemand den wahren Grund glauben, zumal ihr Mann und sie den Unfall im Ruhrgebiet bewusst verschwiegen haben.«

Was hätten wohl Angela Merkel und Joachim Sauer in vergleichbarer Lage getan? Die naheliegende Antwort zeigt schon, wie wenig vergleichbar die Lage in Deutschland 1982 und 2005 ist. Wie sehr sich das Land und sein Blick auf die politisch Handelnden verändert hat. So aber sieht Hannelore Kohl sich gezwungen, sich bei ihren Söhnen einzuhaken wie bei zwei »Flügeladjutanten«, wie Peter Kohl sich erinnert. »Meine Mutter war so schwach, dass sie kaum laufen konnte. Wir mussten sie sozusagen zu ihrem Platz auf der Besuchertribüne tragen. Diesen Tag hat sie nur dank ihrer eisernen Disziplin durchgestanden.

Für sie, und natürlich auch für uns, war es ganz wichtig, dass sie um 15.30 Uhr, als das Ergebnis der Vertrauensabstimmung verkündet wurde, Flagge zeigen konnte.«

Verdrängte Krankheit, eiserne Disziplin, Flagge zeigen – nicht zufällig dürften diese zentralen Aspekte der Rolle Hannelore Kohls während der langen Kanzlerschaft ihres Mannes in diesen wenigen Sätzen der Rückschau des Sohnes auftauchen. Dabei war das Muster dieses Zusammenlebens einfach. Und es entsprach in seiner traditionellen Rollenverteilung selbst Mitte der Achtzigerjahre noch der Rollenverteilung in so vielen deutschen Ehen, deutschen Familien. Ein Verdiener, ein Haus, eine Hausfrau und zwei Kinder. Doch es ist ein Modell, das schon da nicht mehr so richtig stimmt. Auch im Hause Kohl nicht, wenn man genauer hinschaut.

Gleichwohl bleiben die Kohls lange Zeit Vorbilder der Mehrheitsgesellschaft, wie auch die viermalige Wiederwahl dieses Kanzlers zeigt. Die perfekte Kleinfamilie ist zwar nur inszeniert, wie wir später sehen werden, aber sie ist ein wichtiger Teil der Marke Kohl. Höhepunkte dieser Inszenierung sind die alljährlichen Sommerurlaube am Wolfgangsee. Heerscharen von Journalisten und Kameraleuten ziehen dann ins Salzkammergut, denen die Kohls ihr Idyll zeigen. Die Söhne bleiben in den Kanzlerjahren dabei allerdings außen vor, sie haben es in der Schule als Kinder des oft umstrittenen Regierungschefs ohnehin nicht leicht.

Nichts läge Angela Merkel und Joachim Sauer ferner als eine solche Inszenierung. Wenn sie wandern gehen, gibt es nur wenige Fotos. Meistens stammen sie von anderen Urlaubern, die ihre Werke an Boulevardzeitungen verkaufen. Dass auf diese Weise auch einmal Ferienfotos mit Sauers Kindern und Enkeln in die Medien gelangen, nehmen die PR-Berater der Kanzlerin gern in Kauf. Es sind Wahlkampfzeiten, und in denen lässt Angela Merkel schon einmal mehr Einblicke auf ihre Persönlichkeit zu, das zeichnet dann das harte Politikerinnenprofil etwas weicher.

Angela Merkels Eltern im Bundestag
bei ihrer ersten Wahl zur Kanzlerin 2005

Doch das Privatleben der Kanzlerin und ihres Mannes ist für die Öffentlichkeit tabu. Noch nie hat ein Journalist ihre Wohnung in Berlin oder ihr Wochenendhaus in der Uckermark betreten, jedenfalls nicht in beruflicher Funktion. Das verbindet Merkel mit ihrem Vorgänger Gerhard Schröder. Der hat allerdings in den Jahren zwischen Kohl und ihr noch einmal einen ganz anderen Lebensstil gezeigt, der aber wiederum mit dem Zeitgeist jener Jahre durchaus korrespondierte.

2

ZEITENWENDE —
KONRAD ADENAUER

Es gibt Bilder, die graben sich für Generationen in das kollektive Gedächtnis einer Nation, bevor auch sie zu verblassen beginnen. Die Bilder vom letzten Weg Konrad Adenauers gehören dazu. Vor allem das weiße Schnellboot Condor, das am 25. April 1967 den mit der Bundesflagge bedeckten Sarg des ersten Kanzlers der Bundesrepublik rheinaufwärts von Köln zur Insel Grafenwerth bringt, von wo aus er den letzten Weg zum Begräbnis auf dem Waldfriedhof von Rhöndorf nimmt. An den Ufern und auf den Rheinbrücken stehen Zehntausende Bürger, um dem alten Mann noch einmal Respekt zu erweisen. 18 Schiffe, darunter einige aus Frankreich, Großbritannien und Holland, folgen der Condor, begleitet von 91 Salutschüssen, einem für jedes Lebensjahr.

Es ist die erste große politische Inszenierung des Staates Bundesrepublik Deutschland. Sie währt mehrere Tage, nachdem Adenauer am 19. April in seinem Haus in Rhöndorf gestorben ist. Es gibt anrührende Momente, wie die Fahrt von seinem Zuhause, ein letztes Mal ins Kanzleramt im Bonner Palais Schaumburg. Der motorisierte Trauerzug folgt dem Weg, den Adenauer seit 1949 fast täglich und fast bis zuletzt zu seiner Arbeit im Parlamentarischen Rat, im Bundestag, im Kanzleramt, in der CDU-Zentrale genommen hat.

Ein Unimog des Bundesgrenzschutzes transportiert den Sarg, gefolgt vom Mercedes 300 Adenauers, gelenkt von seinem langjährigen Chauffeur Peter Seibert. Dann ein Polizeiwagen mit den vier Leibwächtern und schließlich Limousinen mit seinen Kindern und ihren Partnern. So setzen sie mit der Rheinfähre von Königswinter nach Bad Godesberg über und fahren über die Koblenzer Straße – die noch am gleichen Tag in Adenauerallee umbenannt wird – zum Palais Schaumburg. Dort wird der Altkanzler für zwei Tage aufgebahrt und Tausende ziehen am Sarg vorbei, von morgens früh bis tief in die Nacht.

Und es gibt die repräsentativen Momente. Noch nie hat sich in der Bundeshauptstadt so viel politische Prominenz aus aller Welt versammelt wie zum Staatsakt für Konrad Adenauer. Es werden drei Staatspräsidenten und 19 Regierungschefs gezählt, darunter US-Präsident Lyndon B. Johnson und Frankreichs Präsident Charles de Gaulle. Viele nehmen auch am folgenden Pontifikalamt im Dom von Köln teil, der Heimatstadt Adenauers, in der seine politische Karriere als Oberbürgermeister der Jahre 1917 bis 1933 einst begonnen hatte.

Das Ganze ist ein Staatsakt ohnegleichen in der noch kurzen Geschichte der Bundesrepublik. Der Abschied von diesem Jahrhundertmann ist auch ein erster Abschied von der Nachkriegszeit und die stilsicher inszenierte Demonstration der Rückkehr Deutschlands in den Kreis der geachteten Nationen. Zumindest die des westdeutschen Staates, dessen Gründung und Gedeihen auf das Engste mit Adenauers Wirken verbunden sind. Bundespräsident Heinrich Lübke würdigt ihn als denjenigen, der »unseren Weg zurück in die Gemeinschaft der freien Völker vorgezeichnet hat«.

Doch sosehr diese Feierlichkeiten unter den Augen der Öffentlichkeit mit damals ungewohnter vielstündiger Live-Übertragung im Fernsehen zelebriert werden, es gibt auch die ganz privaten Momente, in denen Konrad Adenauer nur seiner Familie gehört. Die Familie war ihm wichtig, und sie war immer schon groß und zeitlebens ein wichtiger Halt. Am Ende nun sind es seine Kinder aus zwei Ehen und ihre Partner, die ihn den ersten und den abschließenden Teil seines letzten Weges begleiten. Es gibt ein Foto von der kleinen Gruppe, die dem schon mit der Bundesflagge bedeckten Sarg auf dem steilen Weg von seinem Haus auf der Rhöndorfer Höhe folgt, den Grenzschutz-Offiziere mühsam bergab tragen. Sein drittältester Sohn, der Geistliche Monsignore Paul Adenauer, führt die kleine Trauergemeinde an. Paul stand seinem Vater am nächsten. Als elfjähriger Junge besuchte er seinen Vater immer wieder im Kloster Maria Laach, wo er sich vor den Nazis versteckte.

Konrad Adenauers Tochter Libet (li) übernahm oft die
protokollarischen Pflichten der Kanzlergattin an der Seite des Witwers,
hier 1962 bei einem Besuch in Washington mit den Kennedys

Er hat von langen heimlichen Spaziergängen in jener Zeit berichtet, auf denen Vater und Sohn einander nahekamen. Und so ist es dann auch noch einmal in den letzten Lebensjahren

Adenauers. Sie wohnen gemeinsam in dem Rhöndorfer Haus und verbringen manchen späten Abend nach den Dienstgeschäften des Kanzlers im Gespräch und bei der Betrachtung der von Adenauer gesammelten Gemälde. Paul spricht am Abend des 25. April die letzten Worte am Grab des Altkanzlers auf dem Rhöndorfer Waldfriedhof, wo er neben seinen beiden Ehefrauen Gussie und Emma die letzte Ruhe findet. Männer in den Uniformen der Rhöndorfer Sankt-Hubertus-Schützenbruderschaft haben den Sarg vom Schiff zu dem Friedhof getragen. Es ist eine sehr altdeutsche Zeremonie, die noch einmal daran erinnert, aus welcher Zeit der Tote stammt.

Doch sosehr die Trauerfeierlichkeiten den Blick zurück richten auf das lange Leben Konrad Adenauers und die Brüche der jüngeren deutschen Geschichte, sie sind auch schon Ausdruck einer neuen Zeitrechnung in der Bundesrepublik. Sie wird nicht mehr allein von Adenauers CDU bestimmt. Noch sind nur wenige rote Flecken in der schwarzen Fronde der christdemokratischen Staatsspitze auszumachen, aber es gibt sie. So sitzt in der ersten Reihe beim Staatsakt im Bundestag auch der SPD-Vorsitzende Willy Brandt, seit wenigen Monaten Vizekanzler und Außenminister der Großen Koalition. Das war eine Konstellation, die zu verhindern Adenauer in seiner aktiven politischen Zeit stets und erfolgreich getrachtet hat.

Es ist interessant, Willy Brandts Blick auf diesen großen alten Mann der Republik zu folgen. In seinen Erinnerungen hat er eine aufschlussreiche Skizze von dessen Persönlichkeit gezeichnet. »Aus kleinbürgerlicher Familie kommend, ins Großbürgertum hineingewachsen, von tief konservativer Grundüberzeugung, nicht ohne liberale Zutaten«, schreibt Brandt. »Fest im Katholizismus wurzelnd, wenn auch nicht klerikal. [...] Auf den Weltkommunismus oder das, was er dafür hielt, war er auch ohne höheren Auftrag fixiert und wusste davon Gebrauch zu machen. Sein Denken im vorigen Jahrhundert wurzelnd; er war immerhin ein erwachsener Mann, als das unsere begann.«

Brandt beschreibt seinen Kontrahenten im Wahlkampf 1961 als einen Mann mit wenig Emotionen und noch weniger Skrupeln. »Menschliche Schwächen unterstellte er und verstand er auszunutzen. [...] Wo es Wirkung versprach, kam eine gute Portion Rücksichtslosigkeit hinzu. Schläue mischte sich mit Starrsinn, der Zweck heiligte manches Mittel, und die patriarchalische Verschlagenheit konnte entwaffnen.« Mit einer Mischung aus Bewunderung und Verachtung konstatiert er die Begabung Adenauers, komplexe Sachverhalte grob zu vereinfachen: »Er sprach noch weniger kompliziert, als er dachte.« Als Beispiel führt er einen Auftritt des Kanzlers in der Debatte um die Westbindung an: »Mit dem Osten wollen wir doch nicht gehen, meine Damen und Herren; zwischen den Stühlen können wir auch nicht sitzen, das wollen ja nicht einmal die Sozialdemokraten. Also müssen wir mit dem Westen gehen.«

Brandt fasst Adenauers Nachkriegspolitik in wenigen Sätzen so zusammen: »Er wollte das Sagen haben. Er wollte seiner politischen Sammlungsgruppierung das Kleid einer Staatspartei anpassen und eine halbwegs satte Gesellschaft im europäischen Westen – mit amerikanischer Rückendeckung – verankern.« Der bei diesem 1989 verfassten Resümee selber schon altersweise und -milde Willy Brandt fügt an: »Hätte den Deutschen, im größeren Teil ihres Landes, nicht Schlimmeres widerfahren können?«

Als Adenauer zu Grabe getragen wird, heißt der Kanzler Kurt-Georg Kiesinger. Er ist schon der zweite Nachfolger des »Alten«. Der hatte sich 1961, nach der nicht mehr ganz so glänzend gewonnenen Bundestagswahl, dem Druck der Jüngeren in der CDU/CSU nicht mehr erwehren können und seinen Rücktritt zur Mitte der Legislaturperiode eingeleitet. Was ihn hart ankommt, ist die Wahl des Nachfolgers: Alles läuft auf Ludwig Erhard zu. Ein Mann, dessen Name eng mit dem Erfolg Adenauers verbunden ist, denn er war der Architekt des Wirtschaftswunders, als Wirtschaftsminister seit dem ersten Kabinett stets an der Seite des Kanzlers.

Doch der schätzt allein dessen wirtschaftspolitisches Genie und hält ihn für gänzlich ungeeignet, an die Spitze der Regierung zu treten, wie er schon 1959 in einem Brief an den Vorsitzenden der CDU/CSU-Bundestagsfraktion, Heinrich Krone, unverblümt schreibt: »Herr Erhard ist der beste Wirtschaftsminister, den wir uns haben wünschen können. Aber auf dem so empfindlichen und gefährlichen Gebiete der Außenpolitik hat er keine Erfahrungen. [...] So ausgezeichnet Herr Erhard als Wirtschaftsminister ist, so gefährlich würde bei den immer stärker werdenden außenpolitischen Gefahren seine Wahl zum Bundeskanzler sein, da er ja als solcher die Richtlinie der Außenpolitik bestimmen muss.«

Dennoch muss er 1963, nach 14 Jahren als Kanzler, sein Amt an Ludwig Erhard abgeben. 1897 geboren, ist Erhard schon ein Mann des 20. Jahrhunderts, aber auch ist er geprägt von zwei Weltkriegen und dem vollkommenen politischen, moralischen, militärischen und ökonomischen Zusammenbruch Deutschlands. Er und seine Frau Luise bringen erste moderne Züge in das so lange von Adenauer bestimmte politische Leben der Bundesrepublik, auch wenn sich das scheinbar nur schwer mit der barocken Erscheinung des populären Politikers in Einklang bringen lässt. Am augenfälligsten ist dies am neuen Kanzlerbungalow ablesbar, den die Erhards mangels einer angemessenen Bleibe in Bonn im Park des Palais Schaumburg bauen lassen.

Den Auftrag dafür bekommt Sep Ruf, einer der bedeutendsten Architekten der westdeutschen Nachkriegsmoderne. Er hat bereits das private Wohnhaus der Erhards am Tegernsee entworfen, ein lichter Bau aus Stahl und Glas.

Und so ähnlich entsteht nun auch der Kanzlerbungalow am Rhein, ein streng gegliedertes Haus aus Stahl und Glas, mit Flachdach und einem kleinen Schwimmbad im Atrium. Ein Teil der Öffentlichkeit und der Medien ist entsetzt, vor allem auf der konservativen Seite, die politisch von der CDU/CSU beherrscht wird. Und ausgerechnet deren Kanzler lässt nun einen offiziellen Wohnsitz bauen, der eher dem später von den Sozialdemokraten beanspruchten »modernen Deutschland« entspricht als der Biedermeierwelt der Konservativen. Was viele auch nicht wissen: Der Kanzler und spätere CDU-Vorsitzende ist selber nie Mitglied der Partei geworden.

Aber nicht nur der Kanzlerbungalow ist neu für die Öffentlichkeit. Erstmals gibt es nun auch eine Frau an der Seite des Kanzlers, denn Adenauer war bei seiner Wahl 1949 bereits Witwer. Und ähnlich wie bei ihrem Mann kann man sich auch in Luise Erhard täuschen. In den damaligen Boulevardmedien wird sie als klassische Hausfrau geschildert, die sich vor allem um das leibliche Wohl ihres besonders deftige Kost schätzenden Mannes kümmere, der auch selbst gern koche. In einem der wenigen Interviews, die sie gibt, widerspricht sie deutlich: »Ich weiß gar nicht, wo die Journalisten das her haben. Es stimmt auch nicht, dass ich vor allem Hausfrau und eine tüchtige Köchin sei. Ich bin froh, dass wir eine Hilfe haben, die mir das Kochen abnimmt.« Luise Erhard hält von der reinen Kinder-Küche-Kirche-Devise nichts, wie Helene Walterskirchen in ihrem Buch über die First Ladys der BRD notiert. Die Kanzlergattin habe beklagt, wie schwer es berufstätige Frauen hätten, sich durchzusetzen.

Aber sie habe auch festgestellt: »Wenn man sich erst an die berufstätige Frau gewöhnt hat, wird es bessergehen. Schon die Frauen der nächsten Generation werden mehr erreichen.«

Luise Erhard spricht auch aus eigener Erfahrung. Schon ihre Mutter leitet nach dem frühen Tod ihres Mannes eine Ziegelei in Fürth. Sie ermutigt ihre Tochter zu studieren, und zwar Volkswirtschaft. Nach der Geburt ihres ersten Kindes unterbricht Luise 1915 das Studium. Ihr Mann fällt im Ersten Weltkrieg, aber schon 1919 kehrt sie an die Handelshochschule in Nürnberg zurück und beendet ihr Studium mit dem Examen. Dort kommen sich Luise und Ludwig Erhard näher und heiraten 1923. Es ist nicht belegt, aber sehr viel spricht dafür, dass die Volkswirtin Luise Erhard eine wichtige Gesprächspartnerin ihres Mannes bei der Entwicklung seiner ökonomischen Konzepte ist, die dann die Grundlage für die Währungsreform und die soziale Marktwirtschaft in der Bundesrepublik bilden.

Als sie 40 Jahre später den neuen Kanzlerbungalow planen, sind ihre Kinder – Lore aus der ersten Ehe Luises und die gemeinsame Tochter Elisabeth – längst aus dem Haus. Das führt dazu, dass es in dem Bungalow eigentlich keinen Platz für Kinder gibt, was vor allem die Kohls mit ihren beiden halbwüchsigen Söhnen später sehr beklagen. Nach der Großfamilie Adenauer sind die Erhards mit ihren beiden Kindern auch in dieser Hinsicht Zeugen der neuen Zeit: Die meisten Familien in der Bundesrepublik jener Jahre haben zwei Kinder, das ist die Norm. Sie gilt auch für die Kanzlerfamilie. Am Ende sind es Tochter Elisabeth und die beiden Enkeltöchter, die am Tag des Rücktritts von Ludwig Erhard als Bundeskanzler 1966 zu den wenigen Getreuen zählen, die sich im Bungalow um den gescheiterten Regierungschef scharen. Adenauers Befürchtung, der Wirtschaftsprofessor sei als Kanzler ungeeignet, hat sich bewahrheitet. Planlos, schwan-

kend und überfordert, schafft er es nicht, die Koalition mit der
FDP zusammenzuhalten.

Kurt Georg Kiesinger folgt als der zweite Kanzler jener Über-
gangsjahre. Er und seine Frau Marie-Luise haben die wenigsten
Spuren in der politisch-gesellschaftlichen Landschaft Deutschlands hinterlassen. Auch sie sind bereits um die 60, als der baden-
württembergische Ministerpräsident Kiesinger Regierungschef
des ganzen Landes wird, gewählt von einer Großen Koalition
aus CDU/CSU und SPD. Dabei sind es aufgewühlte Zeiten, die
Studentenunruhen mit dem Tod von Benno Ohnesorg und dem
Attentat auf Rudi Dutschke erschüttern die Republik. Die Große Koalition reagiert unter anderem mit dem Erlass der Notstandsgesetze, was auf wütende Proteste der außerparlamenta-
rischen Opposition stößt. Und es beginnt die Auseinandersetzung
mit der Nazi-Vergangenheit der Kriegsgeneration, die in Westdeutschland an den Schalthebeln der Macht sitzt.

Mit Kiesinger rückt erstmals ein einstiges Mitglied der Nazi-
partei NSDAP an die Spitze der Bundesrepublik. Der Jurist war
als für Rundfunkpropaganda zuständiger Beamter im Auswär-
tigen Amt Mitglied von Hitlers Regierungsapparat. Das wird ein
großes Thema, nicht zuletzt durch die Ohrfeige der Nazijägerin
Beate Klarsfeld, die sie Kiesinger auf dem Berliner CDU-Parteitag 1968 versetzt. Dazu ruft sie »Nazi, Nazi, Nazi«, ein Eklat, der
Schlagzeilen weit über Deutschland hinaus macht. Gleichzeitig
ist Kiesingers Kabinett selber Teil der Aufarbeitung der Geschichte. Mit ihm, dem Ex-NSDAP-Mann, sitzen der Sozialdemokrat
Willy Brandt und der einstige Kommunist Herbert Wehner am
Kabinettstisch, die beide von den Nazis verfolgt und aus Deutschland vertrieben worden waren.

Auch die beiden Kinder der Kiesingers sind bereits erwachsen, als ihr Vater Kanzler wird. Marie-Luise Kiesinger ist jene

Kanzlergattin, die sich am weitesten von der Öffentlichkeit fernhält. Sie sei eben ein bisschen altmodisch, lässt sie wissen. Aber die Enkelkinder spielen eine Rolle, immerhin sechs an der Zahl. Vor allem »Fröschle«, die eigentlich Cecilia heißt und die Tochter der mit einem Amerikaner verheirateten Kiesinger-Tochter Viola ist. Sie lebt mit ihrer Familie in Washington, und wenn der Kanzler dort zu politischen Gesprächen weilt, besucht er sie. Ein Foto, das Kiesinger zeigt, wie er mit der zweijährigen Fröschle auf den Schultern durch Washington spaziert, geht damals durch viele Medien.

Kurt Georg Kiesinger mit seiner Enkelin Cecilia
in Washington — er nennt sie liebevoll Fröschle.

Er setzt diesen Sympathiefaktor bewusst ein. Im Sommer 1969 reist er wenige Wochen vor dem Wahltag noch einmal in die

USA. Seine Berater laden dazu gezielt Fernsehreporter und Fotografen der Illustrierten ein. Als US-Präsident Richard Nixon den Kanzler im Weißen Haus begrüßt, ist auch Fröschle mit ihrem einjährigen Bruder und der Mutter dabei, ein dankbares Motiv für die deutschen Kameras. Es dürfte der erste Wahlkampfauftritt eines Bundeskanzlers mit seiner Familie gewesen sein. Auch das eine Botschaft einer neuen Zeit, die im gleichen Jahr mit der Wahl Willy Brandts zum Kanzler ihren politischen Ausdruck erfährt.

3

AUFBRUCH —
WILLY BRANDT

Die beiden Frauen kennen sich gut aus auf dem Waldfriedhof in Berlin-Zehlendorf, sie kommen fast jeden Tag hierher. Können sie vielleicht den Weg zum Grab von Rut Brandt weisen, auf diesem weit verzweigten Gelände? »Gewiss doch, das ist nicht so einfach, aber...« Es folgt eine umständliche Erklärung. »Da gehen auch die Söhne hin«, sagt die Ältere dann. »Zu ihm ja nicht so.«

Die Brandts sind immer noch präsent in Berlin, über den Tod hinaus. So wie die Legenden über ihr Leben, über ihre Beziehung fortwirken. Zu »ihm« führen Schilder der Friedhofsverwaltung. Das Grab des einst so populären Regierenden Bürgermeisters, des Bundeskanzlers, SPD-Vorsitzenden und Friedensnobelpreisträgers ist eine viel besuchte Touristenattraktion. Es ist ein großes Ehrengrab, das im Auftrag des Senats von Berlin gepflegt wird. Den Findling mit der schlichten Inschrift »Willy Brandt«, ohne seine Lebensdaten, umkränzt an diesem warmen Tag ein Beet mit leuchtenden Frühlingsblumen. Und es liegen zwei leicht verwelkte rote Rosen auf dem Grab. Das wirkt wie die Bestätigung einer Episode, welche die Journalistin Ulrike Posche 2009 von einen gemeinsamen Besuch mit Brandts jüngstem Sohn Matthias an dem Grab geschildert hat: »Und wieder 'ne einzelne Rose drauf«, sagt Matthias Brandt da. »Er hat noch viele Verehrer, unser Willy. Und Verehrerinnen.«

Unser Willy, das ist eine ungewöhnliche Formulierung eines Sohnes für seinen Vater. Es ist eine ironische Anspielung auf Brandts Rolle als bis heute verehrte und verklärte öffentliche Person. Das war in gewisser Weise auch seine Frau Rut, von der er sich 1980 zum Entsetzen vieler Bewunderer des Paares getrennt hat. Am Tag der Scheidung saßen die beiden noch einmal in der Wohnung ihres Sohnes Lars in Bonn beieinander, tranken ein Glas Wein. »Wir lachten und waren freundlich«, erinnerte sich Rut Brandt später an dieses Ende von 33 gemeinsamen Jahren. »Es waren die wichtigsten Jahre unseres Lebens, voll von Gutem und weniger Gutem. Wir hatten drei Kinder und eine Karriere erlebt, die für Willy wie für mich etwas Großartiges gewesen war. Und das musste doch, trotz allem, eine Grundlage für eine Freundschaft bilden«, schrieb sie weiter. »Wir« hatten eine Karriere erlebt, so schrieb sie das tatsächlich, so blickte sie selbst auch auf die Brandts, auf diese Lebensbeziehung. Die es bald nicht mehr geben würde, nach dem letzten Glas Wein in der Wohnung des Sohnes. »Es sollte meine letzte Begegnung mit Willy Brandt sein«, schreibt seine Frau. Es war das Ende einer Familie, die nie eine gewöhnliche war.

Es wirkt wie ein angemessener Schlusspunkt unter diesem Leben, dass Rut und Willy Brandt heute auf dem gleichen Friedhof in Berlin begraben sind, aber einige Hundert Meter voneinander entfernt. Ein Leben, das auch von einer besonderen Spannung aus Nähe und Distanz geprägt war. Rut Brandts Grab ist bescheiden, auch hier trägt ein Findling ihren Namen. Er wird von einer jungen Birke beschirmt, ein Gruß aus ihrer norwegischen Heimat.

Willy Brandt hatte sie 1944 in Schweden kenngelernt, der deutsche Emigrant und die norwegische Emigrantin, vereint im Kampf gegen das Nazi-Regime. Es war eine innige Beziehung unter schwierigen Bedingungen. Beide waren verheiratet, Willy Brandt hatte mit seiner ersten Frau schon ein Kind, und Ruts Mann war schwer krank. Er starb 1946. Sie folgte Brandt nach Berlin, wo sie 1948, nach seiner Scheidung, geheiratet haben.

Rut und Willy Brandt, ihre Familie, sie sind ohne Berlin nicht zu denken. Hier liegt die Wurzel für Brandts Popularität, die ihren Ausgangspunkt in den großen politischen Krisen der 50er- und 60er-Jahre und seiner Rolle als Regierender Bürgermeister in West-Berlin hat. Mehr notgedrungen als freiwillig musste auch Rut Brandt an der Seite ihres Manns eine zunehmend öffentliche Rolle annehmen. Sein Weg an die Spitze der Berliner SPD war holprig, es gab mächtige Gegenspieler. Inner- und außerparteiliche Gegner schürten Misstrauen gegen den Exilanten, ein Thema, das Brandt bis zum Ende seiner Kanzlerzeit verfolgt hat. »Eine gute Stütze war ich nicht«, schreibt Rut Brandt in ihren Erinnerungen. »Ich begriff nicht, wie wichtig es für ihn war, Einfluss zu bekommen.« Eine interessante Bemerkung, sah sie sich doch später, ganz zu Recht, als einen Teil der Karriere Willy Brandts. Später.

Denn als Brandt 1954 zum Präsidenten des Berliner Abgeordnetenhauses gewählt wird, bricht seine Frau in Tränen aus. »Ich gönnte ihm, dass er seine Ambitionen erfüllen konnte, aber ich hatte keinerlei Ambitionen, ins Rampenlicht zu treten. Ich hatte Angst vor dem Unbekannten. Jetzt musste ich repräsentieren und nicht nur Ehefrau, Mutter und ich selbst sein.« Dabei hatte sie sich, als sie 1947 Willy Brandt als Mitarbeiterin der norwegischen Militärmission nach Berlin folgte, eigentlich genau darauf eingestellt: eine »deutsche Hausfrau« zu werden. Doch so wurden die Brandts mit der Zeit zu einem öffentlichen politischen Paar, dem ersten, das die deutsche Nachkriegsgesellschaft als solches wahrnahm.

Dabei ging der Auftakt noch ziemlich schief. Ihr Besuch des Berliner Presseballs löst 1955 einen Eklat aus. »Wir hatten uns weder betrunken, noch waren wir auf andere Weise auffällig gewesen, nein, wir waren zu fein«, notierte Rut Brandt. »Willy hatte einen Smoking an und ich ein weißes Seidenkleid mit einem schwarzen Band um die Hüfte – die H-Linie –, und das war der letzte Schrei. Das ging nicht an.« Zumindest nicht in der spießigen Berliner SPD.

Der nächste Karriereschritt folgt drei Jahre später: Im Oktober 1957 wird Willy Brandt zum Regierenden Bürgermeister gewählt. Im Jahr darauf erhöht die Sowjetunion mit einem Ultimatum, aus West-Berlin eine »Freie Stadt« zu machen, den Druck auf die Westmächte. Der Kalte Krieg strebt einem neuen Höhepunkt zu, mit Berlin im Zentrum. Brandt sieht die Notwendigkeit und die Chance, sich nicht dem Schicksal des Spiels der Großmächte zu ergeben, sondern aktiv einzugreifen. Der Regierende Bürgermeister der Halbstadt wird zu einem Akteur der Weltpolitik. Die Außenminister der drei Westmächte treffen sich zu einem Krisengipfel in Paris und bitten Brandt dazu. Die Berliner danken es ihm mit einem sensationellen Wahlergebnis: Die SPD erzielt bei der Abgeordnetenhauswahl mit 52 Prozent die absolute Mehrheit. Wenige Wochen später tritt das Ehepaar Brandt auf Einladung der Alliierten eine Weltreise an – sie werben für die Freiheit Berlins, sie sind die Gesichter der freien Welt. Beide.

Nun entdecken auch die Berliner Medien zunehmend das neue Powerpaar. »Das Familienleben wurde eine öffentliche Angelegenheit«, erinnert sich Rut Brandt. »Die Fotografen gingen ein und aus. Wir stellten uns mit den Kindern für sie auf, und wir stellten uns ohne Kinder auf. Ich ging mit Fotografen auf den Markt, und ich rührte für sie in leeren Töpfen auf dem Herd.«

Die Brandts sind so etwas wie das erste Medienkanzlerpaar in Deutschland. Dabei ist der ehemalige Journalist Willy Brandt alles andere als eloquent im Umgang mit Fotografen und Kameras. Aber gerade seine Zögerlichkeit und Unbeholfenheit machen einen Teil des Reizes aus, seine so ansteckend fröhliche, warmherzige und attraktive Frau ergänzt ihn gut, oft, ohne es zu wollen, und hat einen großen Anteil an dieser von den Medien gut betreuten Sympathieoffensive.

Die Brandts 1965 im Garten ihres Hauses in Berlin,
mit ihren Söhnen Peter, Lars u. Matthias

Die Brandts haben Ende der 50er-Jahre zwei Söhne, Peter und Lars. Sie wohnen in einem Doppelhaus in der sogenannten Marinesiedlung am Schlachtensee, die von den Nazis für Offiziere der Marine gebaut worden war. Sie steht unter Denkmalschutz und zeigt so bis heute den altdeutschen Stil der nationalsozialistischen Architektur mit Rauputz, Walmdächern und hölzernen Klappläden. Es ist nicht überliefert, welche Empfindungen der Nazi-Gegner Willy Brandt angesichts dieser Umgebung gehegt hat. Offenbar war es ihm egal, denn die Brandts wohnten hier länger als an irgendeinem anderen Ort, von 1955 bis 1964. Ruth Brandt erinnert sich an die Marinesiedlung als schön gelegen, offen und kinderfreundlich. »Bei uns war es noch freier als bei den Nachbarn, und bei uns fand das meiste statt. Die Kinder durften Kinder sein, und Streiche und Phantasie gehörten dazu.«

Peter Brandt teilt diese schönen Erinnerungen seiner Mutter an die Zeit in der Siedlung. »Es war für uns ein Paradies, es gab ja so viele Kinder«, berichtet er im Gespräch. »Unsere Eltern machten einfach die Tür auf, und wir waren weg, im Wald oder am See. Es war herrlich. An meiner Kindheit habe ich überhaupt nichts auszusetzen.« Peter Brandt lebt heute mit seiner Familie wieder in Berlin. Ab und zu gehen sie im Schlachtensee schwimmen. »Ich gehe dann immer zu der Stelle, an der wir auch damals immer gebadet haben, bei der Treppe zur Siedlung«, erzählt er. »Ich habe da so eine gewisse nostalgische Neigung.«

Heute kündet eine Gedenktafel an dem sonst völlig unveränderten Haus in der Marinesiedlung davon, dass hier Willy Brandt gewohnt hat. Dass er nicht allein dort gelebt hat, ist der Tafel nicht zu entnehmen. Dabei war es nach der Geburt von Matthias 1961 eine große Familie: mit drei Kindern, zwei Hunden, einer Katze, Vögeln, Fischen und mehreren Schildkröten, wie Rut Brandt festhält. Die Tafel wurde 2003 zu Brandts 90. Geburtstag angebracht. Sein Sohn Lars war zur Enthüllung eingeladen, doch er mied das Ereignis. »Dort neben der Haustür vor dem Toilettenfenster fremder Leute zu stehen um zu hören, was ein paar alte Mitstreiter und nachgewachsene Bürokraten sich aus den

Fingern saugten zu dem, was Teil meines eigenen Lebens war?«,
schrieb er in seinem Erinnerungsbuch »Andenken«.

Am Schlachtensee erlebt die Familie auch, wie sich Berlin
über Nacht verändert, wie sich auch die Rolle Willy Brandts verändert. Denn nachdem die Westmächte dem Berlin-Ultimatum
erfolgreich widerstanden hatten, folgt mit dem Mauerbau 1961
die nächste Eskalation, die Teilung der Stadt. Und zunehmend
wird der Regierende Bürgermeister aus dem abgeriegelten West-
Berlin nun auch zu einer Figur der nationalen Politik.

Die Bundesrepublik steht in jenen Jahren – ganz abgesehen
von der innerdeutschen Zuspitzung – vor einer Zeitenwende.
Wirtschaftlich hat das Land, auch dank der Hilfe der Amerikaner und ihres Marshall-Planes, einen sagenhaften Wiederauf-
stieg vollzogen, es besitzt die modernste Industrielandschaft
der Welt. Politisch-kulturell aber verharrt die Republik in der
verdrucksten Nachkriegszeit. Ihr 87 Jahre alter Kanzler Konrad
Adenauer ist die Personifizierung dieses Zustandes. Konservativ, verknöchert, geistig beengt.

Willy Brandt ist der Gegenentwurf. Er steht für einen modernen, offenen, besonders am großen Vorbild USA orientierten
Politikstil. Der Sozialdemokrat ist bei der Bundestagswahl 1961
der logische Herausforderer Adenauers. Im Wahlkampf wird der
48-Jährige mit dem gerade zum Präsidenten gewählten, vier Jahre jüngeren, charismatischen John F. Kennedy verglichen. Er ko-
piert dessen Straßenwahlkampf. 1961 scheitert Brandt noch im
Bund, doch zwei Jahre später zeigt das Berliner Wahlergebnis von
61,9 Prozent für die SPD, welch ungeheure Popularität Willy
Brandt zumindest unter der städtischen Bevölkerung erlangt hat.

Die von ihm gespürte Geistesverwandtschaft mit Kennedy
erlaubt es ihm, dem amerikanischen Präsidenten kurz nach dem
Mauerbau einen empörten Brief zu schreiben, in dem er ein sofor-

tiges Einschreiten der Schutzmacht USA forderte. Er umgeht damit Adenauer, der wenig Sensibilität für die besondere Situation der Berliner zeigt, und bricht die protokollarisch-diplomatischen Regeln. Kennedy aber versteht ihn. Er verlegt als demonstrative Geste eine US-Kampfbrigade mit 1 500 Mann aus Westdeutschland auf dem Landweg durch die DDR nach West-Berlin, die dort wie die neuen Befreier gefeiert wird.

Vor allem aber sendet er umgehend seinen Vizepräsidenten Lyndon B. Johnson nach Berlin, der dort früher eintrifft als der wahlkämpfende Bundeskanzler. Er hat einen persönlichen Brief an Brandt dabei, in dem Kennedy ein militärisches Vorgehen gegen die Mauer ausschließt, weil dies Krieg bedeutet hätte. Doch dieser Brief argumentiert bereits in der Dialektik der Entspannungspolitik, die kurz darauf auch Brandt und Egon Bahr entwickeln; sie lautet im Kern, dass der kommunistische Block mit der Mauer ein Monstrum geschaffen habe, das im Moment zwar seine Macht zeige, dessen Existenz mit der Zeit aber jede Glaubwürdigkeit und Attraktivität des anderen Systems zunichte machen werde.

Brandt und Bahr verstehen Kennedys Gedankengang. Wenn man die Mauer nicht wegbekommt, muss man wenigstens Löcher in die Mauer bohren – Passierscheinabkommen und Besuchsregeln. Wenn man die DDR nicht wegbekommt, muss man sie wenigstens zu beeinflussen suchen – die Politik des Wandels durch Annäherung. Als Kennedy 1963 neben Brandt am Brandenburger Tor steht und nach Osten schaut, sind sie einander sehr nah, und Adenauer wirkt wie ein Fremdkörper. Ein Eindruck, den Zehntausende bei der Fahrt der drei im offenen Wagen durch die Straßen der Stadt noch einmal erleben.

In seinen 1989 erschienenen Erinnerungen schreibt Brandt über diese Zeit: »Wir waren in Berlin gut beraten, neue Entwicklungen in der uns umgebenden Welt zur Kenntnis zu nehmen und jenem Wind der Veränderung nachzuspüren, den John F. Kennedy – anderthalb Jahre nach dem Mauerbau und wenige Monate, bevor er umgebracht wurde – vor Berliner Studenten beschwor.«

Brandts Sprecher und Vertrauter Egon Bahr, dazu der Chef der Senatskanzlei Heinrich Albertz und der junge Senator Klaus Schütz bilden sein Küchenkabinett. Sie beraten und schirmen ihn ab, sie entwickeln sowohl die ersten Schritte der Ostpolitik als auch eine Strategie, wie die SPD mit Brandt in Bonn an Einfluss gewinnen kann. Das Ziel ist klar: Bundeskanzler. Dazu zählen auch Methoden des amerikanischen Wahlkampfes mit ihrer Personalisierung auf einen Star – und dessen Frau. Schütz hat sich das in den USA angeschaut und entwickelt nun Konzepte, wie es sich auf Brandts Kampagne übertragen lässt. Und die ersten Medien greifen dankbar das Bild von den deutschen Kennedys auf, Rut und Willy Brandt, die Hoffnungsträger für ein modernes Deutschland.

Es dauert dann allerdings noch Jahre, bis das Ziel erreicht ist. Bei der Wahl 1965 scheitert Brandt noch einmal mit dem Griff nach dem Kanzleramt. Aber er führt die SPD in eine Große Koalition mit der Union, wird Außenminister und Vizekanzler. Zum ersten Mal seit dem Kriegsende sind die Sozialdemokraten an der Bundesregierung beteiligt. Nach drei Jahren zerbricht die Koalition. Nach der Bundestagswahl nutzen Brandt und der FDP-Vorsitzende Walter Scheel die knappe Mehrheit ihrer Parteien und bilden eine sozial-liberale Regierung – »mehr Demokratie wagen«, das berühmte Zitat aus Brandts erster Regierungserklärung prägt die folgenden Jahre, die einen Aufbruch der Bundesrepublik aus der Nachkriegszeit bedeuten.

Die Brandts sind schon 1966 in die weitläufige Dienstvilla

des Außenministers auf dem Bonner Venusberg gezogen und bleiben dort auch wohnen, als Brandt Kanzler wird. Es ist das Haus, in dem der Aufbruch in eine neue Zeit für die Bundesrepublik beginnt, es ist das Haus der großen Siege und der Niederlagen für Willy Brandt, es ist aber auch das Haus, in dem das Familienleben zu erstarren und die Ehe zu scheitern beginnt.

Über 30 Jahre später wird das Haus am Kiefernweg Nr. 12 noch einmal einen sozialdemokratischen Kanzler beherbergen – Gerhard Schröder zieht dort 1998 nach seiner Wahl für einige Wochen ein. Es ist kurz vor dem Umzug von Parlament und Regierung nach Berlin, und er will Helmut und Hannelore Kohl nicht zumuten, für die Übergangszeit noch den Kanzlerbungalow zu räumen. Sie können dort wohnen bleiben, während Schröder am Kiefernweg eine Art Wohngemeinschaft gründet. Neben ihm logieren dort einige seiner Hannoveraner Vertrauten, die ihm nun in die Bundesregierung folgen, darunter Frank-Walter Steinmeier, Alfred Tacke und seine Bürochefin Sigrid Krampitz. Steinmeier und Krampitz beziehen das Dachgeschoss, dort, wo Willy Brandt seinen Rückzugsort hatte.

Es gibt keine andere deutsche Politikerfamilie, deren Leben so detailliert aus der Nähe beschrieben worden ist wie die Brandts. Rut Brandt hat damit 1992 mit ihrem Bestseller »Freundesland« begonnen. Es folgte Lars 2006 mit seinem Vaterbuch »Andenken«, 2013 Peters »Mit anderen Augen - Versuch über den Politiker und Privatmann Willy Brandt« und schließlich 2016 Matthias mit »Raumpatrouille«. Dazu die zahlreichen Werke Willy Brandts, in denen er allerdings wenig Privates mitteilt. Der Publizist Torsten Körner hat diese Quellen mit vielen Interviews von Verwandten und Zeitzeugen kombiniert und daraus das Buch »Die Familie Brandt« geschaffen, eine umfassende Studie einer besonderen deutschen Familie.

Zu den Legenden um die Kultfigur Willy Brandt gehört, dass er ein zunehmend entrückter, fast bindungsunfähiger Mann gewesen sei, kaum fähig, Emotionen zu zeigen und zu leben. Wie ein »Getüm« sei er durch die Flure des Hauses auf dem Venusberg gewandelt, zitiert Körner eine Besucherin. Er ist in jedem Fall eine komplexe Persönlichkeit, mit depressiven Zügen und der Neigung zur Abkapselung.

Seine Kinder aber zeichnen inzwischen ein versöhnliches Bild ihres Vaters. Das gilt auch für seine Tochter Ninja Frahm, die er 1940 mit seiner ersten Frau im norwegischen Exil bekam. Sie hat in ihrer Kindheit ihre Ferien oft mit den Brandts in Berlin verbracht, von der deutschen Öffentlichkeit kaum bemerkt. »Es gibt dieses Klischee: Mein Vater habe mit den Massen kommunizieren und der Welt alles geben können, aber im Privaten sei er schwierig und unzugänglich gewesen«, sagte sie Jahrzehnte später in einem Interview mit der Zeit. »Ich habe ihn als einfühlsam erlebt. Wir waren einander über die Jahrzehnte immer vertraut. [...] Von meinem Vater habe ich mich nie verlassen gefühlt, in dem tiefen und ernsten Sinne des Wortes.«

Brandt stand sein Leben lang in engem Kontakt zu seiner Tochter, die in Norwegen als Lehrerin gearbeitet hat. Peter und Lars Brandt brachen aus verschiedenen Gründen eine Zeit lang den Kontakt zu ihrem Vater ab, doch sie fanden immer wieder zueinander. Lars Brandt schildert in seinem Buch anrührende Szenen vom gemeinsamen Angeln oder nächtlichen Treffen in der Bonner Küche.

Auch Peter Brandt widerspricht einem von Walter Kohl geprägten Bild, der seinen Vater Helmut als einen Gast in der Familie beschrieben hat. »In meiner Kindheit war er sicher wenig zu Hause, aber ich hatte nicht das Gefühl, dass er zu Gast war. Er war ein integraler Bestandteil der Familie. Wenn er zu Hause war, war er zu Hause«, sagt der älteste Sohn Willy Brandts. Und der Jüngste, Matthias, der schließlich als Letzter der drei Söhne noch mit seinen sich entfremdenden Eltern in dem großen Haus auf dem Venusberg gewohnt hat, erzählt von einem distanzierten Verhältnis zu dem entrückten Vater, das aber immer wieder von anrührenden Momenten der Nähe gebrochen wird. Die schönste Szene in seinem Buch beschreibt, wie Brandt seinem zehn, elf Jahre alten Sohn etwas vorliest. Matthias kommt ihm immer näher, legt seinen Kopf schließlich in dessen Schoß und studiert beim Zuhören ganz genau das Gesicht des Vaters. »Die großporige Haut seiner Nase wurde zur Kraterlandschaft. Irgendwo in meinem Bauch vibrierte seine Stimme, die noch besser klang als die von Pa aus Bonanza. Das alles wollte ich nicht loslassen, und während ich das dachte, schlief ich ein.«

Aus der historischen Distanz betrachtet ist leicht erkennbar, dass Rut und Willy Brandt ihre Kinder in einem liberalen, wenig autoritären Geist erzogen haben, der seiner Zeit weit voraus war. Besonders deutlich wird das an der Auseinandersetzung um den Film »Katz und Maus« nach einer Novelle von Günter Grass, in dem Lars und Peter 1967 die Hauptrollen spielten. Allein die Entscheidung, die 14 und 17 Jahre alten Jungen an dem absehbar kontroversen Projekt – in der Novelle geht es um einen Gymnasiasten, der während des Dritten Reiches fanatisch nach einem Ritterkreuz strebt – teilnehmen zu lassen, ist für den Regierenden Bürgermeister und angehenden Vizekanzler ein politisches Risiko. Dazu kommen die Bedenken, die wohl alle Eltern in einer ähnlichen Lage anstellen würden, ob so ein Unternehmen den Jugendlichen überhaupt guttut, ob sie nicht zu sehr von der Schule abgelenkt werden, dergleichen.

Als es nach dem Dreh in Polen – auch das in jenen Jahren mehr als außergewöhnlich – Kontroversen zwischen Grass und dem Regisseur Hansjürgen Pohland auch über sexuell zu anzüglich geratene Szenen gibt, greift Brandt vermittelnd ein. Er befürwortet leichte Korrekturen, unternimmt aber keinen Versuch, das Projekt zu stoppen – trotz öffentlichen Drucks der Union, dem künftigen Koalitionspartner. CSU-Chef Franz-Josef Strauß versucht sogar mit einer Rede im Bundestag, den ehemaligen Offizierskameraden Helmut Schmidt gegen Brandt in Stellung zu bringen. Die Premiere im Berliner Zoo Palast, in Anwesenheit von Rut Brandt, führt erwartungsgemäß zu einem Eklat. Doch die Brandts lassen sich nicht erschüttern – »wir schluckten das, wie so vieles andere«, notiert Rut Brandt.

Das setzt sich bald fort, denn Peter Brandt engagiert sich in der Studentenbewegung, freundet sich mit Rudi Dutschke an, wird bekennender Trotzkist und wegen der Beteiligung an gewaltsamen Demonstrationen vor Gericht gestellt. Das findet unter großer Anteilnahme der Springerpresse und anderer konservativer Medien statt, die die Haltung des Sohns gegen den Vater zu instrumentalisieren suchen. Vater und Sohn versuchen, trotz ihrer politischen Kontoversen im Gespräch zu bleiben. Manch selbstkritische Passagen in Äußerungen Willy Brandts zur Studentenbewegung mögen aus diesen, meist brieflichen Kontakten rühren.

Wie eng die Eltern ihrem Sohn auch in dieser Zeit verbunden sind, zeigt die Reaktion Rut Brandts nach dem Attentat auf Rudi Dutschke. Sie bietet an, sich um die gerade geborene Tochter der Dutschkes zu kümmern – die Frau des deutschen Vizekanzlers und SPD-Vorsitzenden, der von Dutschke und seinen Genossen politisch bekämpft und geschmäht wird. Absonderliche Gerüchte werden kolportiert – Peter und Lars würden in Moskau oder Peking studieren, Peter in Kuba zum Guerillakämpfer ausgebildet.

Im Gespräch bleiben, das gelingt im Fall der Eheleute Brandt immer weniger. Rut ist ihrem Mann stets eine starke Stütze gewesen, auch und gerade dann, wenn ihr Privatleben zum Gegenstand öffentlicher, politischer Auseinandersetzungen wurde, wie das niemals zuvor in der Bundesrepublik der Fall war. Das beginnt schon im ersten Kanzlerwahlkampf 1961, als plötzlich intime Briefe aus einer frühen Affäre Brandts mit einer Bonner Journalistin in den 50er-Jahren bekannt werden. Er verschanzt sich in solchen Situationen, schweigt. Sie zeigt Solidarität.

Das Gleiche wiederholt sich später, in weitaus dramatischerem Umfeld, als er 1973 als Kanzler zurücktritt. Anlass ist die Enttarnung des DDR-Spions Günter Guillaume. Die Medien interessieren sich bald mehr für die Frauengeschichten, die angeblich Erpressungspotenzial gegen den Kanzler bergen und der eigentliche Rücktrittsgrund sein sollen. Auch so eine Legende. Wieder schweigt Brandt seine Frau an. Als er ihr seinen Rücktrittsentschluss mitteilt, widerspricht sie ihm als Einzige aus seinem engeren Umfeld nicht, was er ihr später übel nehmen sollte.

Aber sie steht zu ihm, will das gerade jetzt zeigen. Wenige Tage nach dem Rücktritt begleitet sie ihn demonstrativ nach Berlin, wo er auf dem 25. Jahrestag der Beendigung der Blockade sprechen soll. Er ist gut aufgelegt und sagt mit Anspielung auf die Geschehnisse der letzten Tage: »Hier in Berlin weiß man ja, dass ich kein Säulenheiliger bin.« Diese Koketterie trifft die neben ihm stehende Rut wie ein Schlag. Dies und das anhaltende Schweigen ihres Mannes seien der Anfang vom Ende gewesen, notiert Rut Brandt. Sie bleiben noch ein paar Jahre zusammen, treten aber immer weniger gemeinsam auf, entfremden sich weiter.

Die Nachricht von der Scheidung löst eine Welle der Sympathie für Rut Brandt aus. Sie hat einen Platz in den Herzen vieler Deutscher. Ohne sie hätte es den Ausnahmekanzler Willy Brandt nicht gegeben. Und ohne ihn nicht diesen ganz besonderen, von ihm geprägten Aufbruch der Bundesrepublik in eine neue Zeit.

4

EIN JAHRHUNDERTLEBEN —
HELMUT SCHMIDT

Loki und Helmut Schmidt hatten einen Erkennungspfiff. Eine einfache Melodie, die jeder der beiden sofort erkannte, wenn er sie hörte. So wie Loki Schmidt im August 1945, als hinter den Hecken am Schrebergarten ihrer Eltern in Hamburg plötzlich diese kleine Tonfolge aus dem ziemlich sinnfreien Seemannslied »Ich muss ein Schnäpschen haben« ertönt. Sie läuft sofort barfuß los, um ihren Mann in die Arme zu schließen. Da ist er also wieder, nach Monaten ohne Nachricht. Zerlumpt, halb verhungert, aber unversehrt. Das ist fast ein Wunder für einen Soldaten nach diesem grausamen Krieg, in dem der Oberleutnant Helmut Schmidt zuletzt noch im Januar 1945 in die mörderische Ardennenoffensive geschickt worden ist. Nun ist der Krieg seit einigen Monaten vorbei, und nun kündet der Pfiff davon, dass er überlebt hat.

65 Jahre später hört Loki Schmidt diesen Pfiff noch einige Male, zum letzten Mal. Im Herbst 2010 neigt sich ihr Leben dem Ende zu. Sie ist nach einer Operation nicht mehr aufgewacht, liegt bewusstlos zu Hause in ihrem Bett. »Ich bin jeden Abend nach oben in ihr Zimmer gegangen und habe unseren alten Hauspfiff gepfiffen«, hat Helmut Schmidt in seinem letzten Buch geschrieben. »Den hat sie meist verstanden und hat dann gelächelt.« Inniger lässt sich eine Beziehung kaum beschreiben. Und so schlägt dieser Pfiff einen Bogen von den Anfängen dieses mehr

als 65 Jahre währenden Zusammenlebens bis zu seinem Ende. Nur wenige Jahre davon, acht genau, war Helmut Schmidt Bundeskanzler. Und doch haben diese beiden Menschen die Deutschen und ihr Denken über Jahrzehnte beeinflusst und bewegt wie wohl kein anderes Paar aus der Politik.

Es gibt überhaupt nur noch ein anderes Paar in der jüngeren deutschen Geschichte, das über eine so lange Zeit die Geschicke seiner Landsleute beeinflusst hat, und das waren überraschender Weise Margot und Erich Honecker. Freilich auf so ganz andere Weise. Die Schmidts haben zuletzt einen Kultstatus, die Sympathien fliegen ihnen nur so zu. Die Honeckers sind für die meisten DDR-Bürger das Gegenteil, sie verkörpern ein zunehmend verhasstes System. Aber auch sie bleiben in der Not beieinander, eine fast lebenslange öffentliche Partnerschaft. Helmut Schmidt und Erich Honecker, der Bundeskanzler und der Generalsekretär der SED, haben sich einige Male getroffen. Viel anfangen konnten sie nicht miteinander.

Mit Willy Brandts Nachfolger wider Willen – jedenfalls schildert Helmut Schmidt seine Gemütslage in jenen Wochen so – zieht 1974 eine gewisse bundesdeutsche Normalität ins Kanzleramt und den benachbarten Bungalow ein. Da ist einmal der neue Kanzler selber – mit seiner Vergangenheit als junger Wehrmachtsoffizier teilt er, ganz anders als Brandt, die Kriegserfahrungen der meisten Deutschen. Aber da ist auch seine Frau Loki, die viele Jahre als Lehrerin gearbeitet hatte, bis sie von der Hamburger Schulbehörde praktisch gezwungen wird, ihren Beruf aufzugeben. Als Schmidt 1969 Verteidigungsminister wird, lässt sie sich zunächst beurlauben, um ihm in Bonn zur Seite zu stehen. Dieser Status gilt eine Weile, bis die Beamtin einen Brief von der Behörde bekommt: »Entweder Sie fangen in einem Vierteljahr wieder an zu arbeiten, oder wir müssen Ihnen kündigen.«

Sie ist noch Jahrzehnte später empört, als sie darüber mit Reinhold Beckmann spricht. »So waren damals die Gesetze. Ich habe mich nach der Nazizeit genug über anständige Gesetze gefreut. Ich habe es hingenommen, aber wütend war ich doch.«

Jedenfalls weiß man im Hause Schmidt, wie das Leben einer berufstätigen und im Alltag oft alleinerziehenden Frau ohne wohlhabenden Hintergrund aussieht. Während ihr Mann als Abgeordneter viel in Bonn ist, kümmert Loki sich in Hamburg um die 1947 geborene Tochter Susanne. Ihr erster Sohn Walter, von ihnen Moritzelchen genannt, ist im Kriegswinter 1945 gestorben, bevor er ein Jahr alt wurde. Sein Grab liegt in einem Dorf bei Bernau in Brandenburg. Das Sterben des kleinen, an Hirnhautentzündung erkrankten Jungen muss seine Mutter alleine begleiten und verkraften, Helmut Schmidt ist unerreichbar irgendwo an der Front. Der Feldpostbrief mit der Nachricht geht verloren. Mithilfe eines befreundeten Ärztehepaares bewältigt Loki Schmidt diese schlimmen Tage. Auch so scheinbar banale Fragen, wie man etwa einen kleinen Sarg beschafft, bereiten in den Wirren der letzten Kriegsmonate Probleme. Nachdem sie ihr Kind begraben hat und die Rote Armee näher rückt, schlägt sie sich im Februar nach Hamburg zu ihren Eltern durch.

Erst im März erfährt Helmut Schmidt vom Tod seines Sohnes und bekommt eine Woche Urlaub. Gemeinsam brechen sie von Hamburg aus gegen den Strom der Flüchtlinge wieder nach Osten auf und stehen schließlich weinend am Grab ihres Sohnes. Sie können es während der deutschen Teilung erst wieder in den 80er-Jahren durch Vermittlung des DDR-Anwalts Wolfgang Vogel besuchen. Der Tod ihres ersten Kindes ist der Beginn einer eigenen kleinen Tragödie, denn Helmut und Loki Schmidt hätten gerne mehr Kinder gehabt. Doch Loki erleidet in den folgenden Jahren sechs Fehlgeburten. Und so bleiben sie gegen ihren Willen eine 1-Kind-Familie, während sich viele andere bundesdeutsche Eltern zunehmend und absichtlich mit einem Kind begnügen.

Helmut und Loki Schmidt 1948
mit ihrer Tochter Susanne

Die selber aus ärmlichen Verhältnissen stammende Loki Schmidt hat geschildert, wie knapp es bei ihnen Anfang der 50er-Jahre zugeht. »Sonntagsmorgens bin ich zum Fischmarkt gefahren, um billiges Gemüse und billige Wurst einzukaufen. Und das als Frau eines Abgeordneten, die einen eigenen Beruf hatte.« Sie führen zwangsläufig ein relativ aufwendiges Leben – Helmut Schmidt benötigt in Bonn eine Zweitwohnung, dazu kommen die Fahrtkosten für das Pendeln. Die dreijährige Susanne bekommt eine Lederhose, mit der sie folgenlos herumtoben kann, und für die Schülerin näht Loki Schmidt dann Faltenröcke mit Schottenmuster. Neue Kleider zu kaufen war meistens nicht drin. Rut Brandt hat übrigens über ganz ähnliche Erfahrungen mit den Geldsorgen in den Abgeordnetenfamilien jener Jahre berichtet.

Helmut Schmidt ist in dieser Zeit ein Wochenendvater, allenfalls. »Ein Familienleben hat es wegen meines Berufs immer nur sporadisch gegeben«, stellt er nüchtern fest. »Die Erziehung unserer Tochter hatte ganz in den Händen meiner Frau gelegen.« Ganz so, wie es auch bei seinen Eltern gewesen ist. Susanne Schmidt bestätigt das, allerdings ohne Vorwurf oder großes Bedauern. Auf die Frage, ob er ihr nicht auch manchmal schrecklich gefehlt habe, antwortet sie 2008 den Interviewern des Stern: »Nö, das war eben so. Während der Woche haben meine Mutter und ich eben ein Leben zu zweit geführt, da hatte ich sie dann ganz für mich allein. Für meine Mutter war das wahrscheinlich nicht so wunderbar.«

Aber auch am Wochenende ist der Abgeordnete Schmidt für seine Tochter wenig greifbar. Er ist dann gern in seinem Wahlkreis unterwegs oder sitzt in seinem Arbeitszimmer über Akten – und das Zimmer ist tabu für Susanne. Auch das kennt Helmut Schmidt aus seiner eigenen Kindheit. Aber sie erinnert sich an eine »rustikale Zuneigung« ihres Vaters, mit dem sie weniger gekuschelt als lieber auf dem Teppich herumgetobt habe – »das war immer prima«. Und: Es war der Vater, der die Tochter sexuell aufgeklärt hat, nicht die Mutter, daran kann sie sich gut erinnern. Es sei auch nicht so, dass die Familie nicht wichtig für ihn gewesen sei. »Hauptsache, der Familie geht es gut. Das war (und ist) die Bedingung dafür, dass er sich wohlfühlt.« Im Übrigen sind die Schmidts eben hanseatisch-pragmatisch geprägt: »Wir sind alle drei keine Leute, die ihr Innerstes nach außen kehren. Jammern ist nicht angesagt.«

Auch politisch steht die Tochter den Eltern nahe. Obwohl sie ja zur 68er-Generation zählt, hält sie von den Studentenprotesten wenig. »Ich war stinksauer, wenn ich nicht in die Uni gehen konnte, weil sie mal wieder streikten. Sie können das angepasst nennen, aber ich hatte dafür einfach keine Zeit. Ich wollte einfach mein Ding machen.« Da klingt die Tochter wie der Vater. Eine große Frage der Studentenbewegung allerdings wird auch im Hause Schmidt kontrovers diskutiert: Was wussten die Eltern von den Naziverbrechen? Was haben sie getan? Zwar kommen beide aus Familien, die mit den Nationalsozialisten nichts im Sinn hatten. Dennoch ist Helmut Schmidts Umgang mit den damals Herrschenden ein Thema, das ihn selbst und die Öffentlichkeit immer wieder beschäftigt, wie wir später sehen werden.

Seine Tochter, in dieser Frage eben doch ein Kind ihrer Generation, ist unzufrieden mit den Antworten ihrer Eltern. »Das muss euch doch in die Augen gestarrt haben«, habe sie immer wieder gesagt. »Ich habe jedenfalls ein bisschen gebraucht, um zu akzeptieren, dass es eben doch nicht allen Leuten in die Augen gestochen ist. Aber mein Grundgefühl war lange Zeit: So doof könnt ihr doch gar nicht gewesen sein. Ich glaube, ihr verschweigt was.« Irgendwann habe sie es dann doch verstehen und glauben können.

Ähnlich wie die Erhards und die Kiesingers leben die Schmidts in Bonn nicht mehr mit ihrer Tochter zusammen. Sie studiert in dieser Zeit Volkswirtschaft in Hamburg. Aber das Ferienhaus am Brahmsee in Schleswig-Holstein ist der Ort, wo sie sich immer wieder treffen, reden, musizieren, miteinander rauchen. Er nimmt sie gelegentlich mit auf Reisen, zum Beispiel 1966 nach

Moskau. Ein Foto zeigt die fröhlichen Schmidts Arm in Arm auf dem Roten Platz. Die Bedrohung prominenter Politiker durch die RAF-Terroristen betrifft dann aber auch Susanne Schmidt. 1978 soll sie, inzwischen bei der Deutschen Bank beschäftigt, eine Filiale in Lüneburg übernehmen. Doch daraus wird nichts. »Da steht dann rechts und links ein junger Mann mit einem Schießgewehr, und das mögen unsere Kunden nicht«, zitiert Loki Schmidt sinngemäß die Befürchtungen des Bankvorstands. Die junge Frau wird stattdessen nach London geschickt. »Die RAF-Geschichte hat dafür gesorgt, dass wir unsere Tochter loswurden«, sagt ihre Mutter. Susanne Schmidt bleibt in Großbritannien, heiratet dort und arbeitet schließlich als gefragte Wirtschaftsexpertin für das Fernsehen. Sie bleibt ihren Eltern aber eng verbunden und hält 2008 in Hamburg eine anrührende Laudatio zum 90. Geburtstag ihres Vaters.

Helmut, Susanne und Loki Schmidt
feiern seinen 90. Geburtstag

Zu dem Zeitpunkt sind Helmut und Loki Schmidt schon längst in einen Status öffentlicher Verehrung hineingewachsen. Sie sind noch spät generationsübergreifende Idole vieler Deutscher geworden. Ein schönes Beispiel dafür ist der regelmäßige, begeistert aufgenommene Auftritt von »Loki und Smoky« in der WDR-Kabarettsendung *Mitternachtsspitzen*, wo die Kabarettisten Uwe Lyko und Wilfried Schmickler über Jahre eine liebevolle Persiflage des Ehepaars bei der Diskussion über die großen und kleinen Fragen der Weltpolitik und des Alltags präsentieren.

Offiziell lässt der 90-Jährige verbreiten, er habe nur einen einzigen Wunsch: in Frieden gelassen zu werden. Das sagt er zumindest in einem der vielen Interviews vor seinem Geburtstag – die er nicht hätte geben müssen, wenn er wirklich in Frieden gelassen werden wollte. Helmut Schmidt kokettiert gern, das hat er immer schon getan, und auch diese Eigenschaft hat er sich bis ins hohe Alter bewahrt. Auf dem Höhepunkt seiner Macht als Kanzler bezeichnet er sich als leitenden Angestellten der Republik. Das ist auch so ein kokettes Wort, das die Lust des Hamburgers am Understatement mit einem ausgeprägten Machtbewusstsein verbindet und das ihn ein Leben lang begleitet hat. Vielleicht erklärt es auch, weshalb der zu seinen Regierungszeiten höchst umstrittene zweite sozialdemokratische Kanzler der Bundesrepublik über 25 Jahre nach seiner Abwahl so populär ist wie kaum ein anderer deutscher Politiker. Weil man auch nach so langer Zeit das Gefühl hat, dass Schmidt sich in einer sich rasant wandelnden Welt treu geblieben ist?

Das ist auch das Ergebnis harter Arbeit Helmut Schmidts an seiner Wahrnehmung in der Öffentlichkeit. Wie kein Weizsäcker, kein Kohl und kein Genscher, hat er sich nach dem Rückzug aus der Politik weiter Gehör verschafft, als Herausgeber und

Autor der Wochenzeitung *Die Zeit*, als Schreiber vieler erfolgreicher Bücher und als dosiert, aber gezielt auftretender Interviewpartner. Bei einem Gespräch im Herbst 2008 gibt Klaus Bölling weiteren Aufschluss. Er ist ein enger Weggefährte des Hamburgers, er war sein Vertrauter und als Regierungssprecher ein Meister kniffligster Situationen. Wenige kennen den einstigen Kanzler besser. Mit Sympathie und Amüsement verfolgt er in jenen Jahren die Helmut-Schmidt-Festspiele, die in vielen Medien veranstaltet werden. Er ist sich sicher: Wenn es eine jüngere Ausgabe von Helmut Schmidt gäbe, müssten sich die Sozialdemokraten um einen Wahlerfolg keine Sorgen machen.

Aber warum ist das so? Ganz einfach, sagt Bölling:»Helmut Schmidt ist eine Vertrauensperson.« Er kennt die Welt, er vertritt eine klare Linie, er gibt Orientierung in unübersichtlichen Zeiten. Das falle gerade angesichts der Unschärfe von Angela Merkels Position auf, sagt Bölling. Schmidt hat zu den Auslandseinsätzen der Bundeswehr eine sehr kritische Haltung, die der der großen Mehrheit der Bürger näher steht als die Politik der Regierung. Er hält den von Peter Struck, seinem späten Nachfolger als Verteidigungsminister, geprägten Satz, dass Deutschlands Freiheit auch am Hindukusch verteidigt werde, schlicht für Unsinn. Schon lange vor der Finanzkrise hat der Weltökonom aus Hamburg ein Wort geprägt, das die Verhältnisse auf den Märkten wie kaum ein anderes charakterisiert:»Raubtierkapitalismus«.

Viele fühlen, dass das so ist. Wenn aber einer mit dem Ansehen und der Kompetenz eines Helmut Schmidt es ausspricht, entfaltet es Wirkung und zeigt, wie nahe der Mann an der Wirklichkeit ist. Dazu pflegt er einen knurrigen Charme, ein zurückgenommenes hanseatisches Patriziertum, das vielen Menschen sympathisch ist, und eine leicht herrische Weltläufigkeit, die auch Richard von Weizsäcker populär gemacht hat. Regelverletzungen wie das Rauchen an verbotenen Orten werden da von einer Mehrheit als lässliche, eher erheiternde Sünde toleriert.

Und dann ist da noch die anrührende, lebenslange Partnerschaft mit Loki, deren Erinnerungsbuch wochenlang nur wenige Plätze hinter dem ihres Mannes auf der Bestsellerliste steht. Auch sie hat nach ihrer Zeit als Kanzlergattin noch eine neue, ganz eigenständige Karriere gemacht. Sie ist eine international anerkannte Botanikerin und Naturschützerin, die mit der Max-Planck-Gesellschaft ausgedehnte Expeditionen zur Erforschung unbekannter Pflanzen unternommen hat. Mehrere dabei entdeckte Pflanzen tragen ihren Namen. Sie gründet das Kuratorium zum Schutze gefährdeter Pflanzen, das heute als Loki-Schmidt-Stiftung weiter dem Naturschutz dient. Bei alledem bleibt sie aber auch immer die fröhliche, burschikose Loki Schmidt ohne jeden Dünkel, die oft gut gelaunt und rauchend an der Seite ihres Mannes auftritt.

Es ist eine besondere Aura von Prominenz und Bescheidenheit, von Verlässlichkeit und Beständigkeit, welche die Schmidts umgibt. Sie fasziniert die Menschen in Zeiten, in denen viele Gewissheiten infrage stehen. Nichts ist dafür vielleicht symbolträchtiger als ihr Heim in dem wenig spektakulären Hamburger Stadtteil Langenhorn, in dem sie seit Jahrzehnten zu Hause sind: an einer Durchgangsstraße gelegen, in der Nachbarschaft kleiner Reihenhäuser und piefiger Wohnblocks aus den 60er-Jahren, verborgen hinter Hecken, Kiefern und Birken.

Aber auch hier geht es um Understatement, denn hinter den Bäumen liegen zwei durchaus ansehnliche Häuser. Eines beherbergt das von ihm persönlich aufgebaute Helmut-Schmidt-Archiv, für die spätere Nutzung durch die Öffentlichkeit gedacht.

In dem dem anderen wohnen sie. Während der Kanzlerzeit haben sie hier am Neuberger Weg die Großen der Welt empfangen. Das spanische Königspaar zu Schnittchen nach der Oper, immer wieder den befreundeten französischen Staatspräsidenten Valérie Giscard d'Estaing, Henry Kissinger und auch Leonid Breschnew, der sich über die Abwesenheit von Absperrungen und Mauern gewundert hat.

Als Loki Schmidt 2010 stirbt, trägt ihre Heimatstadt große Trauer. Zur Trauerfeier in der Hauptkirche St. Michaelis, dem »Michel«, erscheinen die gesamte sozialdemokratische Prominenz und die der Hansestadt, dazu viele Bürger, viel mehr, als in die Kirche passen – und, ganz still und für sich allein, auch Angela Merkel. Das ist ungewöhnlich. Die Christdemokratin hat Loki Schmidt als »bescheiden, selbstbewusst und eigenständig auf ihre Art« gewürdigt. Das aber sind Eigenschaften, die man gut auch auf Angela Merkel anwenden kann. Vielleicht hat die auch in Hamburg geborene Kanzlerin eine gewisse Seelenverwandtschaft mit dieser Frau gespürt.

Die Sorge vieler aber richtet sich nun auf Helmut Schmidt. Wie wird er, der bald 92-Jährige, den Tod seiner lebenslangen Gefährtin verkraften? Loki Schmidt hatte sich mit diesen Gedanken auch schon beschäftigt und, wie es ihre Art war, überhaupt nicht drum herumgeredet. »Das erlebt man ja häufiger mal, dass Ehepartner nicht sehr lange allein nachbleiben, wenn sie vorher gut zusammengelebt hatten«, schrieb sie in ihrem Erinnerungsbuch. Wer Helmut Schmidt an diesem Tag sieht, umringt von seinen Freunden und doch unendlich einsam, zusammengesunken in seinem Rollstuhl, kann sich kaum vorstellen, dass er noch lange nachbleiben wird. »Als Loki im Oktober 2010 starb, war ich völlig zerstört«, hat er in seinem letzten Buch notiert. Doch es kommt anders. Ruth Loah, eine Mitarbeiterin und Vertraute seit Jahrzehnten, nimmt sich seiner an. »Ohne diese langjährige Freundin, zu der ich seit über einem halben Jahrhundert ein vertrauensvolles, enges Verhältnis habe, hätte ich den Tod von Loki wahrscheinlich nicht überlebt.«

Und so lebt Helmut Schmidt noch einmal auf. Er geht wieder in sein Büro in der *Zeit*, er schreibt Bücher, seltener, aber doch, lässt er sich von Sandra Maischberger im ARD-Fernsehen interviewen. Er spricht jetzt langsam und bedächtig, aber seine Analyse der Weltlage ist so scharf und nüchtern wie eh und je. Fünf Jahre noch begleitet er so die Deutschen weiter, und sie danken es ihm mit großer Zuneigung.

Hartmut Soell, der sorgfältigste aller Schmidt-Biografen, sieht in der späten Popularität und Verehrung von Helmut Schmidt einen guten Anteil schlichter Nostalgie. Die 70er-Jahre, in denen Schmidt regierte, sind trotz mancher Krisen gute Jahre für die Bundesdeutschen. Die Einkommen und die Renten steigen kontinuierlich. Die Westdeutschen haben mit Schmidt einen Mann an der Spitze, der sie mit klaren Worten durch die Öl- und Wirtschaftskrise führt, international eine gute Figur macht, einer, auf den man auch stolz sein kann. Einer, der in der Auseinandersetzung mit dem RAF-Terrorismus nach den verunsichernden Zeiten der 68er-Revolte endlich dem starken Staat zu dem Recht verhilft, das ihm nach Ansicht der damals viel zitierten schweigenden Mehrheit zukommt.

Für die Konservativen ist das ein großes Problem. Da gibt es plötzlich einen pragmatischen linken Politiker, von dem viele in der Union sagen: Der macht die richtige Politik, aber er ist in der falschen Partei. Die Älteren erinnern sich jetzt gern an diese Zeit, die von niemandem besser repräsentiert wird als von Schmidt. Die Jüngeren entdecken ihn neu in den verklärenden Erzählungen ihrer Eltern, aber auch in den vielen Filmen und

Veröffentlichungen, die gerade zu den Jahrestagen des RAF-Terrors erscheinen.

In den Hommagen an Schmidt wird gern vergessen, wie scharf die Auseinandersetzung auch in der SPD mit ihm geführt wurde um die Atomkraft, die Nachrüstung, den Umweltschutz. Die Grünen profitieren vom harschen, uneinsichtigen Auftreten des »Kanzler Gnadenlos«, wie Antje Vollmer ihn noch heute nennt. Die Grünen-Politikerin gehört zu den wenigen, die nicht in die allgemeine Verehrung Schmidts einstimmen.

Die Sozialdemokraten und ihr einstiger Kanzler aber versöhnen sich mit den Jahren wieder miteinander. In einem seiner späten Bücher stellt er noch einmal klar, dass die SPD, und nur die SPD seine Partei ist. Mitunter erscheint er als schweigender, mit Ovationen der Delegierten bedachter Gast auf Parteitagen. Kanzlerkandidaten wie Peer Steinbrück reisen zu ihm und lassen sich eine Art Segnung erteilen. Der zeitweilige SPD-Vorsitzende Franz Müntefering, der Schmidt noch als junger Abgeordneter als Kanzler erlebt hat, versichert, dass er auch in diesem Amt entgegen manchen Anwürfen so sozialdemokratisch war wie Willy Brandt, Friedrich Ebert oder August Bebel. »Er war ein außergewöhnlicher, manchmal auch anstrengender Mann, ein sehr guter Bundeskanzler und großer Staatsmann – auch wenn sich in der Rückschau manches verklären kann.«

Am 10. November 2015 ist es dann vorbei mit dem langen Leben des Helmut Schmidt. Wenn sehr alte Menschen sterben, hat der Abschied oft auch etwas Heiteres. Es werden Anekdoten erzählt, man kann gemeinsam trauern und auch einmal lachen angesichts eines erfüllten Lebens. Bei dem Staatsakt für Helmut Schmidt ist das nicht so. Es liegt ein großer, trauriger Ernst über der Abschiedsgemeinde, die sich wieder im Michel versammelt.

Es sind die äußeren Bedingungen, die diese ernste Stimmung mitprägen. Zehn Tage nach den Pariser Anschlägen wird diese Versammlung von 1800 geladenen Trauergästen, darunter die gesamte deutsche Staatsspitze, mit einem hierzulande bisher nicht bekannten Sicherheitsaufwand geschützt. Ein Fußball-spiel der Nationalmannschaft konnte man wenige Tage zuvor absagen, ohne die Staatsräson zu verletzen. Diesen Abschieds-akt für einen Mann, der wie wenige andere Politiker für eine wehrhafte Demokratie stand, nicht.

Die persönlichste Trauerrede hält Henry Kissinger, der fast das Alter Helmut Schmidts erreicht hat. »Er war ein Pfeiler mei-nes Lebens«, sagt der frühere US-Außenminister. Einst habe er gefürchtet, die Welt ohne ihn würde eine sehr leere sein. »Ich habe mich geirrt«, gesteht Kissinger. »Er wird bei uns bleiben. Er wird uns begleiten, wie er immer war: perfektionistisch, lau-nisch, stets auf der Suche, inspirierend, immer zuverlässig.« Tau-sende stehen dann an den Straßen in Hamburg, als der Toten-wagen hinter einer Eskorte von Polizeimotorrädern langsam zum Friedhof Ohlsdorf fährt. Sie winken Helmut Schmidt ei-nen letzten Gruß zu.

5

ENGE —
HELMUT KOHL

Vielleicht ist dieser Brief, dieses nüchterne und formelle Schreiben der Schlusspunkt gewesen, zumindest wenn man die ganze
Geschichte im Nachhinein betrachten kann. Der Schlusspunkt
eines Familienlebens, eines Kanzlerfamilienlebens. Hannelore
Kohl schrieb den Brief im Sommer 1999. Sie teilte der Bundesrepublik Deutschland mit, dass sie und ihr Mann Helmut Kohl
das Mietverhältnis in einem der berühmtesten Häuser Deutschlands zum Herbst kündigen wollten, im Kanzlerbungalow in
Bonn, dort, wo der Rhein schon breit ist, stromabwärts sich
langsam weitet.

Helmut Kohl war zu diesem Zeitpunkt schon ein paar Monate lang nicht mehr Kanzler, aber Gerhard Schröder, sein Nachfolger, hatte ihn noch im Bungalow wohnen lassen. Die Macht
war ohnehin bald aus Bonn verschwunden, und Schröder auch.
Was wollte er auch noch da? Als Hannelore Kohl den Kündi-
gungsbrief für den Bungalow versandte, da begannen die inszenierten Bilder einer öffentlichen Familie – die Kohls am Wolfgangsee, die Kohl-Söhne im Schlauchboot, die Kohls auf der
Terrasse – langsam zu verbleichen. Wie Werbebildchen vergan-
gener Zeiten. Die alte Geschichte der deutschen Kleinfamilie an
der Spitze des Staates war auserzählt. Der Mann war kein Kanzler mehr, die Kinder keine Kinder mehr, und die Frau musste
nicht länger die Frau an seiner Seite sein. Das war vorbei.

Aber was kommen sollte, welche Tragik und welcher Zerfall dieser Familie bevorstand, das ahnte auch wohl kaum jemand in jenen Sommertagen des Jahres 1999, als Hannelore Kohl mit dem Brief an ihren Bonner Vermieter, die Bundesrepublik Deutschland, den Rückzug aus Bonn einläutete. Wie sollte man auch wissen, dass Hannelore Kohl schon zwei Jahre später ihrem Leben selbst ein Ende setzen würde, dass Helmut Kohl eine neue Frau finden und der Welt vorstellen würde, dass einer seiner Söhne mit einem aufsehenerregenden Buch die alten Bilder der heilen Kanzlerfamilie ganz grundsätzlich infrage stellen würde? Wie sollte man das wissen?

Vielleicht hätte schon der Kanzlerbungalow, der immerhin 3600 Mark Miete im Monat kostete, ein paar kleine Hinweise geben können, dass es hier um ein Familienleben nicht besonders gut bestellt sein konnte. Die Söhne Walter und Peter waren zwar schon fast erwachsen, als ihr Vater Bundesanzler wurde. Aber die eigentliche Kindheit hatten sie im Haus der Familie in Ludwigshafen-Oggersheim verbracht, und auch dazu gibt es noch einiges zu sagen. Im Kanzlerbungalow, diesem wunderbar leichten Klassiker der Moderne, war ein Familienleben eigentlich nicht vorgesehen; das sahen die Eltern Kohl so, das sahen die Kinder Kohl so. Der Bungalow hatte große, lichte Repräsentationsräume und einen sehr überschaubaren Privattrakt, die Kinderzimmer waren nachgerade winzig, sodass sich der ältere Sohn der Kohls, Walter, noch heute fragt, wie man sich darin überhaupt ausstrecken, geschweige denn ausleben konnte.

Aber da waren die Söhne ohnehin bald außer Haus, und wenn sie denn in den Bungalow kamen, dann taten sie auch manchmal das, was man hier am besten konnte: repräsentieren. Walter Kohl erinnert sich noch heute an seine Rede, die er hier zum

60. Geburtstag seines Vaters hielt, in sehr angemessenem Ton und wohl so, wie der Vater das von ihm erwartete.

Walter Kohl wird auch in dieser Rede ein Familienleben durchmessen haben, das nach außen normal aussehen sollte und in manchem auch durchaus normal war, aber in seiner ganzen Anlage doch völlig anders als das Leben so vieler anderer deutschen Familien in den 60er-, 70er- und 80er-Jahren der Bundesrepublik. Normal war, dass auch die Kohls eine Familie waren mit zwei Kindern, in diesem Fall mit zwei Söhnen. Denn während die Studenten in den 60er-Jahren den Aufbruch probten, bekamen die deutschen Bürger und Kleinbürger in jenem Jahrzehnt vor allem besonders viele Kinder und lebten, ob gern oder nicht, in der Kleinfamilie jenseits der großen Städte. So wie die Kohls in Ludwigshafen-Oggersheim.

Sohn Walter wurde 1963 geboren, Peter 1965. Es gibt unzählige Fotos von ihnen in den Streifenpullis der 60er- und 70er-Jahre, so wie es auch in den Fotoalben anderer deutscher Familien unzählige solcher Kinderfotos aus jener Zeit gibt. Das machte die Kohls auf den ersten Blick so durchschnittlich nachkriegsdeutsch. Und doch war es ganz anders. Und dafür gibt es einen einfachen Grund: Für Helmut Kohl war, so banal sich das anhört, die Politik der Mittelpunkt seines Lebens, nicht die Familie.

Und ganz selbstverständlich sagt sein Sohn Walter später im Gespräch Sätze wie: »Mein Vater hat sich nur selten mit uns Kindern beschäftigt, er war ein Gast in unserer Familie.« Aber er stellt das einfach fest, er klagt nicht an. Er lehnt sich zurück, wenn er redet. Und er sagt: »Ich denke, ich habe lange nicht verstanden, dass mein Vater dennoch glaubte, das Beste für uns zu tun.«

Wenn die Kohls am Sonntag in Ludwigshafen oder Mannheim in die Messe gingen, Helmut, Walter und Peter, dann drängelten sich nach dem Kirchgang alle um sie. Jeder hatte noch eine Frage an den berühmten Mann. Walter, der Sohn, litt still. »Ich hasste es, und im tiefsten Inneren fühlte ich mich bestohlen, denn diese Leute raubten ein weiteres Stück von jener äußerst knapp bemessenen Zeit, die Vater uns Kindern widmete.«

Wenn man sich mit Walter Kohl darüber unterhält, warum er sich denn nicht geweigert hat, bei diesem Schaulaufen mitzumachen, auch bei den Familienfotos vom Wolfgangsee, die keine Familienfotos waren, sondern Wahlkampfmomente – wenn man darüber redet, dann spürt man gleich, dass das für Walter Kohl eine wirklich seltsame Frage ist.

Familie Kohl 1981 am Wolfgangsee

Da er ein höflicher Mensch ist, lacht er in sich hinein, legt den Kopf zur Seite und schweigt erst mal. Und als er merkt, dass er jetzt vielleicht doch was sagen sollte, da sagt er zunächst nur: »Wissen Sie, die Frage zeigt mir, dass Sie sich meine Welt von damals nicht wirklich vorstellen können.« Er rollt das Panorama aus:»Wahlkämpfe, das waren doch Kämpfe um unsere Existenz als Familie. Eine schlechte Hochrechnung, ein schlechtes Endergebnis einer wichtigen Wahl, das kann auch wirtschaftlich vernichtend sein. Wer stellt denn schon einen Verlierer wieder auf?«

In dieser Antwort ist der ganze Druck wieder da, der Druck eines politischen Familienunternehmens, noch verstärkt in den Zeiten des Terrors in den 70er-Jahren, in denen Walter und Peter Kohl die Nachmittage in einem Haus in Oggersheim verbringen mussten, das längst ein Hochsicherheitstrakt war, oder zumindest die Illusion davon.

Vater, Mutter, Kinder als politisches Familienunternehmen, das war der Kern, und das machte das Leben der Familie Kohl so besonders. Eine Kindheit als Kanzlersohn in jenen Jahren hat eigentlich etwas Unvorstellbares.

Es war eine Kindheit, in der einem Polizisten erklären, wie man sich verhalten soll, wenn man entführt wird. In der man nebenbei hört, dass bei fünf Millionen aber Schluss gewesen wäre mit den Verhandlungen über das Lösegeld.

»Können Sie sich vorstellen, wie es ist, wenn man ein Preisschild auf seinem Leben hat? Wenn man erfährt, dass man fünf Millionen Mark wert ist, aber mehr auch nicht?« Was für eine Frage. Walter Kohl macht eine kleine Pause, wenn er davon erzählt. Wer kann sich das schon vorstellen? Der Schäferhund Igo, mit dem Walter Kohl so gerne spielte, der war für seine Sicherheit da. Ein trainierter Polizeihund. »Aber das wusste ich ja damals nicht«, sagt Walter Kohl. »Mein Vater hat das Kunststück fertiggebracht, für mich ein ferner, kaum greifbarer Vater gewesen zu sein und mir gleichwohl kräftig seinen Stempel aufzudrücken.« Auch das ist die Bilanz eines Kanzlersohns.

Aber sie ist eben nicht nur so. Als Walter Kohl Jahrzehnte nach der Kindheit und Jugend in Oggersheim seine Sicht auf den Vater und die Familie aufschrieb, da fragten sich viele: Darf man das? Über einen Vater schreiben, sich auf so vielen Seiten an ihm abarbeiten, an einem Mann, der mehr war als ein Vater, ein Politiker, dem auch seine alten Gegner so viel Respekt zollen?

Walter Kohl könnte es sich da einfach machen. Er könnte aus dem Buch zitieren und sagen, dass ein Vater als Vater zu beurteilen ist, und nicht als Bundeskanzler. Und wer hätte das Recht dazu, wenn nicht er? Oder sein Bruder Peter. Aber so leicht macht er es sich nicht. Wenn man mit ihm darüber redet, zählt er jeden einzelnen politischen Erfolg seines Vaters auf, und selbstverständlich ist er stolz darauf. Er sagt: »Ich würde meinem Vater auch nicht absprechen, dass er sich als Familienmensch gefühlt hat.«

Und die Mutter? Sie war der Familienmensch, sagen die Söhne. Peter, der jüngere Sohn, hat eine Biografie über sie geschrieben, nachdem sie sich im Sommer 2001 das Leben nahm, nachdem die Männer der Kohl-Familie im Speyerer Dom mit versteinerten Gesichtern Abschied von ihr genommen hatten. In dieser Biografie wird Hannelore Kohl als eine Persönlichkeit beschrieben, die nicht dem Bild entspricht, das so viele Menschen sich von der Frau an Helmut Kohls Seite gemacht haben. Peter Kohl beschreibt seine Mutter als einen sehr eigenständigen Menschen. Aber auch als eine Frau, die dafür gesorgt hat, das Helmut Kohl dorthin kam, wo er hinwollte: ins Kanzleramt. Und manchmal, wenn man Bilder von ihr sieht, zum Beispiel wie sie bei einer Auslandsreise in Amerika neben einem Polizisten steht und raucht, mondän fast, dann glaubt man auch, dass Hannelore Kohl viel mehr war als die Frau des Bundeskanzlers, über so viele Jahre.

Walter Kohl hat seine Mutter wohl immer so gesehen. Er sagt: »Meine Mutter hat meinen Vater entscheidend mitgeprägt, auch weil hier zwei verschiedene Biografien aus Deutschland zusammengefunden haben. Meine Mutter ist in Leipzig aufgewachsen, und wenn man die deutsche Wiedervereinigung betrachtet, war es von Bedeutung für deren Verlauf, dass meine Mutter den anderen deutschen Hintergrund hatte.« Der Sohn sieht hinter den politischen Entscheidungen des Kanzlers manchmal auch den Einfluss der Mutter. »Vielleicht hätte mein Vater ohne die Kenntnis des Lebensweges meiner Mutter in den Themen der Wiedervereinigung manchmal anders entschieden. Meine Mutter kam eben nicht aus Düsseldorf oder München, sondern aus Leipzig.«

Und Walter Kohl sieht über die Politik hinaus etwas Grundsätzliches, das seine Mutter seinem Vater gab. »In der Beurteilung von Menschen hatte sie einen guten Instinkt. Sie schaute über Parteigrenzen hinweg und war eine ganz wichtige Ratgeberin unseres Vaters.«

Eine Ratgeberin allerdings, die dem selten Ratsuchenden immer mehr abhandenkam. Man kann davon ausgehen, dass die Familie Kohl als Familie eigentlich nicht mehr existierte, nachdem Hannelore Kohl die Kündigung für den Kanzlerbungalow am Rhein geschrieben hatte. Und vermutlich gab es diese Familie schon längst vorher nicht mehr so, wie die Öffentlichkeit sie sehen sollte.

Und doch gab es auch nach dem Freitod der Mutter noch Versuche der Söhne, zumindest die hinterbliebenen Kohls zusammenzuhalten. Helmut Kohl aber, man muss es so sagen, entschied sich auch nach der Tragödie wieder gegen seine Familie.

Walter Kohl hatte diesen Versuch einer Annäherung unternommen. Eines Tages stand er am Grab seiner Mutter, in der

Hand hatte er ein Päckchen Streichhölzer und ihren Abschiedsbrief. Er legte den Brief auf die Erde, unter der ihr Sarg lag, und zündete ihn an. Er verbrannte ihn zu einem Häufchen Asche. Er hatte erledigt, was sie ihm auf dem Stück Papier vor ihrem Selbstmord im Juli 2001 aufgetragen hatte: Er hatte sich um den Vater gekümmert. Vielleicht zu viel sogar. Er hatte versucht, dessen alltägliche Welt zu ordnen nach ihrem Tod, Rechnungen und Briefe gesichtet, das Dringlichste vorläufig sortiert, er hatte sich zum Assistenten Helmut Kohls gemacht.

Bald aber zeigte ihm der Vater, dass er keinen besonderen Wert mehr auf diese Hilfe legte. Das konnte er gut, so etwas zeigen. Und diesmal verstand Walter Kohl; er räumte also ein paar Kisten mit Unterlagen seines Vaters in sein Auto, fuhr nach Oggersheim zum Bungalow und stellte Helmut Kohl das ganze Zeug in die Diele. Mit besten Grüßen. Dann fuhr Walter Kohl zurück in sein eigenes Leben, in ein Leben nach der Kanzlerfamilie. Ein Leben, das er sich erkämpft hat.

In seinem ersten Buch »Leben oder gelebt werden« gibt es sehr offene Zeilen über das Leben und den Tod der Mutter: »Rückblickend glaube ich, bei aller Vorsicht der Beurteilung, sagen zu können, dass meine Mutter das Licht scheute – dies nicht im Sinne der Redensart, sondern im Sinne einer psychologischen Symbolik: Sie konnte und wollte ihr Leben nicht offen und ehrlich, eben bei Licht, betrachten.« Ein Leben an der Seite Helmut Kohls.

Einst wollte der Sohn, wollte Walter Kohl seiner Mutter folgen, dieses Leben verlassen, er hatte schon alles geplant. Das Ganze sollte wie ein Tauchunfall aussehen, irgendwo im Roten Meer. Er hatte sich extra eine neue Ausrüstung gekauft. Dann dachte er an seinen Sohn, denn auch er ist ja ein Vater. Er dachte an dieses Kind aus seiner ersten Ehe, das ihm schon einmal eine Frage gestellt hatte, die ihm den Boden unter den Füßen wegzog: »Papa, ist das Leben schön?«

Walter Kohl taucht noch heute mit der Ausrüstung, die er damals gekauft hat, um aus dem Leben zu gehen. »Unter Wasser kann ich schweben«, sagt er. »Da bin ich ein glücklicher Mensch, schwerelos. « So nah am Glück wie an jenem Wochenende im November 1989, als er die Bilder im Fernsehen sah und nach Berlin flog. Den Vater, den sie später Kanzler der Einheit nannten, den hat er nicht getroffen in diesen Tagen, aber er hat auf der Mauer getanzt.

In jenen deutschen Herbsttagen des Mauerfalls war Helmut Kohl ein nicht mehr ganz mittelalter Mann, 59 Jahre alt, seine Frau Hannelore noch an seiner Seite, seine Söhne waren Mitte 20. So wie auch die junge Maike Richter, die später das Leben der Familie Kohl noch einmal so verändern würde. Diese Geschichte, manche nennen es eine Liebesgeschichte, wird manchen lange unvorstellbar vorgekommen sein, so unvorstellbar wie der Mauerfall vielleicht. Es gab Zeiten, da jubelte die junge Frau dem Kanzler, dem CDU-Chef, mit Tausenden anderen einfach zu. Und es dauerte lange, bis Helmut Kohl sich öffentlich zu ihr bekannte. Am 23. April 2005 gibt es in der *Bild*-Zeitung eine Nachricht über Helmut Kohl, die doch viele überrascht. »Es stimmt, ich habe eine neue Lebenspartnerin«, wird der Altkanzler zitiert.

Für die Söhne Kohls kommt das nun nicht ganz so überraschend. Schon Anfang April 2005, beim 75. Geburtstag ihres Vaters, haben Walter und Peter Kohl mit Maike Richter gemeinsam in einem Saal in Berlin gesessen und gefeiert. Aber alles, was danach kommt, hat die Kinder dann doch immer wieder überrascht, um es sehr neutral zu formulieren.

Im Februar 2008, als Helmut Kohl in seinem Haus schwer stürzt und eine Gehirnquetschung erleidet, da unterrichtet Maike

Richter die Söhne Walter und Peter erst Stunden später über das, was passiert ist – als deren Vater schon mehr tot als lebendig in der Klinik liegt. So erinnern sich die Söhne an den Tag des Unglücks. Hätten sie, die damals, vor der zweiten Heirat ihres Vaters, als sie noch dessen nächste Angehörige waren, nicht früher unterrichtet werden müssen? Und wäre es vielleicht besser gewesen, wenn man Kohl nicht nach Heidelberg, sondern in die näher gelegene Oggersheimer Unfallklinik gebracht hätte? Das glauben die Söhne.

Im Frühjahr 2008 erfahren sie schließlich durch ein Telegramm, dass ihr Vater wieder heiratet. Eine Mitteilung nur. Sie sind raus, es gibt jetzt eine neue Kleinfamilie ihres Vaters, eine sehr kleine Familie.

Und es dauert nicht lange, da sehen die wenigen, die noch Zugang zu dem Ehepaar Kohl-Richter haben, mehr als eine Ehe in Oggersheim. Sie sehen Politik und Geschichte. Sie erinnern sich, wie ein deutscher Altkanzler sich anfangs von einer jungen Frau beim Schreiben von Artikeln und Büchern helfen ließ. Und nun sehen sie diese Frau selbst schreiben, so, als habe sie dieses Land einmal geführt. Sie redigiert jetzt die Vergangenheit. Im dritten Band von Helmut Kohls Memoiren taucht die Widmung »Für Hannelore« nicht mehr auf. Hier wird Geschichte gemacht, nachträglich.

Seine neue Frau kann jetzt all die alten Briefe lesen, auch die liebevollen, bisweilen zärtlichen Worte Helmut Kohls an seine erste Frau: an Hannelore. Alles ist da in dem Haus in Oggersheim, unter ihrer Kontrolle. Die ganze Geschichte. Und Eifersucht findet immer einen Grund. Die junge Frau kann den alten Mann nach längst Vergangenem fragen. Sie verwaltet die Erinnerungen. Er kann dazu nicht mehr viel sagen. Was soll er auch tun? Sich rechtfertigen für die Zeit, in der sie noch nicht Frau

Kohl-Richter war? Dafür, dass es vor ihr schon einmal die Frau seines Lebens gab? Das wird einigen Männern so gehen, die wieder geheiratet haben. Aber wird hier, im Fall von Helmut Kohl, das Private nicht politisch? Was wird übrig bleiben von den Briefen, Akten und Papieren in Oggersheim?

Als ein Autor der *FAZ* im Herbst 2010 ein Stück über Kohls Lebensleistung und die deutsche Wiedervereinigung schreibt, erwähnt er auch Hannelore Kohl, es geht ja um die späten 80er-, die frühen 90er-Jahre. Maike Kohl-Richter erwähnt er nicht. Da ist ihr Zorn groß. Doch in den Jahren davor hat sie noch Hannelores alte Kleidung aufgetragen und sich darin sehen lassen. Manche konnten das kaum mitansehen.

Am 5. Juli 2011 kommen Walter und Peter Kohl, die Söhne, vom Grab ihrer Mutter Hannelore – es ist ihr zehnter Todestag. Und es ist ein Tag, an dem die Söhne an die alte Familie denken. Sie hören, dass der Vater an diesem Jahrestag nicht am Grab der Mutter war. So beschließen sie, vom Friedhof in Ludwigshafen zum Haus des Vaters zu fahren, sie wollen ihn bitten, noch einmal gemeinsam ans Grab zu gehen. Als sie in der Marbacher Straße in Oggersheim ankommen, stehen Polizeiwagen vor dem Haus, die üblichen Sicherheitsvorkehrungen für Helmut Kohl; und an diesem Tag wird alles noch sicherer gemacht. Ein Polizist nimmt Walter und Peter Kohl gleich beim Aussteigen aus dem Auto in Empfang.

Als die Söhne an der Haustür klingeln und ihnen auch nach einiger Zeit und einigem Drängen und Klopfen niemand öffnet, fragen sie die Polizisten, ob ihr Vater zu Hause sei. »Das dürfen wir Ihnen nicht sagen, erklärte uns die Polizei«, erinnert sich Peter Kohl. Sie klopfen wieder an der Haustür und schließlich bedeutet ihnen die Polizei, sie sollten verschwinden. »Sonst werde ein Platzverweis ausgesprochen«, erinnert sich Walter Kohl.

»Die Polizei begründete diese Maßnahme mit einer Weisung des Berliner Büros meines Vaters.« Verstört fahren die Söhne davon. »Der Vater wird wie ein Gefangener gehalten«, sagt einer der beiden noch. Dann liegt der Ort ihrer Kindheit, der Ort, an dem sie eine Familie sein sollten, dann liegt die Geschichte hinter ihnen.

PATCHWORK —
GERHARD SCHRÖDER

Der 27. Oktober 1998 ist der Tag, an dem Rot-Grün mit Gerhard Schröder und Joschka Fischer die Macht am Rhein übernimmt. Eine zuletzt bleierne Zeit mit dem scheinbar ewigen Kanzler liegt hinter dem Land, ein politischer Kulturbruch vor ihm. In gewisser Weise bestimmen nun die 68er das Geschehen, jene Leute und jene Ideen, denen Helmut Kohl 16 Jahre zuvor mit seiner geistig-moralischen Wende den Kampf angesagt hatte.

Schröder und Fischer, obschon lange keine jungen Männer mehr, stehen für einen Generationenwechsel, einen Politikwechsel, aber eben auch für einen ganz anderen Lebenswandel als die Männer, die sie ablösen. Der selber kinderlose Gerhard Schröder ist zum vierten Mal verheiratet, Joschka Fischer hat seine dritte gescheiterte Ehe hinter sich und lebt in einer neuen Beziehung, die beiden Kinder aus der zweiten Ehe spielen in seinem Alltag keine Rolle. Er hat sich vor den Augen der Öffentlichkeit gerade neu erfunden, ist mithilfe eines intensiven Lauftrainings von einem schwergewichtigen Freund der Völlerei zu einem asketischen Sportlertyp geworden. Den beiden Männern haftet etwas Leichtfüßiges, Unernstes an, ergänzt noch von Oskar Lafontaine, dem Strippenzieher des ersten Jahres.

Ein wenig ist diese aufgekratzte Stimmung auch im Bundestag zu spüren, als es an die Wahl Schröders geht, es herrscht große Fröhlichkeit, ein allgemeines Knuffen und Umarmen in

73

den rot-grünen Reihen.»Ein bisschen feierlicher könnte das schon sein«, zitiert Ada Brandes von der *Berliner Zeitung* einen Gast auf der Ehrentribüne. Dort, auf der Tribüne, wo sich einst die Kohl'sche Kleinfamilie zeigte, hat sich, ganz traditionell, nun auch Doris Schröder-Köpf eingefunden, die Ehefrau des neuen Kanzlers. Eine ehemalige Journalistin, die den Bonner Betrieb und seine Akteure aus der Perspektive der Medien sehr genau kennt. Sie sei gar nicht aufgeregt, versichert sie der einstigen Kollegin Ada Brandes. Doch die stellt fest:»Ihre Hände sind eiskalt.«

Nach der umjubelten Wahl zum Kanzler und der Vereidigung – erstmals ohne die Gottesformel, auch das ist eine Botschaft an die Deutschen – strahlt Gerhard Schröder hinauf zur Tribüne und verkündet den Umstehenden:»Jetzt küsse ich meine Frau!« Sie treffen sich in der Lobby, zwei Dutzend Kameras dokumentieren den öffentlichen Liebesbeweis. Eines ist nun klar: Diese Kanzlergattin wird nicht permanent, aber immer wieder sehr präsent sein im politischen Leben ihres Mannes und damit der Republik. Sie kokettiert zwar mit ihrer Rolle –»mich gibt es ja eigentlich gar nicht«– aber damit meint sie nur, dass die Frau des Regierungschefs keine offizielle Funktion hat. Tatsächlich bildet sie mit ihrem Mann ein politisches Team von bemerkenswerter Professionalität und bezieht im Berliner Kanzleramt sogar ein eigenes Büro. Noch nie hat es eine so politische, eine so einflussreiche Kanzlergattin gegeben.»Ich bin ein Teil der Truppe« lautet ein anderes Zitat aus jener Zeit. Die Familie als Unternehmen für Politik. Das aber ist ein für Schröder nicht ganz neues Modell, wie wir noch sehen werden.

Und diese Signale korrespondieren mit der Lebenswirklichkeit vieler Menschen. Der Einfluss der Frauen in Deutschland nimmt zu, die rot-grüne Koalition beginnt damit, die Vereinbarkeit von Beruf und Familie zu verbessern, mit der Gleichberechtigung ernst zu machen. Die Familienverhältnisse der Schröder-Köpfs beschäftigen allenfalls Moralapostel und immer mal wieder die Boulevardblätter. Doch Millionen Bundesbürger haben Erfahrungen wie sie gesammelt: gescheiterte Beziehungen, Scheidungen, Neuanfänge, das Leben als Patchworkfamilie, das ganze Chaos. »Nichts passt richtig zusammen, und genau das wirkt lebensnah«, notiert der *Spiegel*-Reporter Jürgen Leinemann 2001. Auch Fernbeziehungen gehören dazu. Denn Schröder ist nun überwiegend in Bonn und später in Berlin, seine Frau lebt mit ihrer Tochter Klara weiter in Hannover. Sie wollen der Tochter nicht schon wieder einen Wohnortwechsel zumuten, außerdem ist ihre Privatsphäre in Hannover besser zu schützen als im Medienhype der neuen Hauptstadt. »Wir sind trotz der schwierigen Umstände eine normale, glückliche Familie, die eng zusammenhält«, sagt sie in einem Interview nach einem Jahr Amtszeit. »Man darf nur nicht nervös oder unzufrieden werden.«

Die rot-grüne Reformregierung ist in der Öffentlichkeit oft als »Projekt« bezeichnet worden, das mehr als eine Koalition auf Zeit sein sollte. Vor allem die Grünen pflegen diese ein wenig romantische Sicht, die Gerhard Schröder eher fremd ist. Das Bündnis ist für ihn vor allem das geeignete Vehikel, um die Kanzlerschaft zu erringen. »Für mich war es nie eine Liebesheirat, sondern eine Zweckehe«, sagt er nach dem Verlust der Macht 2005. Vor der Wahl 1998 lässt er immer wieder die Möglichkeit einer Großen Koalition mit der CDU/CSU aufscheinen. Nach seinem Eindruck halten sich zwei Sentiments bei den Wählern die Waage: der Überdruss am Dauerkanzler Kohl und die Abneigung gegen große Experimente in der Politik. In einem Brief an Oskar Negt schreibt er einige Monate nach der Wahl, als die unerfahrene Koalition einen recht chaotischen Start hingelegt hat und die Sympathiekurven schon wieder nach unten weisen: »Die Menschen in Deutschland verlangen nicht nach gewaltigen Zukunftsversprechen, sondern nach konkreten und pragmatischen Lösungen.« Die Bürger strebten weder nach einem rot-grünen Aufbruch noch nach einer neuen Republik. Schon seine Losung aus dem Wahlkampf: »Wir wollen nicht alles anders, aber vieles besser machen«, deutet in diese Richtung. »Wenn Fischer & Co. am Kabinettstisch Platz nehmen wollen, dann ohne die Forderung etwa nach Austritt aus der Nato«, sagt er in Interviews. Tatsächlich ist das damals noch Beschlusslage der Grünen – ähnlich wie bei der Linkspartei heute. Und doch hat die Koalition dann unter schwierigen Bedingungen sieben Jahre gehalten. Und sie ist nicht an ihren inneren Widersprüchen gescheitert.

Entscheidend dafür ist, dass Gerhard Schröder und Joschka Fischer ein stabiles Vertrauensverhältnis zueinander entwickeln. Sie sind die Schlüsselfiguren, die Anker des Bündnisses. Ganz besonders deutlich wird dies in der Endphase des Wahlkampfes 2002, als sie gemeinsam mit der Kölschrock-Band BAP auf einer wie ein Rockkonzert inszenierten Kundgebung vor 20 000 Menschen am Brandenburger Tor auftreten. Das hat es zuvor (und danach) nie wieder gegeben, dass die Frontleute zweier Koalitionsparteien in einer gemeinsamen Veranstaltung zur Unterstützung ihres Bündnisses, ihrer Zusammenarbeit aufgerufen haben. Es ist ein Abend, der ihre Anhänger begeistert und der zeigt, wie eng die beiden kooperieren. Sie seien einander »im wahrsten Sinne des Wortes immer grün« gewesen, resümiert Schröder 2006.

Dabei beginnt die Zusammenarbeit mit einem kräftigen, öffentlich inszenierten Schuss Schröders vor den Bug der Grünen und ihres Spitzenmannes. Im Februar 1997 treffen sich beide auf Einladung des Magazins Stern im Frankfurter Literaturhaus zu einem Streitgespräch. »Ich freute mich auf dieses Zusammentreffen, da es mir eine gute Gelegenheit schien, die rotgrüne Alternative zu konkretisieren und gemeinsam für diese Alternative zu werben«, schreibt Fischer in seinen Erinnerungen an die Regierungszeit. Doch Schröder, der, mit einem Glas Weißwein und einer Havanna ausgerüstet, schon auf Fischer wartet, hat einen ganz anderen Plan. Das zeigt sich bereits bei seiner Antwort auf die erste Frage: »Rot-Grün mit Kanzler Schröder und Vizekanzler Fischer: Traumehe, Albtraum oder Traum?« Fischer reagiert noch ironisch: »Über Ehen sollten ausgerechnet wir beide besser nicht reden.« Schröder aber hat keine Lust auf Sottisen, sondern setzt zu einem überraschenden, schweren rechten Aufwärtshaken an, wie Fischer es beschreibt. »Mir missfällt mehr die Reihenfolge. In einer rot-grünen Konstellation muss klar sein: Der Größere ist Koch, der Kleinere ist Kellner. Dies nicht zu akzeptieren ist eine typische Form grüner Überheblichkeit.«

Fischer ist schockiert. Der Rest des Gesprächs verläuft dann im Streit. Aber der Grüne empfindet durchaus einen gewissen sportlichen Respekt für seinen Kontrahenten. »Obgleich ich der Leidtragende dieser gekonnten Attacke war, musste ich neidlos anerkennen, dass Schröder auf den Punkt getroffen hatte, denn damit hatte er ein Bild gesetzt für die Beziehung zwischen Rot und Grün, das nicht mehr wegzubekommen war.« In der Tat ist dieses Bild bis heute, fast 20 Jahre später, lebendig. Fischer versucht einige Monate später einmal, es zu relativieren: »Wenn er der Koch ist und wir der Kellner, dann servieren hoffentlich wir die Rechnung und kassieren.« Eine größere Wirkung erzielt er damit nicht.

Bei allem Machtbewusstsein dürfte Schröder klar gewesen sein, dass sich mit diesem Stil keine gedeihliche Zusammenarbeit unter den aufreibenden Bedingungen der Regierungsarbeit auf höchstem politischem Niveau einer 80-Millionen-Nation gestalten ließe. Es geht ihm um eine Machtdemonstration zur rechten Zeit, was Fischer bestens versteht. Die beiden Männer sind ganz ähnlich strukturiert. Schon vorher waren die »Geweihe ineinandergekracht«, wie Fischer das beschreibt. »Später, nach teilweise schmerzhaften Erfahrungen in der Bundesregierung, wurde diese typisch männliche Rivalität – eine Eigenschaft, über die wir wohl beide alles andere als erhaben sind – durch gegenseitigen Respekt und Akzeptanz des anderen abgelöst, und so ist es bis heute geblieben.« Eine wichtige Grundlage dieser Verständigung war, dass Fischer letztlich die Rolle des Kellners akzeptiert und Schröder die des Kochs nie überzogen hat.

Und es gibt noch ein drittes Alphatier in dieser Runde, den SPD-Vorsitzenden Oskar Lafontaine. Im Jahr bis zur Bundestagswahl kooperieren der saarländische und der niedersächsische Ministerpräsident perfekt. Lafontaine verzichtet, ohne zu zögern, auf die ihm als Parteichef zustehende Kanzlerkandidatur, als Schröder seine Landtagswahl am 1. März 1998 haushoch gewinnt. Dabei hätte er nun die realistische Chance gehabt, nach der demütigenden Niederlage gegen Helmut Kohl 1990 Revanche zu nehmen und den Dauerkanzler doch noch aus dem Amt zu heben. Die Aufgabe fällt nun Gerhard Schröder zu, und die beiden bilden ein perfektes Team, der linke Parteivorsitzende und der wirtschaftsfreundliche Kanzlerkandidat. Auch ihre Frauen, Doris Schröder-Köpf und Christa Müller, gehören zu dem Bild der Harmonie. Ein Foto von einer gemeinsamen Wanderung der beiden Ehepaare zur Saarschleife wird in vielen Zeitungen gedruckt.

Der Wahlerfolg mit dem blendenden Ergebnis von fast 41 Prozent der Stimmen für die Sozialdemokraten ist der Lohn.« Oskar und ich standen mit unseren Frauen auf der improvisierten Bühne vor den jubelnden Anhängern«, erinnert sich Schröder später an den Wahlabend. »Ein grandioser gemeinsamer Auftritt, und im Rückblick doch auch schon der Anfang vom Ende der gemeinsamen politischen Arbeit.«

Denn schon während der Koalitionsverhandlungen zeigt sich bald der Bruch zwischen den beiden Männern. Fischer notiert in seinen Erinnerungen, dass die Grünen während der Koalitionsverhandlungen zwei sozialdemokratischen Parteien gegenübersaßen: einer sozial und ökologisch orientierten, das war die Lafontaine-SPD. Und einer Partei, die wirtschaftspolitische Modernisierungsthemen verfolgte, das war die Schröder-SPD.

Der machtbewusste angehende Kanzler Schröder zeigt Lafontaine, dass er tatsächlich vorhat, die Richtlinien der Politik zu bestimmen, und dies nicht dem Parteivorsitzenden überlassen wird. Wenige Tage vor Abschluss der Koalitionsverhandlungen macht er das am Rande der Verhandlungen noch einmal unmissverständlich deutlich. Da gehen Lafontaine die Nerven durch, er bricht vor Wut in Tränen aus. Schröder steht auf und verlässt türenknallend den Saal. Am Abend dieses 14. Oktober telefonieren die beiden Frauen miteinander; es ist wohl Christa Müller, die in Hannover anruft. Sie bringen noch einmal so etwas wie eine Versöhnung ihrer Männer zustande. Doch sie hält nicht lange. Lafontaine hat den Fehler gemacht, als Finanzminister in Schröders Regierung zu gehen, statt den Fraktionsvorsitz zu übernehmen. So ist er der Kabinettsdisziplin und der Richtlinienkompetenz des Kanzlers unterworfen, die dieser, wie angekündigt, auch anwendet.

Am 10. März fordert Schröder seine Minister in der Kabinettsitzung mit deutlichen Worten auf, einen wirtschaftsfreundlicheren Kurs einzuschlagen. So halte die Wirtschaft Investitionen zurück und schaffe keine neuen Arbeitsplätze.»Es wird einen Punkt geben, wo ich die Verantwortung für eine solche Politik nicht mehr übernehmen werde.« Die Anwesenden sind konsterniert, schreibt Fischer in seinen Erinnerungen.» Oskar Lafontaine hörte dem Kanzler wie versteinert zu« – ohne jedoch Stellung zu beziehen. Er weicht dem Duell aus. Am nächsten Tag berichtet die *Bild*-Zeitung fast wortwörtlich über Schröders Philippika in der vertraulichen Sitzung und spitzt die Botschaft zu: »Schröder droht mit Rücktritt!«

Doch die eigentliche Sensation ereignet sich erst dann: Oskar Lafontaine erklärt später an diesem 11. März 1999 mit knappem, zweizeiligem Schreiben seinen Rücktritt als Bundesfinanzminister und SPD-Vorsitzender und legt sein Bundestagsmandat nieder. Dann lässt er sich nach Saarbrücken fahren und ist für niemanden mehr erreichbar.

Gerhard Schröder hat gewonnen. Er hat seinen Machtanspruch durchgesetzt. Allerdings um einen hohen Preis. Und er bekommt sogar noch mehr Macht: Allen ist klar, dass er nun auch den Vorsitz der SPD übernehmen muss, was sich im Laufe der folgenden Jahre und der Konflikte um die Agenda 2010 als problematisch für die Partei erweisen soll. Er urteilt im Rückblick relativ milde über Lafontaines Fahnenflucht. Er führt zwei Erklärungen an: Der langjährige Weggefährte habe keine Chance gehabt, das Attentat auf ihn vom April 1990 zu verarbeiten, weil die Partei ihn bedrängt habe, sofort nach der physischen Genesung wieder in den Wahlkampf als Herausforderer von Helmut Kohl einzusteigen. Darunter leide er bis heute. Und er sei im Kern ein Oppositionspolitiker, der die Mühen der Regierungsverantwortung letztlich scheue.

Die Rolle von Doris Schröder-Köpf während der Regierungs-zeit ihres Mannes ist kaum zu überschätzen. Sie halten ständig telefonischen Kontakt, sie ist seine wichtigste Gesprächspart-nerin, sie hilft ihm beim Verarbeiten und Einordnen der täglich auf ihn einstürmenden Ereignisse. Sie ist so einerseits eng in seinen politischen Alltag eingebunden, wahrt aber gleichzeitig den Blick von außen auf die Geschehnisse im Raumschiff Bonn und später Berlin. Sie weiß besser als Schröder und seine Mit-Astronauten, was die Menschen im Land bewegt, denn sie lebt mitten unter ihnen, geht einkaufen, auf Elternabende, zum Sport. Schröder beschreibt diese Zusammenarbeit so:»Ich habe häufig mit meiner Frau Doris über Wirkung und Wahrnehmung un-serer Politik im Alltag der Menschen diskutiert. Denn Doris war selbstverständlich meine wichtigste Verbindung zur Außenwelt, zur Welt außerhalb des Berliner Politikbetriebs – so auch wäh-rend der BSE-Krise. Von ihr habe ich erfahren, wie es Müttern und Vätern geht, die ihre Kinder gesund ernähren wollen und angesichts von BSE und Schweinepest verunsichert an der La-dentheke stehen. Es war ihre Idee, Fragen des Verbraucherschut-zes im Ministerium stärker zu verankern und die Prioritäten neu zu setzen.« Dazu kennt sie als ehemalige Korrespondentin in der Bundeshauptstadt die Strukturen und die meisten Akteure und weiß dieses Wissen einzusetzen. Der *Spiegel* beschreibt sie einmal als perfekte »Minensucherin und Trendforscherin. [...] Was immer sie hört und liest, meldet sie ihrem Ehemann. Ge-meinsam machen sie Politik daraus.«

Doris Köpf stammt aus einem kleinen bayerischen Dorf, in dem sie 1963 als Kind eines Handwerkers und einer Hausfrau geboren wird.»Meine Eltern hatten es nicht leicht mit mir«, sagt sie. (*Zeit-Magazin*, 2010)»Ich habe viele Sachen gemacht, die für meine Eltern absolutes Neuland waren.« Sie engagiert sich in der alternativen Bewegung, demonstriert gegen das Kernkraftwerk in Gundremmingen und die geplante Wiederaufbereitungsanlage in Wackersdorf. Diese Zeit prägt auch ihr Frauenbild. »Ich denke, dass meine Mutter, obwohl sie zu Hause war, eine sehr selbstbewusste und sehr selbstständige Frau war und ist. Sie war ungewöhnlich selbstbewusst für unsere dörflichen Verhältnisse. Meine Mutter hat zum Beispiel immer alle finanziellen Dinge geregelt. Ich bin auch so erzogen: Als Frau muss man sich selbst ums Geld kümmern.« Sie sei immer von selbstbewussten Frauen umgeben gewesen. »Eine Urgroßtante war schon Provinzoberin bei den Franziskanerinnen und praktisch Chefin von einem Betrieb mit Hunderten von Angestellten. In meiner Schulstadt Dillingen hatte unser Kloster riesige Einrichtungen, die alle von Frauen geleitet wurden: Landwirtschaften, Behinderteneinrichtungen, Krankenhäuser, Schulen. Deswegen bin ich gar nicht auf die Idee gekommen, dass Frauen irgendetwas nicht können.«

Als Kanzlergattin macht sie das Thema Familie, die Art des Zusammenlebens, immer wieder gezielt zu einem öffentlich behandelten Thema und kommt damit ihrem Mann in der politischen Auseinandersetzung mit Angela Merkel CDU/CSU zu Hilfe. Sie weiß, dass die Gedanken und Sorgen sehr vieler Menschen tagtäglich um diese Fragen kreisen. Es sind sehr wichtige Themen. Und sie weiß, dass Merkel mangels eigener Erfahrung wenig dazu sagen kann. In der *Bild*-Zeitung spricht sie so eines Tages über ihre Erziehungswerte, erstaunlich konservative: »Pflichtbewusstsein, Fleiß, Aufrichtigkeit, Hilfsbereitschaft, Verlässlichkeit, Anstand, richtiges Benehmen.« Welcher konservative Politiker kann dagegen etwas sagen? Die Union reagiert hilflos. Der CDU-Generalsekretär lässt wissen, er habe der Kanzlergattin spontan einen Aufnahmeantrag schicken wollen. Er habe es dann aber gelassen, die Thesen seien doch zu reaktionär. Der Punkt landet bei den Schröders.

So wie einige Jahre später, als der Kanzler und seine Gattin ihr erstes Kind adoptieren, Viktoria Dascha aus einem Petersburger Waisenhaus. Den allgemeinen Glückwünschen schließt sich auch die Oppositionsführerin Angela Merkel an, allerdings mit einer anzüglichen Bemerkung. Für ein Kind sei es wichtig, dass man Zeit habe sowie Spaß und Lust an der Aufgabe, und das gelte gewiss für Frau Schröder-Köpf. »Ich glaube, meine berufliche Situation sieht anders aus.«

Gerhard Schröder mit seiner wichtigsten Beraterin, seiner Frau Doris

Als im folgenden Jahr, 2005, der Wahlkampf immer giftiger wird, kommt die Kanzlergattin auf Merkels Worte zurück. Sie hätten gezeigt, dass die Herausforderin ihres Mannes eben nicht für die vielen Frauen stehe, die Beruf und Kindererziehung unter einen Hut bringen müssten. Das empfinden manche als unfair, und im Fernsehduell kurz vor der Wahl konfrontieren die

Journalisten Schröder mit dieser Attacke seiner Frau. »Sie lebt das, was sie sagt, und ich füge hinzu: Das ist nicht zuletzt der Grund, weshalb ich sie liebe«, antwortet Schröder. Blitzumfragen zeigen, dass er in diesem Moment, mit diesem Satz das Fernsehduell gewonnen hat. Die Zeiten hatten sich verändert. Für einen Kanzler wie Helmut Kohl wäre ein solcher Satz undenkbar gewesen, vor ein paar Jahren noch waren er und die Deutschen nicht so weit.

Die enge emotionale Bindung zwischen Doris und Gerhard Schröder, die vom politischen Geschehen nicht zu trennen ist, blitzt im Laufe der Jahre immer mal wieder auf. Sie wirkt dann am stärksten, wenn sie offenkundig spontan und nicht inszeniert ist, aber auch nicht versteckt wird. Ein solcher, von den Kameras eingefangener Moment ist jene Passage aus der Rede Schröders auf einem Parteitag am 6. Februar 2004, in der er seinen Rücktritt als SPD-Vorsitzender begründet. »Ich war stolz darauf, Vorsitzender dieser großen, ältesten demokratischen Partei sein zu dürfen. Aber die Aufgabe als Bundeskanzler [...] erfordert schon die ganze Kraft des Menschen – übrigens gestützt auf die, die ich liebe und die mich lieben.« Man merkt, dass ihm die Situation nahegeht, als aber die Kameras auf seine in der ersten Reihe sitzende Frau schwenken, sieht man auch in ihren Augen die Tränen der Rührung.

Es ist eine Szene, die Gerhard Schröder, der in dieser Zeit auch in der SPD heftigsten Anfeindungen wegen seiner Agenda-2010-Politik ausgesetzt ist und vor allem deshalb den Parteivorsitz aufgibt, noch einmal größte Sympathien einbringt. Viele Menschen erkennen, dass der so oft den harten Hund gebende Mann unter seinem Panzer ein empfindsamer Mensch ist. Als er am Ende dieses harten Jahres gefragt wird, wer die Menschen sind, auf die er sich in extremen Situationen wirklich verlassen kann, nennt er seine Frau, seine Büroleiterin Sigrid Krampitz und Frank-Walter Steinmeier.

Mit der Thematisierung der Familie als Feld der gesellschaftlich-politischen Auseinandersetzung begibt sich Schröder-Köpf allerdings auf ein für ihren Mann nicht ungefährliches Gelände. Denn zu den unvergessenen, meist etwas schnoddrigen Zitaten aus dem Munde Gerhard Schröders zählt auch dieses aus dem Wahlkampf 1998: Über seine künftige Ministerin für Familie, Senioren, Frauen und Jugend, Christine Bergmann, sagte er: »Sie wird dann zuständig für Frauen und das ganze andere Gedöns.« Frauen und das andere Gedöns, diese geringschätzige Bemerkung haftet Schröder als Beleg für sein Machowesen bis heute an. Zu Recht?

Er hat die Wortwahl später ausdrücklich bedauert. Es habe sich nicht um Missachtung für sogenannte weiche Themen gehandelt, er sei nur gerade nicht auf den korrekten, komplizierten Namen dieses Ministeriums gekommen, sagt er. Das klingt dünn. Aber wer Schröder ein wenig kennt, mag es glauben. Denn allein die Schilderungen aus seiner Kindheit zeigen schon die ganze Hochachtung für seine Mutter und ihre schwierigen Lebensbedingungen, die denen vieler Frauen jener Jahre entsprachen. Und es lässt sich auch zeigen, dass seine Politik als Ministerpräsident und später als Kanzler diese Erinnerungen reflektiert und er immer wieder Schritte zur Gleichstellung von Frauen und Männern eingeleitet hat.

Nach dem Abschied vom Kanzleramt im Herbst 2005 orientiert Gerhard Schröder sich beruflich schnell neu. Jetzt geht es ihm ums Geldverdienen. Vor allem seine Arbeit als Aufsichtsratschef der Pipelinegesellschaft Nordstream, an der wesentlich das russische Staatsunternehmen Gazprom beteiligt ist, stößt auf Kritik. Die SPD leidet derweil an den Nachwehen der Agenda-

2010-Politik, obwohl sie nun, nach der verlorenen Wahl, beginnt, positive Wirkungen auf dem Arbeitsmarkt zu zeigen. Im Rückblick gelten die Reformen, ungeachtet anhaltender Kritik an dem Hartz-IV-Konzept zum Umgang mit Langzeitarbeitslosen, als entscheidende Voraussetzung dafür, dass Deutschland eine viele Jahre anhaltende Aufschwungsphase durchlebt. Gerhard Schröder wird inzwischen auf SPD-Parteitagen wieder gefeiert, auch wenn er die von ihm wohl erträumte Position als Patriarch der Partei, wie sie einst Willy Brandt und Helmut Schmidt (dieser allerdings auch erst nach vielen Jahren der Entfremdung) innehatten, noch nicht erreicht hat.

Auch privat steht ein Rollenwechsel an. 2006 adoptieren die Schröders den im gleichen Jahr geborenen Gregor aus St. Petersburg, sodass sie nun eine Familie mit drei Kindern sind. Sie leben in einem geräumigen Reihenhaus im Hannoverschen Zooviertel. Doris Schröder-Köpf managt den Haushalt und die Finanzen der Familie. Aber sie erwartet auch die Mitarbeit ihres Mannes. Das sei nicht einfach gewesen, berichtet sie 2010 in einem Interview des *Zeit-Magazins*. »Er hat mich ja nie im Zweifel darüber gelassen, dass Hausarbeit nicht so seine Sache ist. Aber er hat viel gelernt, und er bemüht sich. Ich will nicht leugnen, dass es harte Gefechte gegeben hat. Das Schwierigste war, ihm klarzumachen, dass es Zeiten gibt, in denen er für die Familie zuständig ist. Verantwortung hat mein Mann immer übernommen. Zuständigkeit ist etwas anderes: Wenn eines unserer Kinder was will, dann ist er es, der sich kümmern muss, da kann er nicht weiter Zeitung lesen und warten, dass ich aus dem Garten komme. Früher hat er immer gesagt: Die wollen halt zu dir. Aber inzwischen hat er die Rolle angenommen.«

Solche Interviews gehören zur Kommunikationsstrategie der Schröders, die Informationen über ihr Privatleben nur höchst dosiert und kontrolliert an die Öffentlichkeit dringen lassen. Sie dienen nun nicht mehr der Illustration und Beförderung der politischen Karriere, wie einst in Niedersachsen. Alle Versuche von Boulevardmedien, die gesetzten Grenzen zu überschreiten, werden im Zweifel auch rechtlich unterbunden.

Doris Schröder-Köpf wehrt sich indessen gegen Kritik aus feministischen Kreisen, dass sie sich auf eine so traditionelle Frauenrolle einlasse, nachdem sie nach der Wahl ihres Mannes zum Kanzler schon ihren Beruf als Journalistin aufgegeben hatte. »Ich habe alle Modelle mitgemacht: Ich war berufstätig ohne Kind, berufstätig mit einem Kind, alleinerziehend berufstätig, und jetzt habe ich eine große Tochter, die gerade aus dem Haus gegangen ist, und zwei Kleine, die fünf und neun sind. Wenn ich alle Varianten vergleiche, dann ist das jetzt wirklich Schwerstarbeit.«

Wenig später beginnt Doris Schröder-Köpf eine eigene politische Laufbahn. Sie engagiert sich in der örtlichen SPD und kandidiert 2013 erfolgreich für den Landtag. Die rot-grüne Landesregierung beruft die Abgeordnete außerdem zur Landesbeauftragten für Migration und Teilhabe. Im Frühjahr 2015 berichten Medien, Gerhard und Doris Schröder hätten sich nach 17 Jahren Ehe getrennt. Einige Monate später ist von einer Versöhnung zu hören.

Die beiden sind entschlossen, zumindest ihre Elternrolle gemeinsam wahrzunehmen, und probieren noch einmal ein neues Modell. Gerhard Schröder bezieht eine Wohnung in der Nähe des Familienhauses in Hannover und ist im Alltag der Kinder präsent. Unter anderem gebe es die Vereinbarung, dass er keine Termine außerhalb Hannovers wahrnimmt, wenn sie Landtagssitzungen hat, sagt Doris Schröder-Köpf in einem Interview der Zeitschrift *Gala*.

Das Blatt berichtet im Sommer 2016 auch von einem gemeinsamen Urlaub mit den Kindern auf Borkum. Es wird wohl der letzte gewesen sein. Wenig später wird bekannt, dass Doris Schröder-Köpf nun in einer Beziehung mit dem niedersächsischen Innenminister Boris Pistorius lebt.

7

EFFIZIENZ —
ANGELA MERKEL

In der Familie von Angela Merkel gab es eine bitter-trotzige Redewendung: »Wenn die Mauer fällt, gehen wir im Kempinski Austern essen«, sagten die Kasners seit dem Mauerbau gerne. Ein kesser Spruch, nichts lag der bescheidenen Pastorenfamilie im brandenburgischen Templin ferner, als in einem Berliner Luxushotel Austern zu speisen. Ein Spruch auch, der vermittelt, wie wenig Hoffnung es lange Jahre gab, den Fall der Mauer je zu erleben. Es kam anders.

Am frühen Abend des 9. November 1989 verfolgt die Physikerin Angela Merkel in Ost-Berlin im Fernsehen die Pressekonferenz mit dem SED-Politbüromitglied Günter Schabowski. Er teilt den DDR-Bürgern überraschend mit, sie könnten ihr Land nun jederzeit verlassen – »ab sofort, unverzüglich«. Sie habe, so hat Merkel es später einmal erzählt, gleich ihre Mutter in Templin angerufen. »Pass mal auf, Mutter, da passiert heute etwas.«

Was genau passieren wird, ist an diesem Abend nicht klar. Sicher ist aber: Donnerstag ist Saunatag für Angela Merkel. Also packt sie mit uckermärkischer Gelassenheit ihre Tasche und geht mit einer Freundin in die Sauna am Thälmannpark. Als sie Stunden später zu ihrer Wohnung an der Schönhauser Allee, ganz in der Nähe zum Grenzübergang Bornholmer Straße, zurückkehrt, sind Tausende auf den Straßen. Sie ziehen in Richtung Übergang. »Da bin ich einfach den Leuten hinterher«, hat Merkel rückblickend berichtet.»Dann sind wir auf der West-Berliner Seite – da hatte sich irgendwie eine Gruppe gebildet – einfach in irgendeine Wohnung gegangen und wollten alle telefonieren.«Die West-Berliner begrüßen die Besucher aus dem Osten herzlich, es gibt Bier. Auch Angela Merkel greift zu.»Mein erstes Westbier. Ich weiß noch, so ein Büchsenbier – das war mir sonst nicht so vertraut.«

Die junge Angela Merkel ist damals schon so pragmatisch und pflichtbewusst, wie die Bundesbürger später ihre Kanzlerin kennenlernen:»Ich musste am nächsten Morgen wieder früh arbeiten gehen und war auch ein ordentlicher Mensch. Ich bin dann irgendwann um eins oder halb zwei nach Hause.« Um 7.15 Uhr herrscht Anwesenheitspflicht im Zentralinstitut für Physikalische Chemie, Fachbereich Theoretische Chemie, in Adlershof. Angela Merkel erscheint pünktlich. Doch mit der Ordnung ist es vorbei im Leben auch dieser DDR-Bürgerin; da geht es ihr wie den meisten anderen.

Gemeinsam mit ihrem Freund und Chef, dem Chemiker Klaus Ulbricht, zieht Angela Merkel in den kommenden Wochen los, um sich über all die entstehenden neuen politischen Gruppen zu informieren. Sie schauen auch bei den Sozialdemokraten vorbei. Ulbricht ist angetan, Merkel nicht. Es stört sie, dass die SPDler sich alle duzen und gar mit Genosse anreden, wie bei der SED. Sie findet den Demokratischen Aufbruch (DA) interessanter, vielleicht auch, weil da mit dem Kirchenanwalt Wolfgang Schnur und den Pfarrern Rainer Eppelmann und Friedrich Schorlemmer Leute aus einem Milieu das Sagen haben, das ihr aus dem Umfeld ihres Vaters vertraut ist. Außerdem geht es viel offener zu als bei CDU und SDP/SPD, wo bald die Zentralen aus dem Westen ihren Einfluss geltend machen. Und der Name gefällt ihr so gut: Demokratischer Aufbruch, genau darum geht es ja.

Auch hier ist sie wieder die Außenseiterin, mit niemandem verbandelt, von niemandem abhängig, eine der wenigen Frauen, die mehr wollen als nur mitmachen. Sie schaut sich den ziemlich unsortierten, politisch indifferenten Verein an und erkennt, wie sie dort Einfluss nehmen kann. Sie habe damals schon sehr klare Vorstellungen davon gehabt, wie es weitergehen sollte, erzählt sie Evelyn Roll 2001: »Für mich waren sofort nach dem Mauerfall drei Dinge klar: Ich wollte in den Bundestag. Ich wollte eine schnelle deutsche Einheit, und ich wollte die Marktwirtschaft.« Und wie manches Mal in ihrem Leben fügt sich vieles wie zufällig. Schon im Dezember 1989 gibt sie ihre Stelle an der Akademie der Wissenschaften auf, wird hauptamtliche Mitarbeiterin beim DA und bald unverzichtbar. Sie arbeitet dem Vorsitzenden Schnur zu, der sie zu seiner Pressesprecherin macht und ihr viel Freiraum lässt, die Sicht des DA zu diesem und jenem Thema zu formulieren. Dann sucht die West-CDU Helmut Kohls unverdächtige Bündnispartner für die Volkskammerwahl, um den Geruch der unbeliebten Blockflötenpartei Ost-CDU ein wenig zu dämpfen. Der DA ist ein dafür geeigneter Partner, gemeinsam mit dem CSU-Ableger DSU bilden sie die »Allianz für Deutschland«.

Wenige Tage vor der Wahl geschieht die Katastrophe: Wolfgang Schnur, Vorsitzender des Demokratischen Aufbruchs, wird als Stasi-Spitzel enttarnt. Jahrelang hat er dem Geheimdienst über seine zahlreichen Kontakte in die oppositionelle Kirchenszene berichtet. Angela Merkel leitet gefasst und professionell die Pressekonferenz, in der der tief betroffene Rainer Eppelmann über den Fall und die Konsequenzen berichtet. Er hatte Schnur als Freund betrachtet. Bei der Wahl bekommt der DA die Quittung: 0,9 Prozent. Helmut Kohls CDU aber triumphiert: Mit 41 Prozent wird die Partei überraschend klare Wahlsiegerin. Angela Merkel verlässt an dem Abend früh die traurige Wahlparty des DA und schaut lieber bei den Siegern vorbei. Dort trifft sie auf Thomas de Maizière, den Cousin des Ost-CDU-Vorsitzenden und designierten letzten Ministerpräsidenten der DDR, Lothar de Maizière. Thomas de Maizière arbeitet für die West-Berliner CDU, die ihn als Berater seines Cousins abgestellt hat. Merkel erinnert ihn daran, dass man gemeinsam in diese Wahl gezogen sei. »Sie können glücklich sein, dass Sie so feine Kerle wie uns vom Demokratischen Aufbau dabeihaben. Ich hoffe doch, dass das bei der Regierungsbildung anständig berücksichtigt wird.«

De Maizière ist von der ihm bisher unbekannten Frau beeindruckt und schlägt sie seinem Cousin als stellvertretende Regierungssprecherin vor. Sie arbeiten dann in der DDR-Delegation bei den Verhandlungen über den Einigungsvertrag mit der BRD zusammen und fassen Vertrauen zueinander. 15 Jahre später macht sie ihn zu ihrem ersten Kanzleramtschef, und er bleibt während ihrer gesamten Regierungszeit einer ihrer wichtigsten und loyalsten Minister. Angela Merkel aber hat ihre erste Station auf dem Weg zur Macht erreicht. Und es wiederholt sich ein Muster. Sie ist eine der Klügsten und der Fleißigsten in der Truppe um Lothar de Maizière. Sie gehört schnell zu seinem engsten Team und begleitet ihn regelmäßig nach Bonn, aber auch nach Washington und nach Moskau. Sie bekommt einen ersten Eindruck, was Regieren heißt, freilich unter extremen Bedingungen. Es gefällt ihr.

Mit der Einheit am 3. Oktober 1990 verschwindet die DDR und damit der Job Angela Merkels. Aber sie hat ja schon ein neues Ziel: den Bundestag, der im Dezember erstmals gesamtdeutsch gewählt wird. Und sie hat Günther Krause kennengelernt, ein wendiger Mann aus der alten Ost-CDU, der es in der letzten DDR-Regierung immerhin zum Verhandlungspartner Ost von Wolfgang Schäuble für den Einigungsvertrag gebracht hat. Er ist Vorsitzender der CDU in Mecklenburg-Vorpommern und sorgt dafür, dass Merkel sich um das Mandat im sicheren Wahlkreis Stralsund-Vorpommern-Rügen bewerben kann. Sie setzt sich in einer Kampfabstimmung auf dem Parteitag gegen zwei westdeutsche Bewerber durch und hat das Direktmandat seither bei jeder Wahl gewonnen. Wenn sie in ihrem Wahlkreis ist, spricht sie auch von Vorpommern als ihrer Heimat, obwohl sie ja im brandenburgischen Templin aufgewachsen ist und sich dort weiter zu Hause fühlt. Ein Wahlkreis in Brandenburg ließ sich damals nicht finden, wohl auch, weil sie mit dem brandenburgischen CDU-Vorsitzenden, dem umstrittenen letzten DDR-Innenminister Peter-Michael Diestel, kein gutes Verhältnis hatte.

Und so zieht Angela Merkel in Vorpommern in den Wahlkampf. Dabei entsteht ein heute fast ikonografisches Foto. Es zeigt ihren Besuch bei den Fischern in Lobbe auf Rügen an einem Novembertag 1990. Sie hätten auf gut Glück an der Hütte geklopft, erzählte der Fotograf Michael Ebner später, mit dem die CDU Merkel losgeschickt hatte. Sie treffen auf fünf Seebären, wortkarge Männer, die sich hinter Bart und Mütze verschanzen und der Besucherin erst mal einen Schnaps einschenken. Ihnen gegenüber sitzt nun eine schmale junge Frau in blauem Jeansrock und ausgeleierter Strickjacke. Das kunstvoll gelungene Bild erinnert an ein Gemälde von Caspar David Friedrich. Merkel ist eher unwohl, nicht nur wegen der ungewohnten Umgebung. Die Fischer hoffen, dass für sie alles so bleibt. Und sie weiß, dass das bestimmt nicht der Fall sein wird. Aber sie möchte ja, dass sie sie wählen am 2. Dezember. Die Situation sei beispielhaft gewesen »für den Krampf, wenn Politiker und Bürger versuchen, miteinander zu reden«, meinte der Fotograf, der die Rechte an seinem Bild – nicht ahnend, welch weiterer Weg vor dieser Politikerin lag – für wenig Geld an eine Agentur verkauft hat.

Angela Merkel 1990 bei den Fischern von Lobbe auf Rügen

Zu dieser Zeit haben Angela Merkel und ihr Lebensgefährte Joachim Sauer schon eine Grundsatzentscheidung über ihren weiteren Lebensweg im vereinten Deutschland gefällt. Knapp gesagt lautet sie: Jeder macht seins. In den Worten von Angela Merkel ist es »eine Absprache, dass wir beide uns unsere Entwicklungen nicht versperren«. Sauer ist ein international renommierter Chemiker, nun endlich nicht mehr durch die Enge der DDR behindert, dessen wissenschaftliche Arbeit und Karriere nicht durch die politischen Ambitionen seiner Partnerin gestört werden sollen. Die hat vielleicht noch keine bestimmte Karriere im Auge, aber sie sitzt nun erst einmal im für die nächsten Jahre noch in Bonn tagenden Bundestag. Ein normales Alltagsleben mit gemeinsamem Feierabend wird unwahrscheinlicher.

Und dann ist da noch eine Frage, Herlinde Koelbl stellt sie Angela Merkel im Oktober 1991: »Können Sie sich vorstellen, ihn zu heiraten, vielleicht ein Kind zu haben, und dabei eine aktive Politikerin zu bleiben?« »Nein, zusammen mit der Politik kann ich mir das nicht vorstellen«, antwortet Merkel. »Ein Kind würde nach meinem Verständnis bedeuten, dass ich die Politik aufgebe. Das ist aber zurzeit kein Thema. Vielleicht wird es auch keines mehr.« Für die Frage der Heirat gilt das nicht, wie sich Jahre später zeigen wird.

Klar ist jetzt aber, dass sich hier ein Powerpaar gefunden hat, dem seine Karriere an erster Stelle steht, das die Chancen, die sich aus der neuen gesamtdeutschen Perspektive ergeben, aktiv für sich nutzen will. Sie entsprechen damit dem Modell vieler Paare ihrer Generation, vor allem jener Schicht gut ausgebildeter DDR-Bürger, die den Untergang ihres Staates als Möglichkeit und nicht als Unglück empfinden. Und mit ihrem Bekenntnis zu einer von Kindern ungestörten Karriere folgen sie auch einem bundesdeutschen Modell, das zu den historisch niedrigen Geburtenzahlen dieser Jahre führt. Auch, weil vielen Frauen und Männern angesichts mangelnder Betreuungsmöglichkeiten für kleine Kinder die Vereinbarkeit beider Aufgaben, von Familie und Beruf, gar nicht machbar erscheint. Ein Thema, das in den Kanzlerjahren Angela Merkels noch eine große Rolle spielen wird.

Während also Angela Merkel 1990 Berufspolitikerin wird, geht Joachim Sauer erst einmal für ein Jahr in die USA und sammelt Erfahrungen in der Privatwirtschaft als stellvertretender Direktor eines Technologieunternehmens in San Diego. 1991 kehrt er an die Humboldt-Universität zurück, wo er seit 1993 ordentlicher Professor für Theoretische Chemie ist und sich seinen Forschungen der Quantenchemie widmet. Merkel und er sind sich Anfang der 80er-Jahre begegnet und nähergekommen, als sie beide am Zentralinstitut für Physikalische Chemie gearbeitet haben. Wie Merkel, war auch Sauer bereits ein Mal verheiratet. Er hat zwei Kinder aus der Ehe, die nach der Trennung 1983 bei der Mutter aufwachsen. In ihrer 1986 eingereichten Doktorarbeit dankt Angela Merkel Sauer für die »kritische Durchsicht des Manuskripts«. Von ihrer Promotionsfeier stammt das früheste öffentlich bekannte gemeinsame Foto der beiden, wie sie mit Freunden bei Wein und Bier zusammensitzen, eine verschmitzt lächelnde Angela Merkel im Mittelpunkt. Irgendwann nach der Wende ziehen sie in Berlin zusammen.

Gemäß ihrer Vereinbarung hält Joachim Sauer sich aus dem öffentlichen Leben seiner Partnerin weitestgehend heraus und wird auch kaum wahrgenommen. Erst als es 2005 um die Frage geht, ob sie Bundeskanzlerin wird, richtet sich das öffentliche Interesse auch auf den Mann an ihrer Seite. Wer ihn kennenlernen, mit ihm sprechen möchte, erhält diese E-Mail als Antwort: »Vielen Dank für Ihre Anfrage. Ich habe mich entschlossen, keine Interviews zu geben und auch keine Gespräche mit Journalisten zu führen, die nicht durch meine Tätigkeit als Hochschullehrer und Forscher, sondern durch die politische Tätigkeit meiner Frau motiviert sind. Ich bitte dafür um Verständnis. Mit freundlichem Gruß, Joachim Sauer.« Sollte seine Frau gewählt werden, möchte er auf keinen Fall der freundliche Herr Merkel (so begrüßt ihn einmal der FDP-Vorsitzende Guido Westerwelle) für Repräsentationszwecke an der Seite der Kanzlerin werden, sondern sein Professoren- und Forscherleben auf dem Universitätscampus in Berlin-Adlershof und auf den Fachkongressen dieser Welt so ungestört wie nur möglich weiterführen. Er hält diese Linie über all die Jahre konsequent durch.

Es ist aber nicht so, dass er im Leben der Politikerin Angela Merkel keine Rolle spielen würde. Sie bezeichnet ihn als Ratgeber und ruhenden Pol. »Er kann als Bürger, der die Politik von außen betrachtet, manchmal besser sagen, welche Themen gerade wichtig sind und wie sie sich in den nächsten Wochen entwickeln können«, sagt sie 2005 der Illustrierten *Bunte*. »Die Politik muss aufpassen, dass sie sich nicht von Tag zu Tag bewegt, sondern dass sie auch große Linien sieht und Visionen hat. Ich glaube, dass mein Mann gerade an der Stelle ein wirklich guter Ratgeber ist.«

Es ist interessant, dass Joachim Sauer damit für Merkel eine ganz ähnliche Rolle einnimmt, wie sie Doris Schröder-Kopf zur gleichen Zeit für ihren Mann erfüllt. Wie sie, schaut auch er wichtige Redemanuskripte durch und ist ein kritischer Beobachter von Auftritten Angela Merkels in Fernsehdebatten. So unterschiedlich die Lebensbedingungen der beiden Politikerpartner sind, so verkörpern doch beide Beziehungen den Typus einer auf voller Gleichberechtigung beruhenden Partnerschaft und drücken so auch den gesellschaftlichen Fortschritt des ganzen Landes aus. Viele Beziehungen funktionieren jetzt so.

Angela Merkels Karriere nimmt indes einen rasanten Verlauf, für den vor allem ein Mann ausschlaggebend ist: Helmut Kohl. Am Vorabend des CDU-Parteitags Anfang Oktober 1990 in Hamburg, auf dem sich die West- und die Ost-Partei zusammenschließen, trifft sie zum ersten Mal zu einem Gespräch mit ihm zusammen. Sie ist eine von drei Delegierten des Demokratischen Aufbruchs, der sich inzwischen der Ost-CDU angeschlossen hat, und hält ihre erste Rede auf einem CDU-Parteitag. Niemand ahnt, wie viele diesem Auftritt folgen werden. Außer vielleicht Kohl, der sich für die junge Frau aus dem Osten interessiert, auf die ihn Günther Krause aufmerksam gemacht hat. Er braucht dringend politisch unbelastete, fähige Leute aus der DDR, wenn er seinen Anspruch einer gesamtdeutschen Regierung verwirklichen will. Um Platz im Kabinett für die verschiedenen zu berücksichtigenden Interessen zu schaffen, teilt er das Bundesministerium für Jugend, Familie, Frauen und Gesundheit in drei Ressorts auf, von denen Merkel das Ministerium für Frauen und Jugend erhält. Es ist ein kleines Restressort mit wenig Kompetenzen und mit Themen, die Kohl nicht für besonders wichtig hält. Es ist eine Art Berufung auf Probe. Besteht Merkel sie, wird er sie weiter fördern. Immerhin nennt er sie nun öffentlich gönnerhaft »mein Mädchen«, was sie nur schwer ertragen kann.

Merkel agiert zunächst nicht besonders glücklich in dem neuen Amt. Sie gerät mitten in die Auseinandersetzung um die Reform des Abtreibungsparagrafen § 218, von dem es in der DDR eine moderne Variante mit Fristenlösung und im Westen eine reaktionäre mit Strafandrohung gegen Frauen gab, die eine Schwangerschaft abbrechen. Nun geht es um ein gesamtdeutsches Modell. Es entwickelt sich eine erbitterte Debatte zwischen Frauenrechtlern und dem eher linken Teil der Gesellschaft auf der einen Seite und den konservativen und katholischen Kräften auf der anderen. »Während der ganzen Auseinandersetzung war der Druck von allen Seiten, auch der öffentliche Druck, so stark, dass ich am Ende kaum noch wusste, was ich selber will«, sagt Merkel 1992 im Gespräch mit Herlinde Koelbl. So enthält sie sich im Bundestag bei der Abstimmung über den Gesetzentwurf aus ihrem eigenen Ministerium. Dieses ungewöhnliche Verhalten gilt noch lange als Paradebeispiel für die Unentschlossenheit Angela Merkels, wenn sich keine klare Richtung erkennen lässt. Viele Frauen, besonders die Ostdeutschen, sind von der Frauenministerin enttäuscht. Heute ist das fast vergessen.

Immerhin trifft sie eine kluge Auswahl ihres Parlamentarischen Staatssekretärs: Es ist der Bundestagsabgeordnete Peter Hintze, ein ehemaliger Pastor, bestens vernetzt in der CDU und aus dem mächtigen Landesverband Nordrhein-Westfalen. Etwas Besseres kann der Seiteneinsteigerin in dieser in der Wolle katholisch, männlich und konservativ gefärbten Westpartei gar nicht passieren – jung, weiblich, geschieden, protestantisch, aus dem Osten, wie sie nun einmal ist. Peter Hintze wird 1992 CDU-Generalsekretär und bleibt einer ihrer wichtigsten und verlässlichsten Wegbegleiter an die Spitze der CDU, ein Mann mit Einfluss, aber ohne ganz große eigene Ambitionen.

Den beiden ist klar: Der Weg zur Macht verläuft nicht über unwichtige Ministerposten, sondern über die Partei. Und hier geht es, auch wieder dank günstiger Umstände, rasch voran. Als Lothar de Maizière wegen der Gerüchte um Stasi-Kontakte als Anwalt in der DDR im Sommer 1991 bei Kohl in Ungnade fällt, wird sie im Dezember an seiner Stelle zur stellvertretenden CDU-Vorsitzenden gewählt. 1993 stürzt Günther Krause über Unregelmäßigkeiten, und sie übernimmt von ihm den CDU-Landesvorsitz in Mecklenburg-Vorpommern, eine erste kleine Hausmacht in der Partei. Außerdem ist sie nun die einzige prominentere CDU-Politikerin aus dem Osten mit einer unbelasteten Biografie. Kohl beruft sie 1994 zur Umweltministerin, eine deutliche Aufwertung.

Nach der Niederlage der CDU/CSU bei der Bundestagswahl 1998 beschleunigen sich die Ereignisse. Kohl zieht sich als Parteivorsitzender zurück, ihm folgt Wolfgang Schäuble, der Angela Merkel zu seiner Generalsekretärin beruft. In nur knapp acht Jahren hat die Physikerin aus Templin einen sensationellen Aufstieg an die Spitze der CDU vollbracht, eine Karriere, die ihr niemand zugetraut hatte. Und sie ist noch nicht zu Ende, denn wegen einer Schwarzgeldaffäre mit getarnten Auslands-konten gerät im folgenden Jahr die ganze von Kohl herangezo-gene Parteiführung in einen Strudel. Der CDU-Ehrenvorsitzen-de gibt am 16. Dezember 1999 zu, dass er während seiner Zeit als Bundeskanzler unter Bruch des Parteispendengesetzes Millio-nenbeträge für die CDU entgegengenommen hat. Aber er wei-gert sich, die Spender zu nennen, da er ihnen sein Ehrenwort gegeben habe.

Das ist der Moment, in dem Merkel zuschlägt. Am 22. De-zember veröffentlich sie einen Gastbeitrag in der *Frankfurter Allgemeinen Zeitung*, in dem sie Kohl angreift und die CDU zur Abnabelung von ihrem großen alten Mann auffordert:»Die Par-tei muss also laufen lernen, muss sich zutrauen, in Zukunft auch ohne ihr altes Schlachtross, wie Helmut Kohl sich oft selbst ger-ne genannt hat, den Kampf mit dem politischen Gegner aufzu-nehmen. Sie muss sich wie jemand in der Pubertät von zu Hause lösen, eigene Wege gehen.«

Gelöst hat sich hier erst einmal vor allem das»Mädchen«von seinem Gönner und dessen Art, die Partei zu führen. Es ist einer der seltenen Fälle, in denen die Politikerin Angela Merkel ins Ri-siko geht, ohne das Ende der Entwicklung absehen zu können. Sie hat sich mit dem Schreiben auch gegen den Parteivorsitzen-den Wolfgang Schäuble gestellt, indem sie ihn nicht eingeweiht hatte. Sie konnte zu dem Zeitpunkt noch nicht ahnen, dass we-nige Wochen später auch Schäuble das Feld als Partei- und Frak-tionsvorsitzender wegen Unklarheiten bei der Übergabe einer weiteren Parteispende würde räumen müssen. Sie setzt auf den Überdruss einer jüngeren Generation der Parteimitglieder an dem System Kohl und auf ihre Rolle als einziges mit Sicherheit unbelastetes Mitglied der Parteiführung. So spielen ihr die Dinge wieder einmal in die Hände, und ihre Außenseiterrolle wird zum

Vorteil. Sie handelt in dieser Phase mutiger und entschlossener als die im legendären »Andenpakt« verbündete Seilschaft westdeutscher CDU-Landespolitiker um Roland Koch und Christian Wulff.

Die Frage, woher sie den Mut nahm, offen gegen Kohl anzugehen, etwas, das sich keiner der Männer aus der CDU-Führung getraut hat, ist oft erörtert worden. Angela Merkel hat dazu eine Anekdote aus ihrer Schulzeit erzählt. Sport war das einzige Problemfach für sie, sie war ein »Bewegungsidiot«, wie sie es nennt. Eines Tages geht es im Schwimmunterricht darum, vom Dreimeterbrett zu springen. Angela Merkel zaudert eine Dreiviertelstunde, dann erst springt sie, in der letzten Minute, als es schon geklingelt hat. »Ich bin, glaube ich, im entscheidenden Moment mutig. Aber ich brauche beachtliche Anlaufzeiten, und ich versuche, möglichst viel vorher zu bedenken. Spontan mutig bin ich nicht. Ich bin zu sehr kopfgesteuert.« Es gibt in diesem Fall aber noch eine andere Erklärung, die aus ihren Erfahrungen am Ende der DDR rührt: Sie hatte schon erlebt, dass man ein angeschlagenes System stürzen kann.

So folgt sie wieder ihrem alten Modell. Sie hat das System CDU genügend analysiert, um seine Kräfteverhältnisse gut einschätzen zu können. Sie hat jetzt die Chance, ganz an die Spitze der Partei zu kommen, die Voraussetzung, irgendwann Kanzlerin zu werden. Es ist wie einst im Angelverein in der Uckermark: Um auf dem See rudern zu können, muss sie dort Mitglied werden. Um die Dinge beeinflussen zu können, muss sie an die Spitze. Und sie schafft es. Am 10. April 2000 wird sie zur CDU-Vorsitzenden gewählt, ohne Gegenkandidaten, mit breiter Mehrheit. Sie hat sich auf Regionalkonferenzen vorgestellt und viele Sympathien gesammelt. Die Männerriege glaubt gönnerhaft, das werde ein Zwischenspiel sein und ihre Zeit noch kommen.

Doch die Geschichte verläuft ganz anders. Irgendwann fällt auf, wie machtbewusst, klug und effizient Angela Merkel ihren Kurs verfolgt. Im Zweifel macht sie auch einen Schritt zurück, etwa als sie 2002 die Kanzlerkandidatur dem CSU-Vorsitzenden Edmund Stoiber überlässt und so eine Kampfkandidatur vermeidet. Die wäre womöglich zu ihren Ungunsten ausgegangen und hätte sie nachhaltig beschädigt. Doch Schwarz-Gelb mit Stoiber unterliegt Rot-Grün mit Schröder knapp, und nun ist der Weg wieder frei für Angela Merkel. Am Ende wird sie 2005 zur ersten Bundeskanzlerin gewählt. Es ist eine Erfolgsgeschichte ohnegleichen in der Bundesrepublik. Eines aber bleibt noch festzuhalten: Angela Merkel war nie mit ihrer Familie Austern essen im Kempinski. Wahrscheinlich hatte sie dazu einfach keine Zeit.

TEIL II

HERKUNFT

8

HINTER DER MAUER — ANGELA MERKEL

Wenn Angela Merkel aus dem Tor ihres Wochenendgrundstücks tritt, fällt ihr Blick auf ein gelbes Schild am Gartentor gegenüber: »Vorsicht, pissiger Hund« steht darauf. Gleich daneben erhebt sich eine große braune Hundeskulptur aus Holz, die als Briefkasten dient. Wer weiß, wie ungern Angela Merkel Hunde hat, kann auf die Idee kommen, hier wolle einer die prominente Nachbarin ärgern. So wie einst Wladimir Putin, der bei einem Treffen mit der Kanzlerin seine große schwarze Labradorhündin um die Beine seiner Besucherin streifen und sie beschnüffeln ließ.

Eigentlich ist das winzige Dorf Hohenwalde in der Uckermark aber das schönste Refugium für Angela Merkel. Schon Anfang der 80er-Jahre, als die Mauer noch stand, hat die junge Physikerin hier ein Grundstück mit Datsche erworben. Und dazu einen Angelschein, denn die idyllischen Seen in der Umgebung durften damals nur in einem Verein organisierte Angler mit einem eigenen Boot befahren, und das war der größte Wunsch der jungen Frau. Dass sie dann bald auch stellvertretende Vorsitzende des Vereins wurde, interpretieren manche als frühes Zeichen für das Machtstreben der späteren CDU-Chefin und Kanzlerin – wenn ich in einem Verein bin, will ich auch das Sagen haben!

Wenn man sich heute über die Ruhe und Gelassenheit Angela Merkels auch in Zeiten größter Aufregung und Herausforderung wundert, hier findet sich eine, wenn nicht die Quelle dieser

Gemütsruhe. Es ist sehr still in dem kleinen, selbst für uckermärkische Verhältnisse abgelegenen Dorf. Nur der Wind rauscht in den gewaltigen Baumkronen der 250 Jahre alten Lindenallee, die in den Wald führt. Napoleon ist hier einst mit seinen Truppen gen Osten gezogen. Unter diesen knorrigen Bäumen wandelt nun die Bundeskanzlerin an selten gewordenen freien Wochenenden und ein, zwei Urlaubswochen im Sommer. Man kann sich gut vorstellen, wie sie hier Distanz zu den Aufregungen der Tagespolitik finden kann. Es ist eine Landschaft, die sie seit der Kindheit geprägt hat. Es ist ihre Heimat.

Angela Merkel ist in Templin, kaum 20 Kilometer von Hohenwalde entfernt, aufgewachsen. Noch heute wirkt das Leben in der schmucken Kleinstadt verlangsamt, solche entschleunigte Atmosphäre liegt über den Klinkerhäusern und Kopfsteinpflasterstraßen am See. Wie mag das erst in der Kindheit Angela Merkels gewesen sein, in der DDR der 50er-, 60er-Jahre, mit weniger Betrieb, weniger Verkehr, aber sicher mehr Menschen auf den Straßen, die gemächlich ihren Geschäften nachgingen? Angela Merkel wurde im Juli 1954 in Hamburg geboren, wo ihr Vater Horst Kasner gerade sein Theologiestudium beendete und ihre Mutter als Latein- und Englischlehrerin arbeitete. Die Familie zog noch im selben Jahr in die DDR, den vielen Menschen, die Ostdeutschland gen Westen verließen, entgegen. Horst Kasner folgte einem Aufruf der evangelischen Kirche, die dem Pfarrermangel im sozialistischen Teil Deutschlands entgegenwirken wollte.

Nach einer Pfarrstelle in einem ärmlichen Dorf bei Perleberg in Brandenburg wechselte die Familie 1957 nach Templin, wo Kasner ein Pastoralkolleg zur Weiterbildung von Theologen in der DDR aufbaute und dann bis zur Wende leitete. Das Kolleg befand sich im Waldhof, einer weitläufigen kirchlichen Siedlung mit eigener Landwirtschaft, etwas außerhalb Templins, wo auch 200 geistig behinderte Menschen lebten und betreut wurden – eine Aufgabe, die die DDR-Behörden gern kirchlichen Einrichtungen überließ. Das war eine eigene kleine Welt, in Maßen abgeschottet vom sozialistischen Alltag außerhalb der roten Ziegelmauern des Waldhofs. Und das war nun auch die Welt der kleinen Angela Kasner.

Sie hat das Zusammenleben im Waldhof später als wichtige Erfahrung beschrieben. »Ich habe damals gelernt, mit Behinderten normal umzugehen«, erzählte sie in einem der Interviews mit Herlinde Koelbl. »Bei uns hat immer einer der erwachsenen Patienten gearbeitet. Wenn in der Familie jemand Geburtstag hatte, kamen sie gerne, um Kuchen zu bekommen. Wir hatten zu ihnen ein gutes Verhältnis. Das sind prägende Kindheitserinnerungen.« Hier, in diesem Umfeld, hat sich jenes christliche Menschenbild entwickelt, das Merkel heute als wesentliches Merkmal ihrer Politik bezeichnet. Hier herrschten die bürgerlichen, christlichen Werte: Glaube, Ethik, Moral, Bildung und als Summe daraus eine bestimmte Haltung. Letztlich findet sich hier wohl auch das entscheidende Motiv ihrer Empathie für die Flüchtlinge, ein Grund, weshalb sie in dieser Frage so standhaft wirkt. Aber dazu später mehr.

Die entscheidende Rolle hat dabei ihr Vater gespielt, mit dem sie immer gut ausgekommen ist. Sie wirft ihm aber vor, dass er sich oft zu sehr seiner Arbeit gewidmet habe. »Das Schlimmste war, dass er oft sagte, er sei sofort wieder da, aber dann erst nach Stunden wiederkam. Solche Tage bestanden im Wesentlichen daraus, dass ich über die Straße bis zum nächsten Laden gegangen bin – weiter habe ich mich nicht getraut – und dort sehr lange nach ihm Ausschau gehalten habe. Aber abends haben wir zusammen gegessen, und dann war alles wieder schön.« Das

Phänomen, dass die Arbeit weit in die Freizeit hineinreichen und sich mit ihr vermischen kann, dürfte allerdings der Kanzlerin Angela Merkel inzwischen aus eigenem Erleben sehr vertraut sein. Die Arbeit ist im Zweifel wichtiger als die Familie, das ist ein vom Vater geprägtes Muster, dem die Tochter folgt – obwohl sie als Kind darunter gelitten hat.

Der Waldhof ist also eine eigene kleine Welt, aus der Angela Merkel und ihre beiden jüngeren Geschwister jeden Morgen in eine andere aufbrechen, eine tendenziell feindliche Welt, in der es sich aber zu bewegen und zu bewähren gilt. »Wir sind immer die Außenseiter gewesen«, sagt Angela Merkel über diese Zeit. Ihre Eltern leben in dem Bewusstsein, mit ihren christlichen Werten dem sozialistischen System überlegen zu sein, die besseren, die endgültigen Antworten zu kennen. Der Waldhof ist für viele Pfarrer, die dorthin zur Weiterbildung kommen, auch ein Fenster in den Westen. Oft sind Theologen aus der Bundesrepublik zu Gast, und hier wird offener diskutiert als »draußen«. Das gilt auch für die Gespräche in der Familie.

Und doch ist ihr Vater kein Antikommunist wie viele seiner Kollegen. Er folgt dem Kurs »Kirche im Sozialismus« statt Kirche gegen den Sozialismus und wird in der Stadt und in Kirchenkreisen oft der »rote Kasner« genannt. Er ist ein Linker, dem auch an der Bundesrepublik vieles nicht passt. Er lebt mit seiner Familie auf Abstand zum Staat, aber nicht im Widerstand. Für die Stasi, die ihn intensiv beobachtet, ist er ein Rätsel, sie können ihn nicht richtig einordnen. Anwerbeversuche scheitern, weil Kasner darüber seinen Bischof informiert. »Dekonspiration« nennt die Stasi das, damit ist der Geheimdienst aus dem Spiel.

So steuert Horst Kasner die Familie klug und wachsam durch die feindseligen Gewässer außerhalb der Mauern des Waldhofs. Das ist eine Haltung, die sich seine Tochter zu eigen macht. In der Schulzeit heißt der Auftrag der Mutter – die selber als Lehrerin nicht arbeiten darf – an die Kinder: Ihr müsst immer besser sein als die anderen. Dann können sie euch wenig anhaben und müssen euch vielleicht sogar studieren lassen. Angela Merkel erfüllt diese Anforderung perfekt. Sie ist in vielen Fächern die Beste der Klasse, manchmal des ganzen Jahrgangs, vor allem in Mathematik und in Russisch. Sie vertritt schließlich sogar einmal die DDR auf einer Russisch-Olympiade in Moskau – sie war Landessiegerin in dem Schülerwettbewerb geworden.

Sie mag die Sprache der von vielen DDR-Bürgern als Besatzer und Unterdrücker empfundenen Sowjetunion. Sie unterhält sich mit den oft einsamen jungen Soldaten fern ihrer Heimat, die sie hier und da in Templin trifft. Und die ihr erzählen, so erinnert sie sich, dass die Teilung Deutschlands bestimmt nicht ewig dauern werde, so unnatürlich sei diese Situation. Dass Angela Merkel heute zu den Wenigen zählt, die den Kontakt zum russischen Präsidenten Wladimir Putin halten, hat auch etwas mit diesen Erfahrungen, einem tieferen Verständnis für die Sprache und das Wesen der Russen zu tun. Und mit der frühen Erkenntnis, dass man auch mit Menschen reden kann, die aus einer anderen, vielleicht sogar feindlichen Welt stammen.

Die Kasners stellen es ihren Kindern frei, ob sie Mitglied bei den Jungen Pionieren und der FDJ werden wollen – eine Voraussetzung, um am Schulleben vollgültig teilnehmen zu können. »Jeder Mensch muss zur Schule gehen, aber nicht jeder Mensch muss Pionier werden«, lautet ihre Devise. Angela Merkel wählt den Mittelweg. Sie wird Mitglied in den staatlichen Jugendorganisationen, aber später wird die Pfarrerstochter natürlich konfirmiert – die Jugendweihe kommt für sie nicht infrage. Man kann hier schon Wesensmerkmale Angela Merkels erkennen, die sie bis heute prägen. Der Fleiß und die Lust, neue Felder, wie

eine Sprache, wirklich zu durchdringen; die genaue Beobachtung und Analyse eines Systems, wie der Schule, daraufhin, wie
man sich als Außenseiter darin bewegt und zum Erfolg kommt.
Das sollte ihr Jahrzehnte später auf dem Weg zu Spitze der CDU
noch sehr nützlich sein.

Angela Merkel als Schülerin, 2. Reihe Mitte

Dazu gehört wohl auch ihr Pokerface, die Fähigkeit, absolut
nichtssagend zu schauen und dazu zu schweigen. »Es ist ein großer Vorteil aus DDR-Zeiten, dass man gelernt hat zu schweigen.
Das war eine der Überlebensstrategien«, sagt sie im Gespräch
mit Evelyn Roll. Und fügt an, im Jahr 2001: »Ist es ja noch.« Sie
erinnert sich an den Tag nach den Sommerferien 1968, die sie
mit ihrer Familie in der Tschechoslowakei verlebt hatte, wo so-
wjetische Truppen im August der Reformbewegung Dubceks
ein gewaltsames Ende bereiteten. Die Eltern waren erst begeistert und dann tief enttäuscht. In der Schule sollen die Kinder
von ihren Ferienerlebnissen berichten. Angela Kasner meldet
sich und sagt, dass sie ganz traurige Ferien erlebt habe. »Dann

sah ich schon an dem Blick des Lehrers, dass die Sache brenzlig wurde, und bin natürlich abgeschwiffen.« Das ist eine Kunst, die Merkel bis heute beherrscht. Abschweifen, ins Ungefähre ausweichen, wenn Konkretes gefährlich werden könnte. In einem *FAZ*-Fragebogen hat sie als ihre Lieblingstugend Verschwiegenheit genannt.

Angela Merkel wirft heute einen unbefangenen Blick zurück auf ihre Jahre im Waldhof: »Über meiner Kindheit lag kein Schatten.« Die Eltern gestatten ihrer Tochter, der Einser-Schülerin, ein ziemlich freies Leben. Sie gehört zu einer Clique, die auf den Templiner Seen segeln geht, in der gefeiert und viel diskutiert wird. Manchmal treffen sie sich bei Angela im Waldhof, wo sie als Jugendliche ein eigenes Zimmer im gleichen Haus, aber außerhalb der Wohnung der Eltern beziehen kann. Sie habe sich bei Besuchen ihrer Cousinen aus Hamburg, die oft während der Sommerferien nach Templin kamen, manchmal gefragt, ob die Kinder im Westen wohl glücklicher seien. »Ich bin für mich eigentlich zu einer befriedigenden Bilanz gekommen«, hat sie ihrem Biografen Gerd Langguth gesagt. »Die Kinder hatten zwar Sachen, die ich nicht hatte. Aber wir hatten Wälder und Seen, und sie haben sich bei uns immer sehr wohl gefühlt. Unter dem Strich, aus der Kinderperspektive: Ich bin nicht verhärmt zurückgeblieben, sondern habe mir gedacht, du hast es eigentlich auch gut. Ich glaube, dass das heute noch ein Punkt ist, der mir auch ein gutes Selbstbewusstsein gibt.« Das ist eine Erfahrung, die sie mit vielen ehemaligen DDR-Bürgern teilt, die sich an eine schöne Kindheit erinnern.

Allerdings hat sie auch manche Privilegien genossen, nicht zuletzt die Pakete der Verwandten aus dem Westen. »An den Jeans, die uns die Tante geschickt oder mitgebracht hat, hing unsere ganze Hoffnung. Ich habe fast nie ein Kleidungsstück aus der DDR getragen.« Auch ihr Vater darf in den Westen reisen, und die Familie hat zwei Autos. Im Konfliktfall kann ihr Vater seine Drähte zur Kirchenleitung in Ost-Berlin nutzen, die wiederum manch nützlichen Kontakt zu den staatlichen Stellen bis zur Stasi hatte. So wird 1972 ein drohender Schulverweis für eine Gruppe um Angela Merkel abgewendet, die sich geweigert hatte, einen verordneten Agitprop-Auftritt zugunsten des Vietkong einzustudieren, und stattdessen ein politisch vieldeutiges Gedicht von Christian Morgenstern aufführt. Damit war auch der Studienplatz für Physik in Leipzig in Gefahr, ungewöhnlich genug für eine Pfarrerstochter. Doch dank allerlei Bemühungen hinter den Kulissen geht der Konflikt glimpflich aus. Die Schüler werden verwarnt, aber alle können Abitur machen und studieren.

Angela Merkel geht zum Studium bewusst nach Leipzig und nicht ins nahe Ost-Berlin. Es ist ein Schritt in die Unabhängigkeit innerhalb der kleinen DDR, wie auch die Wahl des Studienfachs weit aus der Welt des evangelischen Pfarrhauses hinausführt. Und es ist ein relativ unpolitisches Fach, die Gesetze der Physik gelten systemübergreifend. Sie habe das harte Lernen im Physikstudium angezogen, sagt Merkel. Und sie folgt der bekannten Methode, sich den Staat nicht zum Feinde zu machen, ohne ihm zu nahe zu kommen. Sie engagiert sich sowohl in der FDJ als auch in der evangelischen Studentengemeinde, aber hier wie dort nicht zu sehr. So lehnt sie es ab, zur Vertrauensstudentin der Evangelischen Studierendengemeinde (ESG) gewählt zu werden. Ihre Begründung lautet, dass sie dafür angesichts des harten Studiums keine Zeit habe. Aber sie nimmt aktiv am Studentenleben teil und erzählt später immer wieder gern, wie sie bei Diskoabenden erfolgreich als Bardame gewirkt hat, indem sie reichlich Kirschsaft besorgte und den gekonnt zu Kirsch-

Wodka mixte.»Ich wusste, wie man das Glas hält, um den Abend zu überstehen.«

30 Jahre, nachdem sie 1978 ihr Diplom in Leipzig mit der Note »sehr gut« bestanden hat, verleiht die Universität Angela Merkel ihre erste Ehrendoktorwürde einer deutschen Hochschule – »in Würdigung ihrer besonderen Verdienste um das Fachgebiet Physik und dessen Reputation bei ihrem Einsatz für den Schutz der Umwelt sowie für Demokratie und Menschenrechte«, heißt es in der Promotionsurkunde. Die feierliche Veranstaltung im Festsaal des Alten Rathauses ist Anlass für mancherlei Betrachtungen über die jungen Jahre der CDU-Vorsitzenden in der DDR und ihre dort erfahrene Prägung.

Der Dekan Professor Tilmann Butz erklärt in seiner Rede, das große Ansehen der Kanzlerin rühre nicht nur aus den Ergebnissen ihrer Arbeit, sondern auch daher, wie sie ihre Arbeit tue, nämlich: wie eine praktizierende Physikerin.»Dazu gehört das sorgfältige Recherchieren der Ausgangslage und der Randbedingungen, das Wissen um die Strukturen, Korrelationen, Nichtlinearitäten, des Einflusses von stochastischen Elementen – vulgo Streufeuer –, das Wissen oder Erahnen möglicher Lösungen, das analytische Denken, die Besonnenheit und Unaufgeregtheit sowie die beharrliche Verfolgung der Ziele.«Wahrlich, keine schlechte Beschreibung des Systems Merkel.

»Diese Prägung haben Sie in den Jahren Ihres Studiums an der Karl-Marx-Universität in Leipzig von 1973 bis 1978 erfahren«, fügt der Dekan an. Das ist eine interessante Bemerkung angesichts der in jener Zeit wieder einmal vielfach erörterten westdeutschen Zweifel am richtigen Leben im falschen Staat, der doch ein Unrechtsstaat war. War so etwas also möglich unter sozialistischen Bedingungen? Jawohl, erklärt Angela Merkel:»Ich habe viel gelernt, und es war eine schöne Zeit.«Das in diesem Saal versammelte akademische Publikum, darunter ihre Eltern und ihr Bruder, versteht genau, was sie meint.

Während des Studiums lernt Angela Kasner bei einem Jugendaustausch in der Sowjetunion den Physikstudenten Ulrich Merkel kennen und lieben. Sie heiraten bald, im September 1977 sagen sie einander das Ja-Wort in der Kirche von Templin. Doch die Ehe erweist sich schnell als Irrtum. »Wir haben geheiratet, weil alle geheiratet haben«, sagt sie später. Ein Grund dafür war, dass man als Ehepaar in der DDR schneller eine Wohnung bekam. Nach drei Jahren trennt sich das Paar, 1982 folgt die Scheidung. Den Namen Merkel aber behält sie und nimmt ihn mit in ihr neues Leben.

Sie arbeitet jetzt als Physikerin an der Akademie der Wissenschaften in Ost-Berlin und hat nach der Trennung von ihrem Mann erst einmal ein Wohnungsproblem. Sie löst es wie manche junge Leute im Ost-Berlin jener Jahre, sie bezieht eine leerstehende, heruntergekommene Altbauwohnung. Im Westen nannte man solche Leute Hausbesetzer, im Osten wurden sie oft toleriert, wenn es sonst keine Scherereien gab. Und Merkel hat eine für sie typische, pfiffige Strategie, ihren Status zu legalisieren. Sie überweist einfach eine bei Nachbarn erfragte, sehr überschaubare Miete an die Wohnungsverwaltung. Irgendwann wurde das Haus dann saniert, und den Bewohnern wurden andere Wohnungen zugewiesen – nun ganz legal.

Aus jener Zeit rühren immer mal wieder aufgefrischte Spekulationen, sie habe sich mit dem Staat und seiner FDJ doch mehr eingelassen, als sie zugibt. Klar ist, dass sie der FDJ-Leitung an ihrem Institut an der Akademie angehörte. Sie sagt, sie sei eine Art Kulturbeauftragte gewesen, habe Theaterkarten besorgt und Lesungen organisiert. Einstige Kollegen wissen dagegen zu berichten, sie sei als Sekretärin für Agitation und Propaganda für das sogenannte Studienjahr verantwortlich gewesen, eine monatliche Zwangsveranstaltung der FDJ zur politischen Weiterbildung. Das mag so gewesen sein, aber die Stasi-Spitzel in ihrer Umgebung halten fest, sie nutze diese Veranstaltungen zu kritischen Auseinandersetzungen mit Entwicklungen in der DDR.

Als sie 2013 mit den in einem Buch über »das erste Leben der Angela M.« aufs Neue erhobenen Vorwürfen konfrontiert wird, sagt sie kühl:»Ich kann mich da nur auf meine Erinnerung stützen. Wenn sich jetzt etwas anderes ergibt, kann man damit auch leben.« Eine typische Merkel-Formulierung ins Ungefähre. Aber sie sagt auch:»Was mir wichtig ist: Ich habe da nie irgendetwas verheimlicht.« So ist es wohl. Denn trotz intensivster Recherchen ist es bisher niemandem gelungen, Angela Merkel eine größere Verstrickung mit dem DDR-System nachzuweisen, als sie in jenen Jahren Millionen Bürger eingegangen sind, die im zweiten deutschen Staat ihren Alltag gelebt haben. Dass sie im Widerstand gewesen sei, hat Angela Merkel nie behauptet.

Sie beschreibt ihre Haltung zum Staat DDR heute mit einer tiefen Abneigung.»Ich habe die DDR nie als mein Heimatland empfunden«, sagte sie Herlinde Koelbl. Sie habe keine DDR-Identität entwickelt und auch niemals das Fernsehprogramm geschaut, bis auf manche Sportsendungen. Im Waldhof waren die Antennen nach Westen gerichtet. Aber sie habe die DDR auch nicht als dauernde und totale Bedrückung empfunden. Sie habe ein recht sonniges Gemüt und »ich hatte immer die Erwartung, einigermaßen fröhlich durchs Leben zu kommen, egal, was passiert. Ich habe mich nie verbittern lassen«. Sie habe die Spielräume und die Nischen genutzt, die es in der DDR gab – so, wie viele andere Mitbürger, die zwar nie begeisterte Anhänger der SED waren, aber dennoch ein glückliches Leben in der DDR geführt haben. Zu bezweifeln, dass das möglich war, gehört zu den großen Missverständnissen vieler Westdeutscher über ihre ostdeutschen Landsleute.

Was also ist Heimat für Angela Merkel? Natürlich Templin. So sagt sie es ganz einfach, als sie am Reformationstag 2014 in ungewohnter Rolle in die Stadt ihrer Kindheit zurückkehrt. Sie steht an einem Pult mit dem Rücken zum Altar in der Kirche von Templin, dort, wo sie konfirmiert wurde und wo früher ihr Vater gepredigt hat. Sie soll über das Thema »Christlich leben, politisch handeln«, sprechen, aber eigentlich, so sagt sie in der voll besetzten Kirche, fühle sie sich an der falschen Stelle. »Es wäre mir recht, jetzt auch in einer der Bänke zu sitzen und dem Pfarrer zuzuhören.«

Es ist nicht so ungewöhnlich, dass Angela Merkel nach Templin kommt. Bei ihrer Ankunft an der Kirche begrüßen viele sie vertraut, mit Respekt, aber ohne Scheu. Ihre Mutter lebt hier, gemeinsam besuchen sie gelegentlich das Grab von Horst Kasner auf dem Waldfriedhof. Das sei jetzt allerdings seltener geworden, erzählt im Sommer 2016 eine Friedhofsbesucherin, die an einem Grab arbeitet. »Die ist jetzt ja so beschäftigt, sie hat ja auch allerhand Mist gebaut.« Das Unverständnis für Merkels Flüchtlingspolitik, man kann es auch in ihrer Heimatstadt spüren, die einen Bürgermeister von der Linkspartei hat.

An jenem Abend des Reformationstages bricht Angela Merkel nach dem Gespräch in der Kirche rasch auf. Sie ist sehr erkältet und freut sich auf ein paar ruhige Stunden in ihrem Wochenendhaus in Hohenwalde, dem stillen Dorf tief in der Uckermark. Vor ein paar Jahren ist sie hier beim Radfahren von einem Hund gebissen worden, daher rührt ihre Abneigung gegen Hunde. Auch wenn der Nachbar damit seine Späße treibt, Angela Merkel ist hier wohlgelitten. Aus der Datsche ist mit den Jahren ein schlichtes Einfamilienhaus mit rotem Klinkerdach geworden, und der einstige Jägerzaun ist einer mannshohen, blickdichten Umzäunung gewichen. Die Sicherheit der Bundeskanzlerin hat ihren Preis, dazu zählen auch die BKA-Beamten, die das Anwesen aus einem unauffälligen Bungalow schräg gegenüber im Auge behalten. Aber wenn Angela Merkel hier ist, bewegt sie sich ganz ungezwungen im Dorf und in der Umgebung. »Man trifft sie im Sommer auch am See und steht dann Badeanzug an Badeanzug auf dem Steg«, erzählt eine Dorfbewohnerin. Und ihren Angelschein hat Angela Merkel auch noch. Es wird die Zeit kommen, in der sie wieder mit dem Boot auf den See fahren kann, in ihrer Heimat.

9

AM RHEIN —
KONRAD ADENAUER

Das Klingelschild sieht einladend aus. »ADENAUER« steht drauf. Doch wenn man auf den Klingelknopf drückt, passiert nichts. Das wäre allerdings auch überraschend, denn dieses Schild am Haus Balduinstraße Nr. 6 in der Kölner Altstadt ist ein feiner Scherz. Das schmale dreistöckige, einfach verputzte, nach dem Krieg wieder aufgebaute Gebäude ist das Geburtshaus von Konrad Adenauer. Davon künden eine Tafel und ein Relief an der Hauswand, das sein Profil und seine Lebensdaten zeigt. Das Klingelschild aber war eine Idee der Hausbesitzerin.

»Das Haus hat fünf Wohnungen, aber sechs Klingelschilder. Darum habe ich eins dem Herrn Adenauer gewidmet«, hat sie dem *Kölner Express* erzählt. Eine kleine Hommage an den großen Kölner und Staatsmann, der seine Kindheit hier, rund um den Neumarkt, verbracht hat. »Immer, wenn jemand klingelt«, sagt Margit Schlüssel, »ist die Seele Adenauers berührt.« Diese Vorstellung bereitet ihr Vergnügen. Die kleine Geschichte erzählt einiges über das Verhältnis der Kölner zum größten Sohn ihrer Stadt, auch noch fast 50 Jahre nach seinem Tod.

Hier hat es also am 5. Januar 1876 begonnen, das Jahrhundertleben des Conrad Hermann Joseph Adenauer, den später alle Welt als Oberbürgermeister von Köln und dann als ersten Kanzler der Bundesrepublik nur noch Konrad Adenauer nennen sollte. Es herrschen ärmliche, beengte Verhältnisse im Haus des Gerichtsbeamten Conrad Adenauer und seiner Frau Helene, als ihr dritter Sohn geboren wird. Aber das ändert nichts an ihrem Wunsch nach vielen Kindern. Es folgt noch eine Tochter, ein Mädchen stirbt bald nach der Geburt. Das Haus der Familie ist damals nur zweistöckig, mit kleinen Zimmern, und im Obergeschoss wohnt auch noch ein Untermieter. Die drei Jungen schlafen in einem Raum, Konrad mit einem Bruder sogar in einem Bett.

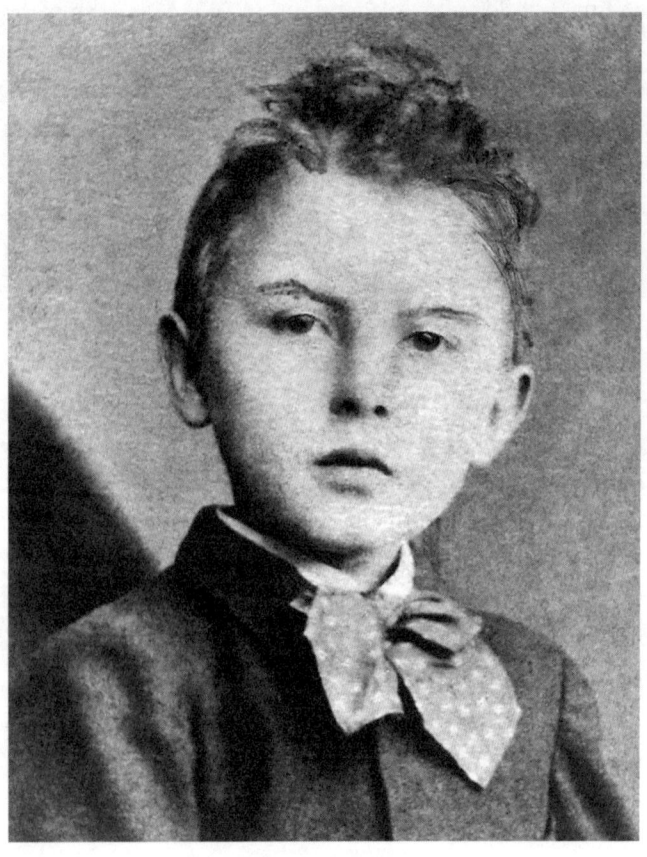

Konrad Adenauer als Schüler, ca. 1883

Das Leben im Hause Adenauer ist von katholischer Frömmigkeit geprägt. Es wird gemeinschaftlich gebetet, sonntags gehen die Eltern mit ihren Kindern in die heilige Messe und manchmal in die Nachmittagsandacht. Die Erziehung ist streng, die Kinder werden zu Gehorsam, Sparsamkeit, Ehrlichkeit und Fleiß angehalten. Vater Conrad, selber Sohn eines Bäckers und nur über den Militärdienst in die Beamtenlaufbahn aufgestiegen, ist entschlossen, zumindest den Jungen eine höhere Schulbildung und ein Studium zu ermöglichen, dafür spart die ganze Familie. Weil das Geld für ein Studium Konrads zunächst nicht reicht, beginnt er eine Banklehre, bis ein Stipendium ihm den Weg zum Jurastudium ebnet. Nach nur sechs Semestern legt der offensichtlich Hochbegabte 1897 sein Referendarexamen ab.

Damit beginnt für Adenauer, gefördert von dem bekannten Kölner Rechtsanwalt und Zentrumspolitiker Hermann Kausen, ein steter Aufstieg, erst als Anwalt und dann als hauptamtlicher Kommunalpolitiker im Dienst der Stadt. Hilfreich ist dabei seine Frau Emma, die er 1904 heiratet. Sie stammt aus einer wohlhabenden, angesehenen Familie und ist die Nichte des Kölner Oberbürgermeisters Max Wallraf. Er wendet sich ihr gewiss aus Liebe und Zuneigung zu, doch öffnet diese Verbindung dem aus kleinen Verhältnissen stammenden Konrad Adenauer auch den Zugang zum Kölner Bürgertum. Dass er diesen gezielt gesucht hat, zeigt seine Mitgliedschaft im feinen Tennisclub »Pudelnaß«, wo er seine künftige Frau kennenlernt. Letztlich ebnet sie ihm mit ihren familiären Verbindungen den Weg in die Politik. 1909 wird er von der Stadtverordnetenversammlung zum Stellvertreter von Oberbürgermeister Wallraf, seinem angeheirateten Onkel, gewählt. Es sind entscheidende politische Lehrjahre, von denen Adenauer auf seinem späteren Weg in die große Politik profitiert. Er hat bald den Ruf eines effizienten, mit straffer Hand leitenden Verwaltungsmanns, der sich besondere Verdienste um die Lebensmittelversorgung der Kölner während der Kriegsjahre erwirbt. Als Wallraf 1917 in die Reichsregierung nach Berlin berufen wird, wählt die Stadtverordnetenversammlung Adenauer ohne Gegenstimme zu seinem Nachfolger. Mit 41 Jahren ist er das jüngste Oberhaupt einer deutschen Großstadt.

Es folgen 16 überwiegend sehr erfolgreiche Jahre an der Spitze der Stadt, die er durch zahlreiche von ihm angestoßene Großprojekte, wie die neue Messe, die Hängebrücke nach Mülheim, das Müngersdorfer Stadion oder den Grüngürtel, nachhaltig geprägt hat. Später kommen aber auch Vorwürfe unseriöser Finanzpraktiken und der Überschuldung der Stadt auf, die dann eine wichtige Rolle bei den Versuchen der Nazis spielen, ihn zu diskreditieren und strafrechtlich zu verfolgen.

Auch gibt es Kritik an dem zunehmend großbürgerlichen Lebensstil der Adenauers, den er mithilfe von Aktienspekulationen finanziert, die ihn Ende der 20er-Jahre aber auch an den Rand des Ruins führen. 1911 zieht die Familie in eine weitläufige Villa im feinen Stadtteil Lindenthal, direkt am Stadtwald. Noch heute strahlt das Haus mit den grünen Fensterläden die vornehme Aura eines englischen Landsitzes aus. 1926 kauft er das Nachbargrundstück dazu und erweitert die Villa mit einem großzügigen Anbau, um Platz für die gewachsene Kinderzahl zu schaffen.

Doch zunächst trifft Adenauer 1916 ein Schicksalsschlag, als seine Frau nach einem langwierigen Nierenleiden stirbt. Es gibt bewegende Schilderungen, wie er die Nächte wachend am Bett seiner todkranken Frau verbringt und ihr im Sterben beisteht. Er bleibt mit seinen drei, sechs und zehn Jahre alten Kindern alleine zurück. Da trifft es sich, dass er sich mit einer jungen Nachbarin enger anfreundet, Auguste Zinsser, genannt Gussie. Die Zinssers hatten sich schon während der Krankheit von Emma Adenauer um deren Kinder gekümmert und tun dies jetzt umso mehr, die Familien sind freundschaftlich verbunden. Doch nun entwickelt sich mehr zwischen Konrad und Gussie, was deren Eltern nicht sehr behagt. Adenauer ist 19 Jahre älter als ihre 25 Jahre alte Tochter, und vor allem sind die Zinssers evangelisch. Doch Gussie setzt ihren Willen durch. Sie konvertiert zum katholischen Glauben und heiratet 1919 den Kölner Oberbürgermeister. Aus der Ehe gehen vier Kinder hervor, sodass die Familie Adenauer schließlich neun Köpfe zählt. »Es war nie zu spüren, dass es hier Kinder von zwei verschiedenen Müttern gab«, notiert die Familienbiografin Daniela Krein.

Die Adenauers führen ein offenes Haus, in dem andere Kinder immer willkommen sind, und pflegen die Hausmusik. Obwohl Konrad Adenauer ein viel beschäftigter Mann ist, wird sein Alltag doch vom Zusammenleben mit einer großen Schar Kinder geprägt. Er wird als strenger, aber humorvoller Vater geschildert, der sich vor allem am Wochenende und im Urlaub um seine Kinder kümmert und mit ihnen Wanderungen unternimmt.

Nach der Absetzung durch die Nationalsozialisten zieht Adenauer sich zunächst in das Kloster Maria Laach zurück. Das Haus der Familie in Köln wird von der SA bewacht, seine Frau und die Kinder fühlen sich bedroht. Adenauer bringt sie in einem in der Nähe gelegenen katholischen Krankenhaus unter. Noch ist nicht absehbar, wie ernst die neuen Machthaber dem populären Zentrumsmann zusetzen wollen, doch scheint eine Verhaftung jederzeit möglich. Fast ein Jahr währt dieses Asyl im Kloster. Die Kinder besuchen ihren Vater zuweilen mit dem Fahrrad in Maria Laach. Paul beschreibt einen solchen Ausflug: »Bevor wir wieder abfuhren, hatte Vater jedes unserer Räder einer eingehenden

Prüfung unterzogen und besonders die Bremsen untersucht. Darauf mussten die Fahrzeuge blitzblank geputzt und nochmals vorgeführt werden, und erst, als er nichts mehr auszusetzen fand, gab er den Wink zum Start – wir konnten fahren.« Der zwölfjährige Paul verlebt im Sommer 1933 auch die Schulferien bei seinem Vater. »Die in der Abtei verbrachten Wochen werden mir immer unvergesslich bleiben«, erinnert er sich in den 50er-Jahren. »Durch das in der Mauer verborgene Törchen gingen wir zusammen in den Wald und unternahmen lange Wanderungen durch stille Seitenpfade, auf denen uns selten jemand begegnete. Auf Umwegen erreichten uns hin und wieder Mutter und Geschwister, und in solch glücklichen Augenblicken konnten wir sogar unser Leid vergessen.« Adenauer aber nutzt die Zeit in dem Kloster für Studien in der reichhaltigen Bibliothek, unter anderem beschäftigt er sich intensiv mit der katholischen Soziallehre.

Der Umgang der Nationalsozialisten mit Adenauer bleibt widersprüchlich. Als der Abtei bedeutet wird, das Asyl für den Mann müsse enden, mietet er 1934 ein Haus in Babelsberg und zieht mit der ganzen Familie zunächst unbehelligt in die Nähe von Berlin. Er beginnt einen Rechtsstreit um seine ordnungsgemäße Entlassung aus dem OB-Amt, von der auch seine Pension abhängt, und beantragt wegen der von den Nazis erhobenen Korruptionsvorwürfe selbst ein Untersuchungsverfahren gegen sich. In Babelsberg beginnt wieder ein geregeltes Familienleben, wobei die inzwischen erwachsenen drei Kinder aus der ersten Ehe beginnen, eigene Wege zu gehen. Doch die Idylle endet am 30. Juni 1934, als Adenauer am Abend des Rhöm-Putsches von der Gestapo festgenommen wird. Er wird drei Tage lang festgehalten und vernommen, die Familie ist in höchster Sorge, denn es ist bekannt, dass Gegner Hitlers in diesen Tagen oft ohne viel

Federlesen ermordet werden. Doch Adenauer wird überraschend freigelassen.

Nun beginnt ein Jahr auf der Flucht, in dem Adenauer sich angeblich nirgends länger als 24 Stunden aufhält, während die Familie in Babelsberg bleibt. Dann beruhigt sich seine Lage. 1935 lässt sich die ganze Familie in Rhöndorf am Rhein nieder. Adenauer kann einen Vergleich mit der Stadt Köln schließen und bekommt nun seine Pension und sogar eine Entschädigung ausbezahlt. Mit diesem Geld kauft er in Rhöndorf einen aufgelassenen Weinberg und lässt ein Haus für die Familie bauen, das sie Ende 1937 bezieht. Hier wird Konrad Adenauer bis zu seinem Tod 1967 leben. Es ist ein ansehnliches, aber nicht protziges Haus mit einer großen Terrasse, die den Blick weit in das Rheintal freigibt.

Er hat nun Zeit, sich den noch im Haus lebenden vier Kindern wesentlich intensiver zu widmen. Er unterrichtet sie, wandert und spielt mit ihnen, wobei sie ihn bei Brett- und anderen Spielen tunlichst gewinnen lassen, er ist ein schlechter Verlierer. Doch erlebt die Familie diese Zeit auch als eine der ständigen Bedrohung durch die Nationalsozialisten, die den abgesetzten Kölner Oberbürgermeister im Visier behalten, ihn drangsalieren und mehrfach verhaften.

So auch im Herbst 1935, als die Kapelle des Rhöndorfer Schützenvereins dem prominenten neuen Bürger ein Ständchen vor seinem Haus spielt und Adenauer ihnen mit ein paar Worten dankt. Das nehmen die Nazis zum Anlass, ihn wegen »Volksaufwiegelung« aus dem Regierungsbezirk Köln auszuweisen. Er findet Zuflucht in einem katholischen Erholungsheim im nur wenige Kilometer rheinaufwärts gelegenen Unkel, das schon zum Bezirk Koblenz gehört. Jahrzehnte später wird sich Willy Brandt das idyllische Unkel zu seinem letzten Wohnsitz wählen. Adenauer aber wird dort von Depressionen geplagt, obwohl seine Frau und die Kinder ihn häufig besuchen, es sind nur zwei Stationen mit der Bahn.

Als der Bann nach einem knappen Jahr aufgehoben wird, erholt Adenauer sich beim Planen und Anlegen des Terrassengartens auf dem steilen Grundstück rund um das neue Haus. Als Material dienen Steine aus der Burgruine Wolkenburg, einige Hundert Meter weiter im Siebengebirge gelegen. Adenauer haut die Quader dort selbst zurecht und transportiert sie dann mithilfe seiner Kinder in einem Leiterwagen zum Grundstück. Paul erinnert sich daran als eine besonders mühselige, aber auch befriedigende Arbeit an der Seite seines Vaters. Es sind ruhige Jahre im Leben der Adenauers, auch der Krieg ist von Rhöndorf noch lange Zeit weit entfernt. Die Kinder bringen Freunde mit nach Hause, es werden literarische Zirkel gebildet und Musikabende veranstaltet. Dem Jüngsten, Georg, richtet Adenauer in seinem Arbeitszimmer eine Ecke mit einem kleinen Tisch ein, an dem er seine Hausaufgaben unter Aufsicht zu erledigen hat. Je näher der Krieg nach Deutschland rückt, umso voller wird dann das Haus mit Verwandten, die dort Unterschlupf suchen. 1943 kommt in Rhöndorf Adenauers erste Enkelin, Irene, zur Welt. Es sind Jahre, in denen die Adenauers wieder als vielköpfige Großfamilie, beengt aber harmonisch unter einem Dach zusammenleben.

Wenige Tage nach dem gescheiterten Attentat auf Hitler nehmen die Nazis Konrad Adenauer im Sommer 1944 erneut fest. Obwohl er sich von allen Widerstandsbemühungen ferngehalten hat – weil er sie für aussichtslos und zu gefährlich für sich und seine Familie hielt –, steht er als bekannter Gegner des Naziregimes sofort unter Verdacht. Und dieses Mal scheint es ernst zu werden. Die Gestapo bringt ihn in ein auf dem Messegelände in Köln errichtetes Konzentrationslager. Angeblich steht sein

Name auf einer Liquidationsliste, als er mithilfe eines befreundeten Arztes in ein Krankenhaus außerhalb des KZ verlegt wird. Von dort kann Adenauer auf abenteuerliche Weise entkommen und sich in einer entlegenen Mühle im Westerwald verstecken. Im September wird seine Frau Gussie von der Gestapo abgeholt, tagelang verhört und mit Drohungen gegen ihre Kinder gezwungen, sein Versteck preiszugeben. Sie unternimmt daraufhin verzweifelt einen Selbstmordversuch. Ihr Mann wird erneut verhaftet und in das Gefängnis Brauweiler gebracht. Später gelingt es seinen als Offiziere in der Wehrmacht dienenden Söhnen Max und Paul, die Freilassung ihres Vaters durch direkte Intervention bei der SS-Führung in Berlin zu erreichen. Im November kann er nach Rhöndorf zurückkehren.

Dort kümmert er sich nun um seine hochschwangere Schwiegertochter Lola, die ihr zweites Kind erwartet. Gussie und Konrad Adenauer bringen sie zu Fuß durch Eis und Schnee in das drei Kilometer entfernte Krankenhaus nach Bad Honnef, und auch später versorgt Adenauer seine Schwiegertochter und den Enkel dort mit dem Nötigsten, das er trotz Bombenalarm zu Fuß in die Klinik bringt. Adenauer entwickelt eine für einen Mann seiner Generation ganz ungewöhnliche Zuneigung und Fürsorge für die Kleinen, die er zuweilen auch füttert. Das besonders enge Verhältnis zu diesen ersten Enkeln beschreibt die Schwiegertochter Lola so: »Unsere Kinder kannten ihren Vater nicht, der auch nach dem Krieg noch lange in Gefangenschaft blieb. So nannten sie ihre Großeltern Vater und Mutter, wie wir, und mich Mama. Der Großvater war für sie die unbedingte Autorität, dem sie aber auch restlos vertrauten und zu dem sie mit all ihren kindlichen Nöten gingen. Mein Schwiegervater hatte die Kinder sehr lieb, aber diese Liebe war stets von Verantwortungsgefühl geleitet. Wenn sie nicht brav waren, verabreichte er ihnen einen Klaps; sonst aber konnten sie ihn nie stören, selbst dann nicht, wenn sie, während er wichtige Besprechungen abhielt, zu ihm ins Zimmer kamen. Er nahm sie dann einfach auf den Schoß und hielt sie an, ruhig zu sein.« Die letzten Kriegstage verbringt die Familie in einem Notbunker. 15 Menschen müssen sich nachts in den engen Raum pressen, dazu die beiden kleinen Kinder. Der Erfinder Adenauer hat auch hier eine praktische Lösung. Er besorgt Körbe und hängt sie unter der Decke auf. In diese Wiegen werden die Kinder gebettet, sodass die anderen mehr Platz auf dem Boden haben.

Unmittelbar nach Kriegsende wird Adenauer von den Amerikanern noch einmal als Kölner Oberbürgermeister eingesetzt, und er kümmert sich um die ersten Schritte zur Normalisierung des Lebens in der zerstörten Stadt. Als das Rheinland zur britischen Zone wird, lösen die Briten ihn wieder ab. Zeitzeugen vermuten dahinter eine Intrige der SPD, die ihre Kontakte zur Labour-Regierung in London spielen ließ. Wahrscheinlicher ist, dass den Briten mangelnder Gehorsam des selbstbewussten Deutschen gegenüber der Besatzungsmacht und seine parteipolitischen Aktivitäten missfallen. Adenauer nimmt es hin und widmet sich umso intensiver dem Aufbau der CDU.

1948 trifft die Familie wieder ein Schicksalsschlag. Adenauers Ehefrau stirbt im Alter von 53 Jahren, wahrscheinlich an Spätfolgen ihres Selbstmordversuchs. Seine Tochter Lotte übernimmt die Rolle als Hausmutter und kümmert sich um ihren Bruder Georg, der 16 ist und noch zur Schule geht. Dessen Verhältnis zu seinem Vater ist eher gespannt, er empfindet ihn als autokratisch. Als Bekannte einmal die Leistungen seines Vaters beim Aufbau der Demokratie nach der Naziherrschaft loben, sagt Georg:»Das mag sein. Aber zu Hause bleibt der Demokrat vor der Tür.« Um 1950 verlassen auch Lotte und Georg das Haus, aber Paul, der katholische Geistliche, kehrt in den letzten Jahren Adenauers zurück und wohnt bis zum Schluss mit seinem Vater in dem Haus am Siebengebirge mit dem weiten Blick über das Rheintal.

Nach dem Tode Konrad Adenauers überschreiben die Kinder das Haus der Bundesrepublik Deutschland. Seither wird es von einer Stiftung als Museum geführt und ist der Öffentlichkeit zugänglich. Es ist möbliert wie zu Adenauers Zeiten, mit den zeitlos eleganten Möbeln aus seinem Kölner Haus und einigen technischen Segnungen der 50er-Jahre, wie einer Stereo-Musiktruhe der Firma Grundig. Einen Fernsehapparat hielt Adenauer für überflüssig.

Im Flur hängt ein mit Rosen, Adenauers Lieblingsblume, gestalteter Stammbaum der Familie Adenauer, den seine Tochter Libeth ihm zum 90. Geburtstag geschenkt hat. Es sei sein liebstes Geschenk gewesen, erfährt man bei einer Führung. Die Biografin Daniela Krein würdigt Adenauer als einen »echten, ganzen Familienvater«, der seine Kraft bis ins hohe Alter aus der Familie bezogen habe. Manche politischen Entscheidungen, wie die Schaffung des Familienministeriums, könne man nur vor diesem Hintergrund verstehen. Seine Kinder, Enkel und Urenkel setzen diese Tradition auf gewisse Weise fort. Sie folgen bis heute einem seiner letzten Wünsche, dass die Familie sich zu Weihnachten im Rhöndorfer Haus versammeln möge. So wird das Museum um diese Zeit für die Öffentlichkeit geschlossen. Dann feiern die Adenauers hier Weihnachten, mit 50, 60 Familienmitgliedern, und gedenken ihres Ahnherrn, Konrad Adenauers.

10

AUS DER FREMDE —
WILLY BRANDT

Das Haus in der Meierstraße im Lübecker Stadtteil St. Lorenz ist
tadellos hergerichtet. Der zweistöckige, schlichte Bau leuchtet
in einem warmen Rot, an einer Seitenwand kündet eine Bron-
zetafel von seinem einstigen, später berühmten Bewohner. Am
18. Dezember 1913 hat die Verkäuferin Martha Frahm hier ihren
Sohn Herbert Ernst Karl zur Welt gebracht, der viele Jahre später als Willy Brandt ein großer Mann in der deutschen und europäischen Politik sein wird. Dafür spricht in jenem Vorkriegs-
winter 1913 nichts, gar nichts.

Ein Haus gibt es also immerhin, in dem Herbert Frahm mit
der Mutter die ersten Lebensjahre verbringt. Es steht in einer
Arbeitersiedlung mit kleinen Häusern und verwinkelten Hin-
terhöfen und Gärtchen, in denen die Bewohner Gemüse anbau-
en und Kaninchen halten. Die Türme der mächtigen Marien-
kirche, ein Symbol der stolzen Hansestadt und ihrer Bürger im
Zentrum, sieht man in der Ferne. Später wird Herbert Frahm
ein paar Straßen weiter in dieser Arbeitervorstadt bei seinem
Großvater wohnen. Hier ist sein Zuhause. Doch überschreibt
Willy Brandt in seinen Erinnerungen das Kapitel über seine
Kindheit mit den Worten »Eine unbehauste Jugend«. So empfindet er, wenn er auf sein Familienleben in Lübeck zurück-
schaut. Und hier finden sich wohl auch Erklärungen für manches Verhalten Brandts, das in späteren Jahren seiner Familie

und seinen Freunden das Zusammenleben mit ihm manchmal so schwer machen.

Seine Mutter ist 19 Jahre alt, als ihr Sohn geboren wird. Eine Hebamme ist dabei, immerhin, sonst niemand. Sie weiß natürlich, wer der Vater ist, aber sie verschweigt seinen Namen. In der Geburtsurkunde bleibt er ungenannt. So begleitet den Jungen ein über viele Jahre gehütetes Geheimnis ins Leben, und ihn begleitet damit ein Makel, der noch Jahrzehnte später, in den Wahlkämpfen der 60er-Jahre, eine Rolle spielen wird: Er ist ein uneheliches Kind, er kommt aus ungeklärten Verhältnissen. In der ausgehenden Kaiserzeit und auch später noch ist das eine schwerwiegende Bürde, neben den Klassenschranken eine weitere Hürde für den Arbeiterjungen, von der bürgerlichen Gesellschaft anerkannt zu werden.

Das gilt allerdings nicht für die Kreise, in denen Martha Frahm und ihre Freunde verkehren. Es ist die Welt der Arbeiterbewegung mit ihren Sport- und Kulturvereinen, mit ihren Kindergruppen, mit ihren festen Überzeugungen und tätiger Solidarität. In diesem Umfeld kann auch eine junge alleinstehende und berufstätige Mutter mit ihrem Kind nicht nur überleben. Sie ist eingebunden in etwas Größeres als die eigene Familie. Und sie kennt es nicht anders, denn auch sie ist schon unehelich geboren worden und weiß nicht, wer ihr Vater ist. Man könnte von einer unglücklichen familiären Prägung, einem Muster, sprechen, das sie weitergibt. Kurz vor der Geburt des Kindes stirbt dann auch noch ihre Mutter. Immerhin hat sie einen liebevollen Stiefvater, der aber bald darauf in den Krieg ziehen muss. Es sind wahrlich schwierige, traurige Bedingungen, unter denen Herbert Frahm seine ersten Lebensjahre verbringen muss. Fotos aus jener Zeit zeigen einen ernsten, aufgeweckt in die Welt schauenden Jungen, stets sorgfältig gekleidet, manchmal auch bizarr verkleidet für den Fotografen. Auf einem frühen Foto posiert der Dreijährige in einer Fantasieuniform mit Pickelhaube und Spielzeuggewehr. Der kriegerische Zeitgeist jener Jahre herrscht offenbar auch in Arbeiterfamilien. Aber es ist auch das Bemühen seiner Mutter erkennbar, sich nicht unterkriegen zu lassen. Sie kümmert sich um ihren Sohn.

Schon früh geht Herbert in die Kinderturngruppe des Arbeitersportvereins, dann lernt er im Arbeiter-Musikklub Mandoline spielen – Jahrzehnte später wird er auf einem Wahlplakat mit einer Mandoline im Arm zu sehen sein, im offenen Hemd, eine Zigarette lässig im Mundwinkel. Es ist ein Kultbild geworden, das die SPD bis heute als Fanartikel verkauft. Er geht in die Theatergruppe der »Bewegung«, wie es damals heißt, und wird dann Mitglied der Roten Falken: Geländespiele, Zeltlager, Singen am Lagerfeuer, dazu stets auch politische Bildung und Diskussionen aus sozialistischer Perspektive, Freundschaft und Solidarität. Das ist der glückliche Teil der Kindheit und Jugend von Herbert Frahm, hier findet er eine geistige und emotionale Heimat, die ihn mindestens so für das Leben prägt wie das familiäre Chaos, wie er es später nennen wird.

Der aus dem Krieg heimgekehrte Großvater aber gibt ihm für entscheidende Jahre Halt und Orientierung. Zur Vertuschung des unehelichen Status wird er als sein Vater ausgegeben, zu dem er Papa sagt, dabei ist Ludwig Frahm ja nicht einmal sein leiblicher Großvater. Doch auch das erfährt der Junge erst 1934, als er Lübeck schon verlassen hat. Ludwig Frahm überlässt dem Jungen in seinem Haus eine Dachstube, das ist ungewöhnlich in einer Arbeiterfamilie mit meist beengten Wohnverhältnissen, ein Privileg. Diese sechs Quadratmeter mit eigenem Fenster zum Hof sind ein wichtiger Rückzugsort für Herbert zum Lesen, Arbeiten, Grübeln. Hier kann er auch auf Distanz zur

zweiten Frau seines Großvaters gehen, mit der er nicht gut aus-
kommt.

Wie prägend dieses Zimmerchen ist, zeigt sich in seinem
späteren Leben: Immer wieder sucht Willy Brandt sich kleine
Dachkammern, in denen er sich verkriechen kann. Lars Brandt
berichtet, wie sein Vater sich als Kanzler in der großzügigen
Dienstvilla auf dem Bonner Venusberg die beiden engen Dach-
stuben der ehemaligen Hausmeisterwohnung einrichtet. »Auf
Reisen stieg der Kanzler in prächtigen Hotels oder Gästehäusern
der Länder ab, die er besuchte. Und wenn er heimkam, warteten
seine Kämmerchen. Eine seltsame Stimmung ging von diesem
Gegensatz aus.«

Die Arbeiterbewegung jener Jahre aber ist beileibe nicht nur
Lagerfeuerromantik, auch für die Kinder nicht. Sie ist vor allem
ein Ort und ein Mittel des politischen Kampfes in revolutionä-
ren Zeiten, die organisierten Arbeiter vertreten einen klaren
Klassenstandpunkt. Willy Brandt hat immer wieder ein Schlüsselerlebnis geschildert, das ihn für sein Leben prägen sollte. 1921
streiken die Arbeiter in Lübeck, auch bei den Draeger-Werken,
einem heute weltweit tätigen Unternehmen für Medizintech-
nik, bei dem sein Großvater als Lastwagenfahrer beschäftigt ist.
Die Arbeiter werden ausgesperrt, das Geld wird knapp, auch für
Nahrungsmittel. Der achtjährige Herbert steht eines Tages mit
knurrendem Magen vor einer Bäckerei in der Nähe des Werkes,
als einer der Direktoren vorbeikommt. »Hast du Hunger, Junge?«,
fragt ihn der Mann. »Habt ihr genug zu essen?« Lübecker Unter-
nehmer sind nicht ganz so harte Hunde. Er nimmt Herbert mit
in den Laden und kauft zwei Brote, mit denen der Junge stolz und
froh nach Hause läuft. Doch da wird er gefragt, wo er sie herhat.
Er berichtet, und die Reaktion des Großvaters ist alles andere
als begeistert. »Bring die Brote schnell zurück«, befiehlt er dem

Jungen. Herbert ist verblüfft. »Warum?« »Kein streikender Arbeiter lässt sich von seinem Arbeitgeber bestechen«, lautet die Antwort. »Das ist Verrat. Wir lassen uns nicht abspeisen. Wir wollen den Lohn, der uns zusteht, keine Almosen, mein Junge. Geh schon, trag es zurück!«

Brandt hat die Szene in unterschiedlicher Ausführlichkeit und Intensität geschildert. Der hier zitierte Dialog stammt aus seiner ersten, 1960 erschienenen Biografie »Mein Weg nach Berlin«, eine eher idealisierende Darstellung des jungen Sozialisten. Aber auch in seinem über 20 Jahre später erschienenen Buch »Links und frei« taucht die Szene ebenso wieder auf wie in anderen Texten. Es ist eindeutig: Hier schildert Willy Brandt ein Lebensmotiv, den Kampf für soziale Gerechtigkeit. Wie wichtig es ist, eine Haltung einzunehmen, auch wenn es schwerfällt. Und sie transportiert noch eine Botschaft, die vom Arbeiterstolz. Dass einer wie er, der sich oft überheblichen Anfeindungen wegen seiner angeblich niederen und zweifelhaften Herkunft erwehren musste, sich dafür nicht schämen muss.

Rut Hansen wird gut sechs Jahre nach Herbert Frahm in dem norwegischen Ort Stange geboren, nahe der Kleinstadt Hamar am Mjösa-See. »Ich bin ein Arbeitermädchen aus Hamar«, so stellt sie sich noch Jahrzehnte später, als Kanzlergattin Rut Brandt, vor. Es ist das gleiche Milieu wie das der Frahms in Lübeck, nur etwas ländlicher. Als sie drei Jahre alt ist, stirbt Ruts Vater an Tuberkulose. Ihre Mutter steht nun allein mit vier Mädchen zwischen einem und sieben Jahren da. Sie arbeitet tagsüber in einer Molkerei und näht nachts Kleider, das ist ein hartes Leben. So ähnlich und doch so verschieden sind die Verhältnisse, in denen die beiden aufwachsen. Die Vaterlosigkeit verbindet Rut und Willy Brandt zwar. Aber während er von seinem Vater nichts weiß und nichts wissen will, wird er in Ruts Familie verehrt wie eine Märchengestalt. »Wir wurden nicht müde, Geschichten über ihn zu hören«, schreibt sie in ihren Erinnerungen. Und sie hat ihre drei Schwestern. Gemeinsam bilden die fünf eine enge, warme Gemeinschaft, von der Herbert Frahm nur träumen kann.

Rut Brandt schildert einen idealen Sonntagmorgen ihrer Kindheit so: »Mutter war zuhause und verbreitete Wohlbehagen. Wenn der Sonnenschein über den frisch gescheuerten Küchenboden schien, wenn vier Paar Schuhe blankgeputzt beim Holzkasten standen, wenn der Frühstückstisch festlich gedeckt war mit Eiern und Anchovis, Dauerwurst und Presswurst, Käse und Marmelade auf selbstgebackenem Brot, wenn die Messingstange auf dem Herd frisch geputzt mit dem Kupferkessel um die Wette blitzte und das Schmuckhandtuch mit der Kreuzstichstickerei gewaschen und gesteift an der Wand hing – Mein Heim ist meine Burg – ja, dann wussten wir, dass man es nicht besser haben konnte.« Diese Sicherheit und Geborgenheit strahlt Rut Brandt noch Jahrzehnte später aus, die fröhliche, warmherzige und kontaktfreudige Frau an der Seite des oft brummigen Grüblers und Einzelgängers. Sie ist und bleibt ein Familienmensch, ihren Schwestern ein Leben lang eng verbunden.

Aber wie verschieden ging es auch zu in den Familien. »Über meinen Vater sprachen weder Mutter noch Großvater«, schreibt Brandt in seinen Erinnerungen. »Dass ich nicht fragte, verstand sich von selbst.« Erst als er sich nach dem Krieg um die Wiedereinbürgerung als Deutscher bemüht, benötigt er den Namen seines Vaters. Er traut sich immer noch nicht, seine Mutter direkt anzusprechen, also bittet er sie schriftlich um Auskunft. Zu seiner Überraschung kommt postwendend ein Zettel mit einem Namen zurück: John Möller aus Hamburg. Aber er belässt es dabei und nimmt keinen Kontakt zu ihm auf. Für die

Öffentlichkeit bleibt Willy Brandt vaterlos. Und spätestens jetzt wird deutlich, wie verkümmert der Familiensinn Willy Brandts nach seinen Erfahrungen ist. Das bekommt auch seine eigene Familie zu spüren. »Mein Vater hat nie verstanden, was eine Familie eigentlich ist«, sagt Peter Brandt. Aber eine moderne, sozial gerechte Familienpolitik wird dann eines der wichtigsten Vorhaben der Regierung von Willy Brandt.

Brandt ist die Unzulänglichkeit im Umgang mit seiner Vergangenheit später wohl bewusst. Erst als die Frage seiner Herkunft zu einem Politikum im Wahlkampf 1961 wird, beginnt er sich zu wehren. In den 1989 erschienenen Erinnerungen schreibt er: »Die Herkunft und die Nachrede, die sich, ein langes politisches Leben lang, daran knüpfte – darauf antwortete ich unbeholfen, weil ich nichts dafürkonnte und einem doch ein Stachel eingepflanzt war. Warum habe ich es mir so lange so schwergemacht? Warum habe ich auch dann noch nicht zurückgeschlagen, die banale Personalie auf den Tisch legend, als Adenauer einen halben Wahlkampf mit meiner Herkunft bestreiten ließ und mich am Tag nach dem Mauerbau ›alias Frahm‹ titulierte?« Zu der Zeit geistern auch abenteuerliche Spekulationen durch die Medien, wer denn der Vater Brandts gewesen sein könnte – der Lübecker SPD-Politiker Julius Leber, der zeitweilig in Lübeck wirkende Dirigent Hermann Abendroth oder doch eher ein mecklenburgischer Graf oder ein bulgarischer Kommunist?

1961 wird ein Brandt bis dahin unbekannter Cousin durch den öffentlichen Wirbel auf den Verwandten aufmerksam und schreibt ihm. Gerd Andrés Mutter war eine Schwester jenes John Möller, der 1913 Herbert Frahm gezeugt hatte. Nun erfährt der zu Willy Brandt gewordene Sohn, dass sein Vater als Buchhalter in Hamburg gelebt hat und 1957 gestorben ist. Es ist unklar, ob Möller wusste, was aus seinem Sohn geworden war. So bleibt es bei dem, was die beiden Männer schon vorher, jeder für sich, entschieden hatten: Vater und Sohn lernen sich nie kennen. Es bleibt eine Leerstelle im Leben von Willy Brandt.

Herbert Frahm 1931 als Gymnasiast,
vor dem Haus seines Großvaters

Herbert Frahms Lehrer erkennen die Begabung des Jungen. »Mit Hilfe eines fordernden Lehrers und eines fördernden Großvaters«, wie Brandt schreibt, kann er auf das Johanneum wechseln, die beste und angesehenste Schule der Stadt, »wo ein zweiter Arbeiterjunge nicht zu finden war.« In seinen Erinnerungen verweist Brandt auf den damit verbundenen kulturellen Bruch in der Klassengesellschaft des frühen 20. Jahrhunderts. »Nun steckten meine hübschen Wurzeln ja eindeutig im Milieu der Arbeiterbewegung, nicht in der Tradition der alten Familien«, schreibt er in »Links und frei«. »Aber es gibt keinen Zweifel, dass Geschichte und Kultur der Stadt mit den sieben Türmen in nicht geringem Maße auch einen Menschen meiner Art geprägt haben, der außerhalb der historischen Stadtmauern aufwuchs und aus der Sicht der alten Familien aus dem Nichts kam – oder aus dem Chaos?«

Das Johanneum habe ihn zwar nicht aus der geschlossenen Welt der Arbeiterkultur herausführen können – dafür reichten die familiären Wurzeln zu tief. »Aber es zwang mich beizeiten, dass ich mich auch sonst behauptete; die Arbeiterfunktionäre hatten Selbstbewusstsein in aller Regel nur in ihrem eigenen Kreis zu entwickeln. Und war nicht ihre Scheu, mit der bürgerlichen Welt in Berührung zu kommen, Teil ihres Misserfolgs?« Brandt führt also die Fähigkeit, sich später als Sozialdemokrat in der Bundesrepublik gegen die reaktionären Strukturen durchgesetzt und sich bis an die Spitze gekämpft zu haben, auch auf seine frühen Erfahrungen an diesem Gymnasium zurück.

Wenn es schon an dieser Schule keinen anderen Arbeiterjungen gab, dann schon ganz gewiss keinen, der mit 15 Jahren Aktivist der Sozialistischen Arbeiterjugend war. Er ist zuerst einer der besten Schüler, aber beinahe bringt er sich um die Chance, Abitur zu machen. »Nicht genug damit, dass ich Nachmittag für

Nachmittag, Abend für Abend, Sonntag für Sonntag disputierte und organisierte, auch für den Volksboten Artikel schrieb«, erinnert er sich.»Bald brauchte ich auch die Vormittage und schwänzte die Schule, die Entschuldigungen schrieb ich mir selbst.« Sein Klassenlehrer Walter Kramer sieht die Gefahr und warnt seine erstaunte Mutter:»Halten Sie Ihren Sohn von der Politik fern! Der Junge hat gute Anlagen, es ist schade um ihn. Die Politik wird ihn ruinieren.« Doch er genießt die Sympathie der Lehrer, sie bringen ihn zum Abitur, das er schließlich mit Bravour besteht. Es gehört zur bösen Ironie der Geschichte, dass die Politik schließlich nicht dem Jungen, sondern Kramer zum Verhängnis wird. 1933 wird er als politisch unzuverlässig denunziert und von den Nazis aus dem Schuldienst entfernt. Seine Frau und er nehmen sich daraufhin das Leben.

Zu diesem Zeitpunkt hat Herbert Frahm Lübeck bereits verlassen. Er ist in der Stadt ein bekannter Linker und Nazigegner, zumal er sich Anfang der 30er-Jahre von der SPD getrennt und der radikaleren Sozialistischen Arbeiterpartei SAP angeschlossen hat. Er nimmt im März 1933 noch an einem illegalen Parteitag der SAP in Dresden teil und flieht Anfang April auf einem Fischerboot von Travemünde aus nach Dänemark und von dort weiter nach Oslo.

Man könnte meinen, damit ende die Geschichte des Herbert Frahm. Es ist der Abschied von einer unbehausten Kindheit unter diesem Namen. Der geliebte Großvater hat wieder geheiratet, auch seine Mutter gründet eine neue Familie, heißt nun Kuhlmann. Familiäre Geborgenheit hat dieser Junge nie kennengelernt. Dazu die soziale und politische Isolierung in der radikalen SAP.

»Entfremdung als Grunderfahrung des Lebensgefühls«, nennt der Historiker Arnulf Baring diese frühe Prägung des späteren

Kanzlers. »Brandt war schon im Exil, ehe er Lübeck verließ.« Baring hat Brandts Kanzlerjahre in seinem Standardwerk »Machtwechsel« wie kein anderer beschrieben, dokumentiert und analysiert und kommt im Kapitel über den Rücktritt im Jahr 1974 zu dem Schluss: »Kann man nicht sein ganzes Dasein, persönlich und politisch, als Suche nach Geborgenheit, nach Wärme, nach Heimat verstehen?« Während der inzwischen betagte Arnulf Baring heute mit oft absonderlichen, nationalkonservativen Ansichten auffällt, gehörte er damals zu den führenden Politikwissenschaftlern in der Bundesrepublik mit einem exzellenten Einblick in die Bonner Machtstrukturen.

Brandt sieht seine gebrochene Identität 1960 so: »Von dem Knaben Herbert Frahm, von seinen ersten vierzehn Jahren, habe ich nur eine sehr unklare Erinnerung behalten [...] Es ist schwer für mich zu glauben, dass der Knabe Herbert Frahm ich selber war.« Der Erwachsene aber hat ein Identitätsproblem, zumal er im Exil nicht nur einen, sondern diverse Tarnnamen benutzt. Der Familienbiograf Torsten Körner beschreibt es so: »Brandt macht eine paradoxe Erfahrung, denn er ist zwar der Besitzer von vielen Namen und Pässen, aber dennoch ist er namenlos, denn die wesentliche Funktion eines Namens, von anderen identifiziert und von sich selbst als Ich erkannt zu werden, versagen ihm diesen Namen. [...] Es sind transistorische Namen, und Brandt, der viel in Europa umherreist, ist ein Mensch, dessen Identität sich im Transitverkehr bildet.«

Und er ist ein Mann, der noch lange brauchen wird, ehe er in Reden und Texten von Ich sprechen kann und sich nicht ins unverbindliche man oder wir flüchtet. »Man hat sich bemüht«, lautet ein früher Wunsch für die Inschrift auf seinem Grabstein. Egon Bahr hat den Punkt festgehalten, an dem Brandt endgültig zu sich, zu seinem Ich zurückgefunden hat: »Die Rede, mit der er den Friedensnobelpreis annahm, markierte einen erstaunlichen Einschnitt in seinem Redestil. Ich war beglückt, mit welcher Selbstverständlichkeit er plötzlich das Ich in seine Rede hineinkorrigierte«, zitiert ihn Körner.

Am Ende aber sind es doch diese beiden Namen, Frahm und Brandt, die ihn ausmachen, die untrennbar mit ihm verbunden sind. Nicht zuletzt nennt ihn seine Mutter bis zu ihrem Tod 1969 Herbert. Sein Sohn Lars hat dazu in seinem Buch notiert: »Manchmal lag neben der kalten Pfeife liniertes Papier auf seinem Schreibtisch, ein Brief seiner Mutter: Lieber Herb.!« Die Großmutter ist Lars und seinen Brüdern wohlvertraut. Sie besuchen sie oft in ihrem kleinen Häuschen in Lübeck, so viel Familiensinn gibt es dann doch bei den Brandts – es ist wahrscheinlich Rut, die darauf achtet. So, wie sie Brandts erste Tochter Ninja, die nun wiederum Frahm heißt, ganz selbstverständlich in den Familienkreis einbezieht. Deren Mutter Carlota Thorkildsen erfährt erst wenige Tage vor der Hochzeit 1940 in Stockholm, dass ihr künftiger Name nicht etwa Brandt, wie sie ihren künftigen Mann kennt, sondern Frahm lauten wird. Endgültig und offiziell nimmt Herbert Frahm den Tarnnamen des Exils erst mit der Wiedereinbürgerung als Deutscher 1948 an.

Aber auch damit wird er den Namen seiner unbehausten Kindheit nicht los. Er taucht bald wieder auf und wird nun als Kampfmittel gegen ihn eingesetzt. Erst von den eigenen Genossen in der Berliner SPD, später von Adenauer und seinen Gefolgsleuten. »Brandt alias Frahm« und »Frahm-Brandt« sind die Formulierungen, mit denen die Rechten seine Seriosität in Zweifel ziehen wollen, ihn in die Nähe eines Kriminellen und Vaterlandsverräters rücken. Lars entdeckt in der Nähe des Elternhauses in Berlin die Parole: »Frahm? Infam!« Er soll erneut ausgestoßen werden aus der Gemeinschaft der Deutschen, nicht mehr durch Ausbürgerung wie bei den Nazis, sondern durch Rufmord. Aber die Beziehung zwischen beiden Vorgängen ist unübersehbar. Als die SPD im Wahlkampf 1972 plakatiert: »Deutsche, wir können stolz sein auf unser Land. Wählt Willy Brandt!« ist das auch eine späte Antwort auf diese infame Kampagne. Man könnte auch sagen, dass erst da aus dem unbehausten Herbert Frahm wirklich Willy Brandt geworden ist, der in ganz Deutschland geschätzte Kanzler, der bei der Wahl 1972 das beste Ergebnis aller Zeiten für die SPD holt.

11

IN DER PFLICHT —
HELMUT SCHMIDT

Die Geschichte von Helmut und Loki Schmidt beginnt mit einer Baskenmütze. Sie gehört der zehnjährigen Hannelore Glaser, die alle nur Loki nennen. Helmut Schmidt hat die Klassenkameradin zu seinem zehnten Geburtstag eingeladen, der am 21. Juni 1929 gefeiert wird – ein halbes Jahr nach dem eigentlichen Termin. Im Sommer feiert es sich einfach schöner, und es ist zugleich der Geburtstag seines jüngeren Bruders. Der Kleinste der Klasse und die Größte haben sich angefreundet, weil sie so gut miteinander reden können, zanken, wie Loki das nennt, das Wort diskutieren ist damals noch nicht gebräuchlich. Sie war also zu Gast bei den Schmidts, hat das Wettessen mit Kirschen gewonnen und dann ihre Baskenmütze vergessen.

Helmuts Mutter beauftragt ihn am nächsten Tag, einem schulfreien Sonnabend, ihr die Mütze nach Hause zu bringen. Es wird ein Schlüsselerlebnis für den Jungen aus einer kleinbürgerlichen, nicht so schlecht gestellten Familie. Nach einem langen Fußmarsch durch Hamburg kommt er bei den Glasers an und ist erschrocken. Die Familie wohnt mit vielen Personen in einer winzigen Hinterhauswohnung. »Ich war entsetzt und dachte, das ist ungerecht«, erinnert sich Helmut Schmidt später. Zum ersten Mal habe er begriffen, was Armut ist. »Der soziale Unterschied zwischen Lokis Elternhaus und meinem ist mir bei jenem Besuch schlagartig klar geworden: Dies war wirkliches

Elend.« Es ist die Zeit kurz vor der Weltwirtschaftskrise, bald sind sechs Millionen Menschen in Deutschland arbeitslos. Auch Lokis Vater, der als Elektriker auf einer Werft arbeitet, verliert seine Stelle. Es ist das erste Mal, dass Helmut Schmidt das Phänomen sozialer Ungerechtigkeit erkennt. Sie zu überwinden wird später ein Antrieb seiner politischen Tätigkeit.

Loki und Helmut Schmidt, 1929

Er wächst in einer wohlbehüteten, zutiefst unpolitischen Familie auf, wie er später immer wieder betont. Sein Vater ist in einer Hafenarbeiterfamilie groß geworden und hat nur einen Volksschulabschluss, aber er arbeitet sich zäh und zielstrebig hoch. Er wird Volksschullehrer und bildet sich immer noch weiter, sodass er es schließlich zum Diplom-Handelslehrer und Schulleiter bringt. Schmidt beschreibt seinen Vater als kühlen Norddeutschen, der für ihn vor allem eine Respektsperson ist. »Wenn er in seinem Zimmer arbeitete, hatte ich leise zu sein.« An der Erziehung der beiden Söhne beteiligt er sich nicht, sie liegt allein in den Händen der Mutter. »Ihre Rolle war für mich genauso selbstverständlich wie die Rolle meines Vaters, und nie wäre ich auf die Idee gekommen, über diese Verteilung nachzudenken.« Das prägt offenbar so, dass auch das Ehepaar Helmut und Loki Schmidt später genau dieser Rollenverteilung treu bleibt, obwohl sie auch als Mutter ihren Beruf als Lehrerin weiter ausübt.

Loki Schmidt lebt als Kind in ärmlichen und beengten, aber durchaus nicht unglücklichen Verhältnissen. Ihre Eltern achten auf eine gute Schulbildung ihrer drei Kinder, und obwohl sie so wenig Geld haben, finanzieren sie für Loki einen Geigenlehrer, auch ihre Geschwister lernen Instrumente. Hausmusik und gemeinsames Singen spielt bei den Glasers ähnlich wie bei den Schmidts eine große Rolle. Als ihr Vater arbeitslos wird, verdient die Mutter als Näherin den Lebensunterhalt. Loki als älteste Tochter übernimmt mit zwölf Jahren einen großen Teil der Hausarbeit, sie kocht für die Geschwister und putzt mit ihnen die Wohnung. Dazu hat sie einen langen Schulweg, den sie oft zweimal am Tag absolviert, um die Arbeitsgemeinschaften am Nachmittag nicht zu versäumen.

Die entscheidende Prägung jener Jahre erfahren die beiden Kinder in der Lichtwarkschule, einer musisch orientierten Reformschule mit Projektunterricht und gemischten Klassen aus Jungen und Mädchen, damals eine Seltenheit. Es ist eine Schule mit engagierten, fortschrittlichen Lehrern, die sich bewusst vom herkömmlichen Gymnasium abgrenzt und nach 1933 von den Nationalsozialisten nur schwer auf Linie gebracht werden kann, obwohl die politisch links engagierten Pädagogen ebenso entlassen werden wie der Schulleiter. Zu den beliebtesten Lehrern der beiden zählt Erna Stahl, die später zum Umkreis der Widerstandsgruppe Weiße Rose gehört. Sie hat als Deutschleh-

rerin großen Einfluss auf die Jugendlichen und sorgt mit abend-
lichen Lesekreisen in ihrer Wohnung dafür, dass sie auch in der
Nazizeit Zugang zur Weltliteratur finden. 1937 schließen die Behörden die Schule. Helmut Schmidt gehört zum letzten Abitu-
rientenjahrgang. Weil die Nazis die Koedukation schon aufgehoben haben, muss seine spätere Frau ihr Abitur an der nahe
gelegenen Klosterschule für Mädchen ablegen.

Für Helmut Schmidt ist die Machtübernahme der Nationalsozialisten 1933 mit einer überraschenden und folgenreichen Erkenntnis verbunden. Alle Jungen in seiner Umgebung streben
nun in die HJ, die Hitlerjugend. Vor allem das Lagerleben auf den
Wochenend- und Sommerfahrten ist für Helmut attraktiv. Auch
seine Freundin Loki wird Mitglied im Bund Deutscher Mädchen,
der Parallelorganisation. Nur ihm verweigern die Eltern die Zustimmung. Warum nur? Er insistiert so lange, bis ihn schließlich seine Mutter in einem denkwürdigen Gespräch aufklärt:
»Weil du einen jüdischen Großvater hast. Aber du darfst mit
niemandem darüber reden, auch nicht mit Vati.« Indem sie ihn
einweiht, verstößt sie offenbar gegen ein Verbot ihres Mannes.

Der ist nach der Rassenlehre der Nazis ein »Halbjude«. Jener Hafenarbeiter, den Helmut als »Opa Schmidt« kennt, ist der
Adoptivvater seines Vaters, nicht sein Erzeuger. Das war der
jüdische Bankier Ludwig Gumpel aus Bernburg, der sich nach
einer kurzen, aber folgenreichen Affäre mit einer jungen Hamburger Kellnerin davongemacht hat. Allerdings hat er eine Adoption schon vor der Geburt arrangiert und dafür gesorgt, dass
er in der Geburtsurkunde nicht genannt wird. Dazu gibt es eine
finanzielle Zuwendung für das Ehepaar Schmidt. Deren Adop-
tivsohn ist es später sehr unangenehm, dass er unehelich geboren wurde, das gilt in seiner Welt damals als Makel. Und nun
kommt die Gefahr dazu. Wenn seine jüdische Abstammung be-

kannt wird – was bei einer genaueren Überprüfung der Adoption möglich wäre –, verliert er auf jeden Fall seine Stellung als Lehrer. Dass er sogar in Lebensgefahr geraten kann, ist 1933 noch nicht absehbar.

Für Helmut Schmidt wirft die Neuigkeit einen Schatten, eine latente Bedrohung auf sein weiteres Fortkommen während der Nazizeit. Der »Ariernachweis« spielt nun eine wichtige Rolle, mit dem geklärt wird, ob jemand jüdische Vorfahren hat. Schon die Prüfung seiner Herkunft zur Aufnahme in die HJ könnte die ganze Familie in Gefahr bringen, daher das Nein der Eltern. Die Sorge vor Entdeckung habe seinen Vater außerordentlich belastet, berichtet Schmidt später. »Diese Angst hat meinen Vater in den zwölf Jahren Naziherrschaft völlig zerstört. Bei Kriegsende war er noch keine 60 Jahre alt, aber da konnte er keine wichtige Entscheidung mehr selber treffen.« Doch diese Bedrohung ist nie Thema in der Familie. Während Helmuts Pubertät und wohl auch unter diesem äußeren Druck wird das ohnehin nicht innige Verhältnis zum Vater noch distanzierter. Es gibt erhebliche Spannungen, er wird geschlagen und hat Angst vor ihm. Schmidt spricht mit seinem Vater nach eigenem Bekunden nur ein Mal über die prekäre Herkunft, als er 1942 Loki heiraten will und dafür den Ariernachweis benötigt. »Was soll ich tun?«, fragt er ihn. Sein Vater hatte sich für solche Fälle ein amtliches Dokument mit dem Vermerk »Vater unbekannt« besorgt, wie es ja auch in der Geburtsurkunde steht. Das funktioniert.

Das Problem mit der HJ löst sich indes wie von selbst. Die Ruder-Riege der Lichtwarkschule, der Helmut Schmidt angehört, wird wie die anderen Rudervereine der Marine-Hitler-Jugend MHJ angegliedert, die Arierprüfung spielt dabei keine Rolle. Da Helmut »Kapitän« der Riege ist, wird er bei der MHJ Kameradschaftsführer, später sogar Scharführer. Fotos aus jener Zeit zeigen ihn in der blauen MHJ-Uniform mit HJ-Armbinde. Gleichzeitig aber wird etwas für ihn klar: »Seit jenem Gespräch mit meiner Mutter im Herbst 1933 war für mich entschieden, dass ich innerlich kein Nazi mehr werden konnte.« So schreibt er es in seinem Anfang der 90er-Jahre verfassten »Politischen Rückblick auf eine unpolitische Jugend«. Es ist, immerhin rund 50 Jahre nach jener Schreckensphase der deutschen Geschichte, der einzige ausführlichere Text, in dem Schmidt sich mit seinem Verhalten im und zum Nationalsozialismus auseinandersetzt.

Gewiss habe er besonders als Jugendlicher während der MHJ-Zeit nationalsozialistische Einflüsse aufgenommen, konstatiert er. »Am stärksten war wohl die funktionale Erziehung zu Kameradschaft und Gemeinschaft auf der Fahrt und im Boot.« Die habe sich aber kaum von der Haltung unterschieden, die auch die liberale Lichtwarkschule vermittelte. Er hat Sympathie für die anfangs noch stärker erkennbaren sozialistischen Züge der Nazis. »Es erschien mir ungerecht, dass es Arbeitslose gab, deren Familien, wie diejenige Lokis, jahrelang von einer äußerst geringen Arbeitslosenunterstützung leben mussten; dass begabte Kinder nicht auf die höhere Schule gehen konnten, weil die Eltern das Schulgeld nicht aufbringen konnten; dass überhaupt reiche Leute Vorrechte genossen.« Alles Themen, die auch die Nazi-Propaganda aufgreift. In die Pflichtlektüre »Mein Kampf« von Adolf Hitler habe er dagegen nur sporadisch einmal hineingeschaut, schreibt Schmidt in seinem Bericht.

Er verharrt nach eigener Darstellung noch lange in einem Stadium der Unkenntnis über die Verbrechen der Nazis. Empört ist er aber über ihr Vorgehen gegen »entartete Kunst«, auch seine Favoriten wie Käthe Kollwitz, Ernst Barlach und Emil Nolde werden geächtet. Nun hält er die Nazis für verrückt. Von der beginnenden Juden-Verfolgung bekommt er dagegen nach seiner Erinnerung nichts mit, selbst von der Reichskristallnacht am 9. November 1938 will er – inzwischen als Wehrpflichtiger in Vegesack bei Bremen stationiert – nur vom Hörensagen erfahren haben.

Helmut Schmidt ist 1937 zum Wehrdienst eingezogen worden und fühlt sich in seiner Flak-Einheit in Vegesack bei Bremen »wie in einer Oase«. Unter seinen Kameraden und Vorgesetzten gibt es nach seiner Beobachtung keine Nazis, und niemand interessiert sich mehr für seine Abstammung. Den Versuch der NSDAP, ihn als Mitglied zu werben, weist er kühl ab. Er müsse sich jetzt erst einmal auf seine militärische Ausbildung konzentrieren, schreibt er in einem sorgfältig formulierten Absagebrief, der akzeptiert wird. Die Wehrmacht erscheint ihm lange als »anständiger Verein«. Er sei in seiner ganzen achtjährigen Soldatenzeit nur einem einzigen überzeugten Nazi-Offizier begegnet, schreibt Schmidt. Die Welt der Wehrmacht sei vom übrigen Leben weitgehend abgeschottet gewesen. Zeitungen habe man in seinen Kreisen nicht gelesen. »Und während des Sonntagsurlaubs war für mich alles andere wichtiger, als zu wissen, was in der Welt vor sich ging.«

Das stimmt nur bedingt. Denn er bekommt als Rekrut über einen Verwandten Kontakt zu einer Künstlerkolonie im nahegelegenen Fischerhude und entdeckt hier noch eine andere Welt. Er wird in einen Kreis liberaler, kunstbeflissener, weltläufiger Menschen aufgenommen, die Kontakt zu regimekritischen Kreisen unterhalten und offen über ihre Ablehnung des Naziregimes sprechen. Schmidt fühlt sich hier sehr wohl, obwohl er sich weiter als pflichtbewusster deutscher Patriot empfindet. Das ist ein Widerspruch, der ihn bis zum Ende der Nazizeit begleitet. Die Gemeinschaft in Fischerhude sei für ihn in entscheidenden, prägenden Jahren der »Ursprungsort geistiger Orientierung gewesen«, hält er später fest. Aber er empfindet Scham, dass er Caro Bontjes van Beek, eine Bekannte aus Fischerhude, 1942 nicht vor Denunzianten gewarnt hat. Sie hatte ihn in Berlin mit auf eine Party genommen, auf der nach seinem Eindruck sehr leichtsinnig abfällig über die Nazis gesprochen wurde. Er hat diese Kreise dann deshalb gemieden, ohne mit seiner Freundin noch einmal über die Gefahr gesprochen zu haben. Sie ist wegen Vorbereitung zum Hochverrat 1943 zum Tode verurteilt und hingerichtet worden.

Helmut Schmidt wehrt alle Versuche der Vorgesetzten ab, ihn für die Laufbahn eines Berufsoffiziers zu gewinnen. Sein eigentlicher Berufswunsch ist es, Architekt zu werden. Seine Leidenschaft für den Städtebau lässt ihn sein Leben lang nicht los. Noch in hohem Alter mischt er sich in Pläne ein, den historischen Domplatz in Hamburg zu bebauen, die dann auch dank seiner Intervention scheitern. Aber erst einmal wächst in ihm das Bedürfnis, nach dem Wehrdienst die Enge Deutschlands zu verlassen. Kurz vor Ende der zweijährigen Dienstzeit bewirbt er sich beim Ölkonzern Deutsche Shell, der in Holländisch-Indien nach Öl bohrt. Da will er hin. Doch es ist schon zu spät. Am 1. September 1939 überfällt Deutschland Polen, und der Zweite Weltkrieg beginnt. Der 20 Jahre alte Helmut Schmidt kann seine Uniform gleich anbehalten. Selbstverständlich glaubt er der Propaganda Hitlers, die Polen hätten Deutschland angegriffen, das sich nun verteidigen müsse. »Damals«, so schreibt er in seinem Rückblick, »begann das, was man eine gespaltene Bewusstseinslage nennen könnte. Während ich einerseits den Nationalsozialismus ablehnte und ein schlimmes Ende des Krieges erwartete, zweifelte ich andererseits nicht an meiner Pflicht, als Soldat für Deutschland einzustehen.«

Die Schulfreunde Helmut und Loki Schmidt verlieren sich während seiner Wehrpflicht ein wenig aus den Augen, haben andere Beziehungen. Sie absolviert im Schnellgang ein Lehrerstudium und beginnt zu arbeiten. 1939 kommt sie einmal für ein paar Stunden zu ihm nach Vegesack, doch der Abschied klingt endgültig: »Alles Gute«, sagt Helmut, es gibt keine weitere Verabredung. Aber dann nehmen sie während des Krieges doch wieder Kontakt auf. Im Juli 1941 besucht Loki ihn für eine Woche in Berlin, wo er als Oberleutnant beim Oberkommando der Luftwaffe arbeitet. Helmut beschreibt diese Tage später als »die bis dahin glücklichste Zeit meines Lebens«. Angesichts des nicht mehr zu übersehenden Grauens des Krieges beschließen die beiden, zu heiraten. »Wir haben verstanden: Dies ist nicht mehr eine Vorstufe zum Leben, sondern dies ist unser wirkliches Leben«, schreibt er in seinem Rückblick. »Vielleicht würde es danach kein anderes Leben mehr geben, vielleicht würde unser Leben nur kurz dauern, so dass es später keine zweite Chance mehr gäbe, uns aneinander zu binden.«

Eine Rolle für die Entscheidung spielt auch, dass er sich nun für den Fronteinsatz in Russland gemeldet hat – er schämt sich, nur am Schreibtisch zu kämpfen, und neidet anderen Kameraden die Kriegsorden an der Uniform. Doch schon nach wenigen Monaten wird er wieder nach Berlin versetzt. Im Sommer 1944 wird er eines Tages als Zuschauer zu einer Verhandlung des Volksgerichtshofs abkommandiert. Der Umgang des Gerichtspräsidenten Roland Freisler mit den Angeklagten entsetzt Helmut Schmidt. »An diesem Nachmittag habe ich begriffen, dass die Nazis Verbrecher waren«, stellt er in seinem letzten Buch fest. Der Krieg verläuft für ihn relativ glimpflich. Die meiste Zeit ist er als Fachmann für Flakgeschütze beim Oberkommando der Luftwaffe in Berlin und später in Bernau damit beschäftigt, Schießvorschriften für die Truppe zu entwickeln und sie in Lehrgängen zu vermitteln. Er ist nur wenige Monate im Fronteinsatz in Russland und am Ende in den Ardennen, bevor er in britische Kriegsgefangenschaft gerät.

In den folgenden Jahren geht es ihm wie der übergroßen Mehrheit der Deutschen seiner Generation: Sie haben viel nachzuholen, an friedlichem Leben, aber vor allem auch an Wissen und Ausbildung, den Voraussetzungen, um ihr Leben im neuen Deutschland meistern zu können. Der Blick nach vorne ist jetzt wichtiger als der zurück. In Westdeutschland befördert der Kanzler Konrad Adenauer ab 1949 diese Geisteshaltung. Selbst ein Gegner und Verfolgter der Nazis, fragt er nun nicht mehr groß nach der Vergangenheit. Es soll ja vorwärtsgehen, und bei Helmut Schmidt geht es voran.

Das ersehnte Architekturstudium dauert ihm jetzt zu lange, ebenso wie Jura. Er entscheidet sich für Volkswirtschaft und Staatswissenschaften. Nach vier Jahren legt er 1949 sein Diplom ab. Unmittelbar nach dem Krieg ist er bereits in die SPD eingetreten, eine Folge der Gespräche mit seinem Mitgefangenen Hans Bohnenkamp. Er engagiert sich im Sozialistischen Deutschen Studentenbund (SDS) und wird 1947 dessen Vorsitzender in der britischen Besatzungszone. 1953 wird er erstmals in den Bundestag gewählt, dem er mit einer kurzen Unterbrechung als Innensenator in Hamburg bis 1987 angehört.

Die Auseinandersetzung mit der Nazi-Vergangenheit spielt für ihn lange Zeit keine Rolle. Er war sicher kein Held, ist aber auch nicht zum Schwein geworden, bemerkt er einmal. Das ist eine sich selbst beruhigende Haltung, die viele seiner Generation teilen. Er reagiert befremdet auf die mit der Studentenbewegung Mitte der 60er-Jahre beginnende Diskussion über die Frage, was die Elterngeneration wusste und warum sie Hitler und sein Regime bis zum Ende geduldet und getragen hat. Er staunt darüber, »wenn jüngere, in Westdeutschland aufgewachsene Menschen, die nie unter einer totalen Diktatur gelebt haben, an Menschen meines Jahrgangs vorwurfsvolle Fragen stellen – zum Beispiel: Wieso habt Ihr nichts gewusst von Auschwitz und von der Judenvernichtung? Wieso wart Ihr so feige, keinen Widerstand zu leisten?«, schreibt er in seinem 1992 erschienen Rückblick.

Er mokiert sich über »diese Leute, die bisweilen ihre eigenen Demonstrationen in Wackersdorf oder Brokdorf in den 70er-Jahren mit lebensgefährlichem Widerstand verwechselten, sich selber beinahe für Helden hielten und – überzeugt von ihrer eigenen moralischen Überlegenheit – meiner Generation vorwarfen, keine Helden gewesen zu sein«. Diese Sätze erklären, weshalb Schmidt dann so allergisch und – im Sinne seiner Partei – unklug auf das Aufkommen der Grünen reagiert, in deren Reihen sich diese von ihm als selbstgerecht empfundene Haltung manifestiert. Er verweist darauf, dass er in der Wehrmacht wesentlich bessere mitmenschliche Erlebnisse gehabt habe, als sich das Jüngere heute oft vorstellen könnten. Er stellt fest, dass bei Kriegsende fast allen, die vor 1933 noch Kinder gewesen waren, jegliche Erziehung zur Demokratie gefehlt habe. Und er kommt zu dem Schluss: »Man kann als Deutscher den Zweiten Weltkrieg und die deutsche Katastrophe eine Tragödie unseres Pflichtbewusstseins nennen.« Über Generationen sei die Erziehung zur Pflichterfüllung wesentlich erfolgreicher gewesen als jene zum eigenen politischen und moralischen Urteil.

Genau auf diesen Makel zielt die legendäre Attacke Oskar Lafontaines, der Helmut Schmidts Bekenntnis zu Pflichtgefühl, Berechenbarkeit, Machbarkeit, Standhaftigkeit 1982 so kommentiert: »Das sind Sekundärtugenden. Ganz präzis gesagt:

Damit kann man auch ein KZ betreiben.« Die Beleidigung sitzt so tief, dass Schmidt sich dafür noch Jahrzehnte später revanchiert, indem er dem Kanzlerkandidaten Lafontaine 1990 öffentlich eine Niederlage prophezeit und ihn später auf eine Stufe mit dem französischen Rechtspopulisten Le Pen stellt.

Aber Helmut Schmidt ist auch betroffen, als seine eigene, 1947 geborene Tochter seine Auseinandersetzung mit der Nazizeit für ungenügend erklärt. Er hat ihr einen Entwurf seines »Politischen Rückblicks auf eine unpolitische Jugend« zu lesen gegeben, und sie bemerkt dazu – er zitiert sie: »Es wird nicht klar, warum Du so lange ein politisch nicht denkender, ein apolitischer Mensch gewesen bist. Das Nicht-Wissen oder Nicht-Wissen-Wollen über die Judenfrage kommt entschieden zu kurz.« So trifft er in der eigenen Familie, aus dem Mund der so geschätzten Tochter, auf jene Ressentiments, die er den 68ern vorzuwerfen pflegt. Er nimmt ihre Einwände zur Kenntnis, ändert aber nichts an seinem Manuskript. Es dauert lange, bis Susanne Schmidt die Sichtweise ihres Vaters schließlich doch akzeptiert.

Offen bleibt auch die Frage, warum er sich erst in den 80er-Jahren für den Verbleib seines jüdischen Großvaters interessiert hat. Der ist, wie sich zeigt, 1935 eines natürlichen Todes gestorben und in Bernburg begraben worden, noch bevor die systematische Judenverfolgung in Deutschland begonnen hat. Möglicherweise steht Helmut Schmidt der Umgang der politischen Gegner und ihrer Medien mit Willy Brandt vor Augen, die noch Jahrzehnte später versucht haben, ihm mit dessen unehelicher Herkunft unter dem Namen Herbert Frahm politisch zu schaden. Helmut Schmidt lässt vermutlich absichtsvoll die Öffentlichkeit lange über diesen Teil seiner Geschichte im Unklaren. So wird erst spät deutlich, wie sehr schwierige, unübersichtliche Familienverhältnisse in der Eltern- und Großelterngeneration die Kindheit aller drei sozialdemokratischen Bundeskanzler überschattet und ihr politisches Leben beeinflusst haben.

12

AUS DEM WESTEN —
HELMUT KOHL

Herkunft ist Zufall, Familie ist Zufall. Das ist klar, und doch kann sie hinterher bestimmend werden, auch politisch bestimmend. Das ist nicht zwingend so, aber es gibt große Linien, die aus der Vergangenheit in die Gegenwart weisen, und es gibt Momente, die genau diese Linien kreuzen. Manchmal entsteht daraus etwas, und manchmal ist das nicht nur für das Individuum bedeutend, sondern für die ganze Gesellschaft. So war es auch im Fall von Helmut und Hannelore Kohl, auch wenn das nicht gleich absehbar war, auch wenn für beide nicht gleich klar sein konnte, welche Wendungen ihre Lebensgeschichten und die größere Geschichte für sie bereithalten würden.

Helmut Kohl wurde noch vor der Machtergreifung Adolf Hitlers in Deutschland geboren, im April 1930; Hannelore Renner wenige Wochen nach der Zeitenwende, im März 1933. Helmut Kohl kam ganz im Westen des Landes zur Welt, in Ludwigshafen, Frankreich war nicht weit; Hannelore Renner erblickte in Berlin, im Zentrum, das Licht der Welt. Wenig später zog ihre Familie nach Leipzig.

Ihrer beider Kindheit und Jugend waren geprägt durch Totalitarismus, Krieg und die Aufteilung der Welt danach. Und es sollte später noch eine große Rolle spielen, dass der eine im alten Westen des Landes aufwuchs und die andere zunächst im Osten, in Leipzig. In den späten 80er- und frühen 90er-Jahren in

Deutschland, in den Zeiten des Mauerfalls und der Vereinigung, sollte das noch wichtig werden, dass dort zwei Lebenserfahrungen in einer besonderen historischen Situation miteinander verwoben sein sollten. Und dass einer von beiden, der Bundeskanzler Helmut Kohl, auch die Macht haben sollte, diese Erfahrungen in Politik gießen zu können.

Es ist interessant zu hören, wie sich ihre gemeinsamen Söhne, Walter und Peter Kohl, auch an diese Zeit erinnern, an die Zeit, als Helmut Kohl sehr schnell versuchte, Geschichte zu machen, und die Wiedervereinigung mit dem Ostteil Deutschlands fast überstürzt anging. Das Tempo überraschte damals manchen. Kohls Söhne sind noch heute überzeugt davon, dass die Lebensgeschichte ihrer Mutter, deren Kindheit und Jugend in Leipzig in jenen Umbruchszeiten der Jahre 1989 und 1990 ihren Vater besonders sensibilisiert habe für die Chance der deutschen Wiedervereinigung, die sich so plötzlich ergab. Das mag sein, die ostdeutsche Geschichte der Familie Renner hat sicher ihren Platz in der Kohl'schen Familienerzählung. Aber für das, was sich Helmut Kohl 1989 bot, für die Möglichkeit, in der Mitte Europas wieder ein größeres Deutschland herbeizuverhandeln, wird seine eigene Herkunft, seine frühe politische Prägung nicht weit von der französischen Grenze entfernt wahrscheinlich eine noch viel größere Bedeutung gehabt haben. »Ich bin ein klassisches Beispiel dafür, welchen Einfluss das Elternhaus hat.« Das ist der erste Satz, der Satz mit dem Helmut Kohl seine Erinnerungen, den ersten Teil seiner Autobiografie, beginnt.

Wobei das Kohl'sche Elternhaus als solches, und auch die Großeltern, durchaus unterschiedliche Möglichkeiten der Prägung boten. Mütterlicherseits stammte Kohl aus einer Familie von Lehrern und Bauern, sein Vater aber war zunächst Berufssoldat und nach dem Ersten Weltkrieg Finanzbeamter. Beide

Familien konnten durchaus das Bild von einer Gesellschaft in Bewegung vermitteln, aber auch das von einer gewissen Heimatverbundenheit. Soziale Beweglichkeit, Aufstiegswillen, gepaart mit – manchmal auch inszenierter – Bodenhaftung, das war es ja auch, was später den CDU-Politiker und Bundeskanzler Helmut Kohl ausmachen sollte, was auch seinen Erfolg begründete.

Manchmal ist es interessant, Geschichte im Rückwärtsgang zu betrachten. Hannelore Kohl ist eigentlich eine West-Berlinerin, geboren in einer Zeit allerdings, als West-Berlin nur ein geografischer und noch kein politischer Begriff war. Ihre Eltern lebten im Südwesten der Hauptstadt, sie kam in einer Klinik in Berlin-Schöneberg zur Welt, nicht weit entfernt vom Schöneberger Rathaus, in dem in Mauerzeiten die West-Berliner Regierung ihren Sitz hatte und vor dem John F. Kennedy seinen heute fast zu berühmten Satz sprach: »Ich bin ein Berliner.«

Dort also kam Hannelore Renner zur Welt, und ein Leben später, eigentlich ein Zeitalter später, sollte sie dort wieder sein – nur einen Tag nach dem Mauerfall in Berlin, am 10. November 1989, stand sie mit ihrem Mann und einem Dutzend anderer deutscher Politiker auf dem Balkon des Schöneberger Rathauses, in ihrer Heimatstadt, in ihrem Heimatkiez. Sie alle sangen ziemlich schräg an diesem Abend: »Einigkeit und Recht und Freiheit«. Und man wird wohl sowohl Hannelore als aus Helmut Kohl kein Unrecht antun, dass sich beide nicht hätten träumen lassen, dass sie gemeinsam ein paar Hundert Meter von Hannelores Geburtsort einmal den Mauerfall feiern würden, auf dem Weg zu einem wiedervereinigten Deutschland.

Helmut Kohl wuchs nach dem Zweiten Weltkrieg in der französischen Besatzungszone Deutschlands auf, was ihm einerseits früh eine Vorstellung davon vermittelte, welches Interesse auch die Westmächte daran hatten, das ehemalige Hitlerdeutschland zu teilen, zu kontrollieren, einzudämmen und zu zähmen. Andererseits waren es auch in Ludwigshafen eben die Franzosen, die den Deutschen wieder demokratische Politik, also Selbstbestimmung, näherbrachten. In diesem Spannungsfeld wurde Kohl ein politisch denkender Mensch, und es überrascht auch nicht, dass er in dieser Konstellation ein vom europäischen Gedanken überzeugter Politiker wurde. »Geographisch und vor allem geopolitisch ist meine Heimat ein europäisches Kernland«, schrieb er später. »Ich bin am Rhein aufgewachsen.« Das ist übrigens einer der kürzesten Sätze in Helmut Kohls Erinnerungen, und er bietet doch so viel an politischem Programm für einen Politiker der deutschen Nachkriegszeit im Westen. Denn es geht ja um einen Fluss, der Grenzen überwindet und an manchen Stellen auch Nationen teilt.

Helmut Kohl 1937 als Schüler und 1950
als JU-Vorsitzender in Rheinland-Pfalz

Nur über den Umweg der europäischen Aussöhnung würde es auch eine dauerhafte Aussöhnung mit Frankreich geben, und nur über den Umweg Europas würde es überhaupt wieder eine deutsche Souveränität geben. Das waren die Gedanken der Überlebenden, die weiterdachten. Dass diese Logik später auch einmal für die Verhandlungen über ein wiedervereintes Deutschland gelten würde, hat wohl selbst Helmut Kohl in seinen frühen Jahren nicht geahnt. Aber es ist sicher nicht falsch zu sagen, dass es ihm später geholfen hat. Das gilt auch für die eigentlich doch peinliche deutsch-französische Aussöhnungsinszenierung über den Gräbern von Verdun, dieses symbolische Handhalten mit François Mitterand, dem französischen Präsidenten jener Zeit. Auch diese leicht sentimentalen Gesten eines leicht sentimentalen Kanzlers rühren aus seiner Herkunft und führen ihn in die große, unerwartete Aufgabe, auch mit den Westmächten 1990 über Deutschlands Zukunft zu verhandeln.

Kohls Vater hatte im Ersten Weltkrieg an der sogenannten Westfront gekämpft. Und er hatte das, was er erlebt hatte, für immer mit nach Hause gebracht. Helmut Kohl erinnert sich daran so:»Es gehört zu unserer Familientradition, dass meine Mutter, als beide schon in hohem Alter waren, wiederholt davon berichtete, wie mein Vater nachts noch immer aus dem Schlaf aufschreckte und ›Angriff!‹ befahl. Das Trauma eines Soldaten blieb ihm zeitlebens präsent.«

Und auch seinem Sohn, dem späteren Bundeskanzler, ist dieser Teil einer deutschen Familiengeschichte immer gegenwärtig geblieben.»Ich brauchte den Satz ›Nie wieder Krieg‹ nicht zu buchstabieren. Er war ein Teil meines Lebens, meines Wesens geworden.« Auch das wird ihm später geholfen haben.

Der Krieg aber, der Zweite Weltkrieg, brachte auch Helmut Kohls Zukunft nach Ludwigshafen, er brachte Hannelore Renner mit ihrer Familie aus Leipzig in den Westen. 1948 lernte er sie kennen, ein Flüchtlingsmädchen, dessen frühe Erfahrungen auch später noch bestimmend sein sollten. Damals, beim Tanztee im Gasthaus »Zum Weinberg«, als sie Helmut Kohl erstmals sah, da war sie 15 Jahre alt. Sie hatte damals schon so etwas wie einen gesamtdeutschen Lebenslauf hinter sich: in Berlin geboren, in Leipzig aufgewachsen und in der Pfalz gelandet. Sicher, es war kein Zufall, dass sie 1945 in der Pfalz ankam, aber der Grund war schlicht und einfach der, dass ihr Vater Wilhelm Renner aus Mutterstadt stammte und glaubte, dort seine Familie nach dem verlorenen Krieg in Sicherheit bringen zu können. Doch das war schwerer, als er dachte, denn dieser Krieg, den auch er geführt hatte, er hatte auch sein Elternhaus zerstört. Und so mussten Wilhelm Renner, seine Frau Irene und seine Tochter Hannelore in der Pfalz neu beginnen.

»Die verlorene Heimat blieb für sie immer wichtig, auch wenn die Pfalz später ihre zweite Heimat wurde. Aus dem Verlust der Heimat und der deutschen Einheit speiste sich ihre Verbitterung über den Kommunismus. Leipzig blieb für sie immer ihre Heimatstadt, und sie liebte Berlin, eine Stadt, die wir beide sehr mochten.« Das ist eine sehr persönliche Erinnerung Helmut Kohls, und man liest sie noch einmal anders, wenn man weiß, dass er später in dieser Stadt Berlin, die sie beide doch so mochten, ohne sie lebte. Und man liest sie noch einmal anders, wenn man weiß, dass der Krieg und die unmittelbare Nachkriegszeit noch ganz andere Verstrickungen und schicksalhafte Momente für Hannelore Renner bereithielt.

Ihr Vater war früh Mitglied der NSDAP geworden, schon am 1. April 1933 trat er in die Partei ein, und diese Mitgliedschaft sollte ihm sehr nützlich werden. Denn Wilhelm Renner wurde nur ein knappes Jahr später Direktor des Leipziger Rüstungskonzerns HASAG. Aber es war wohl auch so, dass er abseits aller Vorteile, die die NSDAP ihm beruflich bot, auch politisch vom Nationalsozialismus überzeugt war. Auch seine Frau wurde Mitglied der Partei. Diese Familiengeschichte wurde später, als Hannelore Renner längst Hannelore Kohl war, nie eine wirklich große Geschichte in der deutschen Öffentlichkeit – zu viele Deutsche waren ja verstrickt gewesen, zumindest das. Aber sie war immer auch ein grauer Schatten, der auf der Herkunft der Frau des Kanzlers lag.

Doch da war noch etwas, das Hannelore Kohl für immer an diese Zeit erinnern würde, wobei das Wort erinnern eigentlich zu neutral ist für das, was ihr widerfuhr. Auf der Flucht vor der Roten Armee aus Leipzig in den Westen wurde sie wohl nicht nur am Rücken verletzt, eine Verletzung, die sie ihr ganzes Leben beeinflussen sollte. Sie wurde auch von Soldaten misshandelt. Was genau in jenen Tagen der Flucht geschah, lässt sich nicht mehr mit Sicherheit sagen. Wurde sie, wie viele Frauen in den letzten Kriegstagen, vergewaltigt? Nach allem, was wir wissen, muss man wohl davon ausgehen. Alice Schwarzer schrieb einmal, dass Helmut Kohl ihr im Jahr 1988 am Rande eines Fernsehinterviews vom Vergewaltigungsschicksal seiner Frau erzählt habe; möglicherweise in der Hoffnung, Schwarzer könne mit Hannelore Kohl von Frau zu Frau darüber reden. Alice Schwarzer erwog das sogar, verwarf den Gedanken dann aber wieder.

Peter Kohl, der jüngere Sohn, hat die Vergangenheit in seinem Buch über die Mutter einmal diskret so beschrieben: »Als sie in der Pfalz ankam, hatte sie ihre Heimat und ihre Kindheit verloren.« Später sagte er in einem Interview noch einmal: »Meine Mutter hat uns von ihren Fluchterlebnissen erzählt. Mehr ist dazu öffentlich nicht zu sagen.«

Auf jeden Fall trafen sich in Ludwigshafen eine Entwurzelte und ein stark in der Pfalz Verwurzelter. Das galt auch für ihre Familien. Hannelore Renners Eltern, denen die Zeit des Nationalsozialismus nicht nur wirtschaftlich Sicherheit bot, fielen ins Nichts. Sie verloren ihren Besitz, ihre bürgerliche Existenz, ihren Hausstand. Und sie verloren wohl auch ihre Überzeugungen. Helmut Kohl erfuhr das bald, als er Hannelores Eltern kennenlernte. Noch Jahrzehnte später billigte er dem Vater seiner Frau Mitläufertum im Nationalsozialismus zu. Aber er wusste auch, dass er mit seinen Schwiegereltern nicht über Politik reden musste. »Ihr Vater, der als Mitläufer unter dem Nationalsozialismus schlechte Erfahrungen gemacht hatte, zeigte wie viele seiner Generation nach 1945 die Reaktion eines gebrannten Kindes und hielt sich von der Politik fern. Er und seine Frau akzeptierten und mochten mich, aber wir sprachen miteinander nicht über Politik. Mein starkes politisches Engagement erschien ihm unverständlich. Das hat Hannelore anfangs natürlich geprägt. Sie lehnte zeitlebens jede Form von Fanatismus ab und reagierte mit Unverständnis, wenn man jemanden nur unter parteipolitischen Aspekten beurteilte und nicht als Persönlichkeit.«

Diese Charakterisierung Hannelore Kohls durch Helmut Kohl ist auch deshalb sehr interessant, weil er in seinen Erinnerungen seiner Mutter Cäcilie ähnliche Wesenszüge zubilligte. So schreibt er über die 1979 verstorbene Mutter, eine Pfälzerin: »Klug, intelligent, musisch sehr begabt und eine treue, praktizierende katholische Christin, war ihr jede geistige Enge fremd. Ich habe in meinem Elternhaus nie ein abwertendes Wort etwa über Andersgläubige gehört. Mit Hannelore, ihrer evangelischen Schwiegertochter, stand sie in gutem Einvernehmen.«

Wie auch immer, die evangelische Schwiegertochter hat früh, wenn ihr die Möglichkeit gegeben war, ihren Ehemann Helmut

Kohl mit eher ausgleichenden Worten beraten. Und den Rat, Menschen nicht nur nach parteipolitischen Aspekten zu beurteilen, wird er manches Mal gebraucht haben. Sie war jemand, der Menschen zusammenführen konnte. Ihre Söhne erinnerten später nicht nur an ihre respektvolle Freundschaft, wenn man es denn so nennen will, mit Johannes Rau.

Aber da ist noch etwas, was die beiden, was Hannelore Renner und Helmut Kohl, prägte, und was, wenn nicht alles täuscht, später auch eine Bedeutung für ihr eigenes Leben als Eltern und ihr Konzept von Familie hatte. Beide stammen eher aus Kleinfamilien; Hannelore Renner war ein Einzelkind, Helmut Kohl war eines von drei Geschwistern, sein älterer Bruder Walter aber starb im Zweiten Weltkrieg, übrig blieben er und seine Schwester Hildegard, die Erstgeborene.

Hannelore Renner hat früh lernen müssen, dass im Leben nichts von selbst kommt und nichts bleibt, wie es ist, so wie Willy Brandt das einmal ausgedrückt hat. Sie und ihre Mutter hatten von Wilhelm Renner, dem Vater und Ehemann, in den letzten Kriegsjahren ohnehin wenig gesehen. Und nach dem Krieg, nachdem die Familie Renner alle materiellen Sicherheiten und auch ihre ökonomisch durchaus privilegierte Stellung verloren hatte – auch nach dem Krieg sahen sie Wilhelm Renner nicht so oft, wie sie sich das gewünscht hätten. Er versuchte seine Familie wieder abzusichern, seinen Teil vom Wirtschaftswunder zu erlangen. Einfach war das nicht. Wilhelm Renner war nicht mehr jung, er war, um das Mindeste zu sagen, nicht unbelastet. Und er war ein Flüchtling. Doch im Mai 1950 hatte er es nach seinen Maßstäben wieder geschafft. Er wurde Direktor einer Wäschefabrik in Ulm. Zweieinhalb Jahre hatte er da noch zu leben, im September 1952 starb er plötzlich, gut sieben Jahre nach Kriegsende. Er hinterließ seine Frau Irene und seine Tochter Hannelore. Auf dem Totenbett soll er ihnen noch hinterlassen haben: »Wenn du später etwas zu tun hast, dann sage nie: Ich kann es nicht. Sage vielleicht: Ich kann es noch nicht.«

Helmut Kohl war von da an wohl endgültig die wichtigste Bezugsperson in Hannelore Renners Leben. Und umgekehrt wird das auch gegolten haben. Ihre Lebenswege verstrickten sich immer mehr miteinander, auch wenn sie erst im Frühsommer 1960 heiraten sollten. Immerhin hatte Hannelore schon Mitte der 50er-Jahre Helmut Kohls Doktorarbeit getippt, was bereits einen gewissen Hinweis auf ihre zukünftige Rollenverteilung geben sollte. Aber das war gewiss nichts Ungewöhnliches in jener Zeit. Nicht ganz gewöhnlich aber war es wohl, dass das Ehepaar Kohl auch in den gesellschaftlich stürmischen Zeiten der 60er- und 70er-Jahre an dieser klaren Aufteilung festhalten sollte.

Hannelore und Helmut Kohl am Wolfgangsee
mit Schäferhund Igo, 1990

Zumal die Biografie Hannelore Kohls ja schon Anfang der 50er-Jahre einen Bruch bekommen hatte, den sie später in ihrer Ehe eigentlich hätte kitten können. Sie hatte im November 1951 in Mainz ein Fremdsprachenstudium aufgenommen, sich also auf den Weg in ein intellektuell und materiell unabhängiges Leben aufgemacht. Doch dieser Weg wurde jäh unterbrochen mit dem Tod ihres Vaters knapp ein Jahr später. Hannelore Kohl musste nun sehen, wie sie sich und ihre Mutter Irene durchbringen konnte. Sie brach das Studium ab und begann eine Arbeit als kaufmännische Angestellte bei der Ludwigshafener BASF. Auch nach der Heirat mit Helmut Kohl und vor der Geburt der Söhne Walter und Peter nahm sie das Studium nicht wieder auf. Sie betreute den Bau des ersten Einfamilienhauses des Ehepaares, holte auch ihre Mutter Irene in dieses Haus in der Tiroler Straße in Ludwigshafen und führte fortan das Leben einer nicht berufstätigen Frau. Das war es eigentlich nicht, was ihre Eltern sich ursprünglich für ihre einzige Tochter vorgestellt hatten.

Betrachtet man die Herkunft von Helmut Kohl, dann ist es vielleicht durchaus fortschrittlich, wie er, aus dem Milieu einer Ludwigshafener Bauern- und Lehrerfamilie kommend, zu einem für die damalige Zeit eher ungewöhnlichen CDU-Politiker wurde. Zumindest in den Anfangsjahren. Und betrachtet man noch einmal die Herkunft seiner Frau, dann ist es fast tragisch anzusehen, dass das Ehepaar Kohl mit dem Mauerfall im Herbst 1989 nicht auch einen persönlichen Lebenskreis hat schließen können.

Die Berlinerin Hannelore Kohl hätte mit ihrem Mann zurück in ihre alte Heimat gehen können, es wäre ein ganz persönliches Stück deutscher Einheit gewesen. Doch dafür war die Spaltung der Familie Kohl schon zu weit fortgeschritten. Hannelore Kohl blieb auch nach dem Mauerfall dort, wo sie eigentlich nicht herkam, im alten Westen, in der Pfalz, in Ludwigshafen-Oggersheim. Dort starb sie auch am 5. Juli 2001, aus eigenem Entschluss. Ihr Mann hatte sich zu jener Zeit schon in Berlin ein eigenes Leben eingerichtet. Er hatte eine Wohnung im Berliner Stadtteil Wilmersdorf bezogen, nicht weit entfernt von dem Ort, wo seine Frau im März 1933 geboren worden war. Als sie sich schließlich in Oggersheim das Leben nahm, war er dort, wo sie herkam – in Berlin.

13

AUF DEM WEG NACH OBEN —
GERHARD SCHRÖDER

Der Fußballplatz des TuS Bexterhagen gilt als einer der schönsten im Lipper Land, im Nordosten von Nordrhein-Westfalen. Die Tester der Lippischen Landes-Zeitung loben neben der malerischen Lage auch, dass hier die Fußballtore »im Schnitt« die vorgeschriebenen 2,44 Meter hoch sind. Auf anderen Plätzen haben sie gravierende Abweichungen festgestellt.

Man weiß nicht, wie das Ende der 1940er-Jahre war, als Gerhard Schröder mit seiner Mutter und seinen Geschwistern hier gewohnt hat, direkt an diesem so schön zwischen Feldern und Wiesen gelegenen Platz. Er schildert dies als eine seiner ersten Erinnerungen: »Das Wummern, wenn der Fußball an die Holzwand des Behelfsheims klatschte. Draußen Gejohle, drinnen klirrten die Tassen.« Das Behelfsheim, zwei Zimmer, Plumpsklo auf dem Hof, stand an einer Eckfahne des Fußballplatzes. Es war ein beliebtes Schussziel der bolzenden Bauernjungen, und es war das Zuhause des 1944 geborenen Gerhard Schröders und seiner Familie. Später hat er selber beim TuS Bexterhagen gekickt. Heute stehen hier ein schmuckes Vereinsheim aus rotem Klinker und korrekt vermessene Tore in idyllischer Landschaft. Gerhard Schröders Kindheit war alles andere als idyllisch.

Er stammt aus einer unübersichtlichen Familie, in der es viele Jahre lang wenig Gewissheiten und Sicherheiten gab. Seine Mutter Erika ist unehelich geboren, sie kennt ihren Vater nicht und hat den Kontakt zu ihrer Mutter schon lange verloren, als sie 1935 den Gelegenheitsarbeiter Fritz Schröder heiratet. Er stammt aus einer ähnlich zerrütteten Familie und ist schon zwei Mal wegen Diebstahls zu Gefängnisstrafen verurteilt worden. Er stahl Essen und Kleidung, aus Not. Die Eheleute Schröder bekommen zwei Kinder, 1940 wird Gunhild geboren, vier Jahre später, im April 1944, Gerhard. Der Krieg setzt den Deutschen in diesem letzten Jahr, das er noch dauern wird, mächtig zu. Bombenangriffe, Not und Elend bestimmen vielerorts den Alltag. Fritz Schröder kämpft als Soldat an der Ostfront. Er fällt im Oktober 1944 in Rumänien. Vater und Sohn haben sich nie gesehen.

Es sind harte Zeiten für Erika Schröder und ihre Familie. Ihre Tochter Gunhild hat den Tagesablauf in Bexten später einmal so geschildert: »Mama stand um fünf Uhr auf. Sie bereitete das Frühstück für alle und kochte die Wäsche auf dem Kohleherd. [...] Es gab eine Scheibe Brot für jeden mit Marmelade oder Zuckersirup [...] Um sieben begann der Putzdienst in den Baracken der britischen Besatzungstruppen in Lemgo [...] Abends kam Mama selten vor acht zurück. Wir aßen noch eine Milchsuppe, und das war es dann.«

Dabei bleiben die familiären Verhältnisse unübersichtlich. 1946, zwei Jahre nach dem Tod ihres ersten Mannes, heiratet Gerhards Mutter Erika Schröder den Exmann ihrer Schwiegermutter, Paul Vosseler. Mit ihm bekommt sie zu ihren beiden ersten noch drei weitere Kinder. Die nun geschiedene Schwiegermutter, von den Kindern Oma Schröder genannt, bleibt bei der Familie wohnen, der sie nach Kräften hilft. Die ist inzwischen auf acht Personen angewachsen und wohnt, kaum weniger beengt als vorher, in einem ausgebauten Schafstall. So entsteht eine frühe und ganz besondere Form einer Patchworkfamilie, auch wenn das damals niemand so genannt hat. Es ist ein Muster, das sich im späteren Leben Gerhard Schröders wiederholen wird.

Aber Gerhard Schröder hat keine schlechten Erinnerungen an diese Kindheit. Voller Bewunderung spricht er über seine Mutter, die täglich 14 bis 16 Stunden gearbeitet habe, um ihre Familie über die Runden zu bringen. Die Kinder nennen sie wegen ihrer »unglaublichen Kraft« (Schröder) »Löwe« – ein Kosename, den sie bis zu ihrem Tod behalten wird. So steht sie noch im Kalender des Kanzlers. In der Todesanzeige schreiben Gerhard Schröder und seine Geschwister: »Wir nannten sie Löwe, weil sie ein Leben lang für uns gekämpft hat.« Sie stirbt am 1. November 2012, mit 99 Jahren.

Gerhard Schröder gehört zu den Politikern, die die Fotografin und Autorin Herlinde Koelbl in ihrer Langzeitbeobachtung »Spuren der Macht« durch die 90er-Jahre begleitet hat. Auf ihre Frage, welches Ereignis seiner Kindheit ihm besonders in Erinnerung geblieben ist, antwortet er: »Kein bestimmtes Ereignis, sondern meine Mutter, wie sie mit uns spricht und für uns sorgt. Erstaunlich, wie positiv meine Kindheit verlaufen ist, obwohl die Verhältnisse, in denen wir gelebt haben, alles andere als rosig waren. Vielleicht sogar wegen dieser Verhältnisse. Denn meine Mutter hat uns Kindern jede Freiheit gelassen. Ich bin nie verprügelt worden. Es ging uns schlecht, wir hätten gerne mehr zum Essen und bessere Sachen zum Anziehen gehabt. Aber das wurde durch ein ungewöhnliches Maß an liebevollem Umgang in der Familie ausgeglichen.«

Doch die soziale Ausgrenzung, die er als Kind auch erleben musste, hat Schröder für sein Leben geprägt. »Wenn ich an die kleinen Enttäuschungen und Gemeinheiten denke, die man als Proletenkind im Dorf, in der Schule, im Konfirmandenunter-

richt hat erleben müssen, war da bei mir schon immer das Gefühl: Euch werde ich es schon noch zeigen!«

Er freut sich, wenn er etwas erreicht hat, aber stets stellt er
sich dann die Frage: Was kommt jetzt, wie geht es weiter?»Ich
glaube, diese Haltung dem eigenen Leben gegenüber, diese ständige Suche nach etwas Neuem, unterscheidet mich von Personen die aus einer großbürgerlichen Familie stammen. Solchen
Leuten bleibt immer etwas, weil sie es immer schon hatten, während ich immer nach etwas suchen muss. Das hört nie auf.«

Gerhard Schröder hat noch eine zweite frühe Erinnerung an
ein Geräusch:»Ein Klatschen, vielleicht doch eher Schmatzen,
wenn Herr Tegtmeier mit seinem Rohrstock die Handfläche eines Schülers malträtierte.« Er besucht um 1950 die zweiklassi-
ge Grundschule in Bexten, wo der gefürchtete Lehrer Tegtmeier herrscht. Doch er bricht nicht die Lust des Jungen am Lernen.
Die Schule ist vorerst das einzige Feld, auf dem er seinen Ehrgeiz ausleben kann. Die andere große Sehnsucht, bei den Jungs
auf dem Fußballplatz nebenan mitspielen zu dürfen, muss noch
warten. Er ist ein schmächtiges Kerlchen, der von den kräftigen
Bauernbuben nie gefragt wird: Willst du mitmachen? Außerdem war klar:»Wir waren die Asozialen.«

Ein Nachfolger des Lehrers Tegtmeier erkennt das Talent und
den Ehrgeiz des Jungen und tut alles, um die Mutter und den
Stiefvater davon zu überzeugen, dass Gerhard auf das Gymnasium gehen soll. Doch die Familie kann weder das Schul- noch
das Fahrgeld aufbringen, und wahrscheinlich mangelt es den
Eltern auch an Verständnis für die Segnungen einer höheren Bildung. So geht Gerhard Schröder Umwege. Er macht mit wenig
Begeisterung eine kaufmännische Lehre im Haushaltswaren-
geschäft August Brand in Lemgo und arbeitet einige Jahre in dem
Beruf, fühlt sich aber unterfordert. Seinen Ehrgeiz kann er mitt-

lerweile immerhin auf dem Fußballplatz stillen. Er ist Mittelstürmer beim TuS Talle, der bis heute die Erinnerung an seinen berühmt gewordenen Spieler mit dem Spitznamen »Acker« pflegt.

Gerhard Schröder (links) mit seinen Klassenkameraden
in den 50er-Jahren

Mit 17 zieht Gerhard Schröder nach Göttingen. Zum ersten Mal verlässt er die beengten Verhältnisse von Familie und Dorf und wohnt allein zur Untermiete. In der Universitätsstadt kommt er in Kontakt mit den Jungsozialisten und beginnt, sich für Politik zu interessieren. Und er erkennt, dass es nur einen Weg aus dem unbefriedigenden Dasein als Verkäufer von Eisenwaren gibt: Er muss sich weiterbilden. So begibt er sich auf den mühsamen, aber segensreichen zweiten Bildungsweg, den das bundesdeutsche Bildungssystem den damals vor allem aus sozialen Gründen vom direkten Weg zum Abitur Ausgeschlossenen bietet. Auf einer Abendschule erwirbt er die Mittlere Reife.

Zu der Zeit, 1963, tritt er in die SPD ein. Er hat sich informiert und sieht, dass die Sozialdemokraten am ehesten dafür einstehen, was ihn aufgrund seiner eigenen Herkunft um- und antreibt: Chancengleichheit und soziale Gerechtigkeit. Das bleibt auch später die Triebfeder für sein politisches Engagement, in dem immer die Bildungspolitik einen besonderen Rang hat. Schröder beschreibt seine Kindheit und Jugend als eine »Schule der Lebenstüchtigkeit«, in der er sich alles erkämpfen musste. »Aber es erklärt auch, warum mir gerade die Bildungspolitik sehr am Herzen liegt. Ich möchte nicht, dass die jungen Menschen heute schwere Wege gehen müssen«, sagt er 1991 als frisch gewählter niedersächsischer Ministerpräsident im Gespräch mit Herlinde Koelbl. Als Bundeskanzler wird er 1998 eine »neue bildungspolitische Epoche« ankündigen.

1964, mit 20 Jahren, setzt Gerhard Schröder aber erst einmal seinen eigenen Bildungsweg fort. Auf dem Westfalenkolleg macht er 1966 sein Abitur und fühlt sich am Tag der erfolgreichen Abschlussprüfung »wie im Rausch«. Student in Göttingen! »Diese Hochschule, für mich das Tor zu einer Welt unendlicher Möglichkeiten, zu der ich die Eintrittskarte erworben hatte. Ich war am Ziel meiner Wünsche. Das Jurastudium und mein Traum, Anwalt zu werden, all das rückte auf einmal in erreichbare Nähe. Ein Traum, der mich schon in meiner Jugend beschäftigt hatte. Damals lief eine amerikanische Fernsehserie, in deren Mittelpunkt ein Anwalt namens Perry Mason stand. Er löste die vertracktesten Fälle in wahrlich brillanter Manier. Wie Perry wollte ich werden.«

Die Kindheit und Jugend Gerhard Schröders weist deutliche Parallelen zu der Willy Brandts 30 Jahre zuvor auf. Beide wachsen in unsicheren Familienverhältnissen und Armut am Rande der etablierten Gesellschaft auf. Brandt hat aber das Glück, in den gefestigten Strukturen der Arbeiterbewegung eine Heimat zu finden, und dank einer aufgeklärteren städtischen Umgebung die Möglichkeit, auf direktem Weg zum Abitur gehen zu können. Beide Jungen wachsen aber auch ohne Vater auf. Ohne diesen einen Mann, an dem ein Junge sich reiben und abarbeiten kann. Und beide verdrängen die Leerstelle in ihrem Leben. Als sich Willy Brandt spät noch die Chance bietet, seinen Vater kennenzulernen, nimmt er sie nicht wahr.

Fotos auf Schröders Schreibtisch im Kanzleramt, 2001

Auch für Gerhard Schröder spielt der Vater lange keine Rolle. »Für mich existierte er eigentlich nicht«, sagt er 2001 in einem Interview. Da hat seine Schwester aufgrund intensiver Nachforschungen gerade das Grab des Vaters im rumänischen Dorf Ceanu Mare aufgetan – und bei der Gelegenheit auch noch drei Cousinen entdeckt, die nach dem Krieg in der DDR aufgewachsen waren. Nun beginnt Schröder sich für den Vater zu interessieren, von dem es in der Familie bis dahin nicht einmal ein ordentliches Foto gab. Die Cousinen haben eines aufbewahrt, das den

Obergefreiten in Uniform zeigt, mit ernstem schmalem Gesicht. Die Ähnlichkeit ist unverkennbar, und sie trifft Schröder.»Das bin doch ich«, soll er gesagt haben, als er das Bild zum ersten Mal sah. Von nun an steht es mit dem seiner Frau auf seinem Schreibtisch im Kanzleramt, der Vater in Uniform und Stahlhelm mit Reichsadler und Hakenkreuz, immer in Blickweite seines Sohnes. 2004 besucht er das Grab in Rumänien. Ein Foto zeigt ihn, wie er versunken und gerührt mit gefalteten Händen davorsteht.

Der Historiker Götz Aly hat darauf verwiesen, dass Gerhard Schröder zur nicht kleinen Generation der vaterlosen Gesellen zählt, die sich in den europäischen Nachkriegsgesellschaften durchbeißen müssen.»Das prägte ihn, machte ihn hart im Nehmen und doch seltsam schwankend.«Weil der Krieg die Reihen derer, die zwischen 1910 und 1925 geboren worden waren, gnadenlos gelichtet hatte, eröffneten sich der Folgegeneration in den 60er- und 70er-Jahren besondere Chancen für einen beispiellosen sozialen und materiellen Aufstieg, von denen auch Schröder profitiert hat. Der gleichaltrige Historiker Aly versucht sich hier aber auch als Psychologe dieser Generation:»Sie trugen weder Verantwortung für das Geschehene noch die Lasten des Wiederaufbaus und der inneren Neuorientierung. Sie tendierten früh zur Toskana-Fraktion.«Gerade das aber trifft auf Gerhard Schröder nicht zu. Er macht lieber an der Nordsee Urlaub und trifft sich erst 2003 einmal mit seinem Innenminister Otto Schily in Siena. Und auch die geistige Welt der leichtlebigen, konkrete politische Verantwortung eher scheuenden linken Intellektuellen, die sich in der Toskana ihr Refugium geschaffen haben, ist ihm fremd.

Trotz der von seiner Mutter so dominierten Familie wächst er mit einem sehr konventionellen Frauenbild auf.»Es war in unserer Familie völlig undenkbar, dass die Jungen etwa zur Haus-

arbeit herangezogen würden«, erzählt er Herlinde Koelbl. So habe
er von klein auf ein ganz konservatives Männer-Frauen-Bild mit-
bekommen. Dieses Rollenverständnis habe sich erst in der Auseinandersetzung mit Partnerinnen verändert, insbesondere mit
seiner dritten Frau Hiltrud. »Da habe ich gelernt, Gleichheit als
etwas Notwendiges, Unabweisbares zu akzeptieren.« Aber er
habe gewiss nicht immer an der Seite der Vorkämpferinnen für
die Gleichheit der Geschlechter im gesellschaftlichen Leben gestanden. Doch bekommt Gleichstellungspolitik fortan in seinem
politischen Wirken einen wichtigen Stellenwert.

Als er 1990 seine erste rot-grüne Landesregierung in Niedersachsen bildet, besteht er, es waren nicht die Grünen, darauf,
dass die grüne Bundestagsabgeordnete Waltraud Schoppe das
neu geschaffene Amt der Frauenministerin übernimmt. Schoppe hatte 1983 in einer legendären Rede im Bundestag den »all-
täglichen Sexismus hier im Parlament« angeprangert und die
Bestrafung von Vergewaltigung in der Ehe gefordert. Sie hat damit Tumulte vor allem unter den Unions-Männern ausgelöst,
zugleich aber auch einen entscheidenden Anstoß zur politischen
Stärkung der Rechte der Frau gegeben. Denn Frauen (und Männer) in allen Fraktionen bewunderten ihren Mut und griffen ihre Themen auf, darunter der Bundestagsabgeordnete Gerhard
Schröder. Die Berufung Schoppes in sein Kabinett hat program-
matischen Charakter.

Womöglich aufgrund der doch unkonventionellen Zustän-
de in seiner Elternfamilie sind Gerhard Schröder klare Verhältnisse in seinem Leben wichtig. »Was er liebt, wird geheiratet«,
schreibt die Journalistin Ulrike Posche, die ihn über viele Jahre
beobachtet hat, 1998. Das bedeutet auch: Eine neue Liebe beendet die alte Ehe. Mit 24 heiratet er 1968 zum ersten Mal, 1973
folgt die zweite Ehe, 1984 die dritte.

An ihr wird die Öffentlichkeit in einem Maße teilhaben, wie man es bis dahin in Deutschland nicht kannte. Mit Hiltrud, genannt Hillu, macht Schröder sein Privatleben zum Teil seiner politischen Karriere, er setzt es gezielt in Szene und nutzt es als Treibmittel für seinen Aufstieg. Hillu ist damit vollkommen einverstanden, die beiden haben ein gemeinsames Projekt namens Gerhard Schröder. Mit ihr hat Schröder aber erstmals auch eine neue Familie, seine Frau bringt die acht und 13 Jahre alten Töchter Wiebke und Franca mit in die Ehe. Er nimmt die Rolle an und versteht sich durchaus als Familienvater – in einer bunten, modernen Familie, was auch in der Öffentlichkeit gut ankommt. Die Werbestrategen der SPD nutzen das in den Wahlkämpfen Schröders gegen den niedersächsischen Ministerpräsidenten Ernst Albrecht, der seinerseits seine Familie mit den sechs Kindern – darunter die spätere Bundesministerin Ursula von der Leyen –, Haustieren und Hausmusik als Hort deutscher Idylle vorführt.

Die Schröders sind das moderne Gegenmodell, die Kennedys von der Leine, wie es damals in niedersächsischen Medien heißt. Auch im Wahlkampf gegen Helmut Kohl taucht dieses Motiv noch einmal auf. Dazu gehört die aktive politische und mediale Rolle seiner in linken SPD-Kreisen aktiven Frau, die wie eine fast gleichberechtigte Teampartnerin auftritt. Schröder schätzt, fördert und nutzt das Geltungsbedürfnis, den Drang Hillu Schröders zum öffentlichen Auftritt im Interesse ihres Mannes, ihrer beider Prominenz. »Wir sind jetzt so etwas wie eine Firma, die Politik verkauft«, sagt er nach der Erinnerung Hillu Schröders wenige Monate nach der Hochzeit. Doch bei aller politischen Instrumentalisierung stimmt auch: Die Schröders leben demonstrativ eine gleichberechtigte Partnerschaft, sie sind damit auch ein Vorbild für ein damals durchaus noch nicht allgemein anerkanntes gesellschaftspolitisches Konzept. »Indem sie sich aktiv einmischt, entspricht sie einem modernen Bild von Frauen in der Politik«, stellt Gerhard Schröder fest. Sie stößt damit auf große Zustimmung unter jüngeren, berufstätigen Frauen, ohne deren Stimmen er seine Wahlerfolge in Niedersachsen nie hätte erzielen können.

Dennoch scheitert auch diese Beziehung. 1996 trennt sich das Power-Paar unter lautstarker Begleitung der Boulevardmedien. Fast gleichzeitig wird Schröders Beziehung zu der Journalistin Doris Köpf bekannt. Sie ist deutlich jünger, vom Typ her Hiltrud Schröder aber sehr ähnlich, was manch hämischen Kommentar auslöst. Bald wird sich zeigen, dass seine neue, künftige Frau auch eine ganz ähnlich starke Rolle in seinem politischen Leben einnehmen wird – allerdings mit einem gravierenden Unterschied: Das Privatleben der Familie Schröder-Köpf bleibt für die Öffentlichkeit weitgehend tabu. Sie ist dann die Frau an der Seite des Bundeskanzlers Gerhard Schröder, der letzten und nicht mehr zu überbietenden Etappe des gänzlich unwahrscheinlichen Aufstiegs eines Mannes an die Spitze der Republik, der als Kind als einer von den Asozialen beschimpft worden ist.

TEIL III

DAS PRIVATE UND
DAS POLITISCHE

14

»KINDER KRIEGEN
DIE LEUTE IMMER« —
KONRAD ADENAUER

Im Herbst 1953 gehen Konrad Adenauer und seine Mitarbeiter
nach der erfolgreich bestandenen Bundestagswahl daran, ihr
zweites Regierungsprogramm zu entwerfen. Es muss sich noch
immer mit der Bewältigung der Kriegsfolgen befassen, und dabei stoßen die Experten auf ein ganz neues Phänomen: auf die
demografische Alterung der Bevölkerung.

Dass in Kriegszeiten die Geburtenziffern abnehmen, ist normal, dass sie in Nachkriegszeiten wieder ansteigen, auch. Man
nennt es einen Nachholeffekt. In der Bundesrepublik aber zeigt
sich, dass ab Beginn der 50er-Jahre die Geburtenrate stagniert
und sogar sinkt. Das ist für Konrad Adenauer, der aus einer so
kinderreichen Familie stammt, völlig unverständlich. »Kinder
bekommen die Leute immer« ist eines der bekanntesten ihm zu-
geschriebenen Zitate. Es passt zu ihm und seinem familiären
Hintergrund – belegt ist es nicht. Als ihm aber nun die neuesten
Zahlen der demografischen Entwicklung vorgelegt werden, reagiert er entsetzt: »Dann sterben wir ja aus!«, zitiert ihn der *Spiegel*.
Tatsächlich ist die westdeutsche Geburtenziffer auf den tiefsten
Stand seit 50 Jahren gesunken.

Adenauer nimmt das neue Thema ernst. In seiner Regierungserklärung am 20. Oktober 1953 widmet er sich ausführlich den
Problemen der Bevölkerungsentwicklung und ihrer Lösung. »Die

wachsende Überalterung des deutschen Volkes steigt andauernd, die Verluste der beiden Kriege sind nur einer der Gründe dieser erschreckenden Erscheinung. Heute stehen 67 % der Bevölkerung im produktiven Alter, 9 % zählen zu den Alten, 24 % stehen im jugendlichen Alter und sind noch nicht arbeitsfähig. Diese Zusammensetzung der Bevölkerung ändert sich stets zuungunsten des Prozentsatzes der im produktiven Alter Stehenden, weil die Langlebigkeit wächst und die Geburtenzahl abnimmt.« Diese Analyse mutet an wie eine aus unserer Zeit, freilich mit noch vergleichsweise harmlosen Zahlen. »Durch Technisierung und Rationalisierung der Wirtschaft wird man den für unser ganzes Volk im Verlauf einiger Generationen vernichtenden Prozess nicht aufhalten können«, fährt der Kanzler fort. »Helfen kann nur eins: Stärkung der Familie und dadurch Stärkung des Willens zum Kind.«

Freilich: »Die ganze Entwicklung unserer Zeit ist der Gründung einer gesunden Familie abträglich«, stellt Adenauer fest. Es handele sich dabei nicht nur um ein moralisches Problem, es wirkten viele Umstände zusammen. »Dieser Entwicklung durch eine zielbewusste Familienpolitik entgegenzuwirken, ist ein wesentliches Anliegen der Bundesregierung. Sie wird alles dazu tun, um die Familie zu fördern; denn nur so kann auf natürliche Weise den Gefahren gesteuert werden, die sich aus der jetzigen Lage für das Volksganze ergeben.«

Und dann folgt eine sensationelle Ankündigung: »Das Gewicht, das die Bundesregierung den bezeichneten Aufgaben beimisst, kommt darin zum Ausdruck, dass ein Ministerium gebildet werden soll, das sich eigens nur ihrer annehmen wird.« Erstmals wird es also in Deutschland ein Familienministerium geben. Doch Adenauer wird erst einmal ausgelacht, vor allem von den Sozialdemokraten. Deren Fraktionschef Erich Ollenhauer bekommt auch Beifall aus CDU und FDP, als er den Plan ablehnt und ins Lächerliche zieht. Wie soll auch ein Minister die Leute zum Kinderkriegen animieren? Die Idee ist Anlass für mancherlei halbseidene Witze in der Bonner Männergesellschaft.

Am 12. März 1933 geht Konrad Adenauer abends noch einmal in sein Amtszimmer im Rathaus. Er sichtet ein paar Unterlagen, schaut sich noch einmal um, verlässt sein Büro und schließt das Rathaus ab. Es ist dies sein letzter Tag als Oberbürgermeister von Köln, nach 16 Jahren in dem Amt. Der 12. März ist Wahltag, und nun werden die Nationalsozialisten auch hier die Macht übernehmen, das ist absehbar. Aber Konrad Adenauer wird die Schlüssel zu seinem Rathaus nicht an einen Nachfolger von den Nazis übergeben, das ist auch klar. Man wird sie 34 Jahre später nach seinem Tod in seinem Schreibtisch in Rhöndorf finden. Ein kleiner, fast augenzwinkernder Streich gegen die neuen Herren, deren ganze Brutalität da noch nicht abzusehen ist.

Adenauer hat aus seiner Gegnerschaft zu den Nazis kein Geheimnis gemacht. Noch an diesem Wahltag verhindert er, dass auf dem Rathaus die Hakenkreuzfahne wie sonst fast überall im Land gehisst wird. Hier weht ein letztes Mal die schwarz-rot-goldene Reichsfahne. Schon im Februar, als der neue Reichskanzler Adolf Hitler zu einer Wahlkampfkundgebung nach Köln kommt, weigert sich der Oberbürgermeister, ihn am Flughafen zu empfangen und die städtischen Gebäude zu beflaggen. Das haben sich die Nationalsozialisten gemerkt. Sie betreiben jetzt seine sofortige Amtsenthebung. Vor seinem Haus in Lindenthal bezieht eine SA-Wache Stellung. Doch Adenauer kann sich am nächsten Tag unbemerkt davonmachen und nach Berlin reisen, wo er sich ausgerechnet beim Hitler-Vertrauten und Innenminister Hermann Göring über die Behandlung durch dessen

Parteigenossen beschweren will. Die Intervention bei Göring bleibt erfolglos, im Gegenteil erhöhen die Nationalsozialisten den Druck und erheben Korruptionsvorwürfe gegen den Oberbürgermeister. Er bringt seine Familie in einem benachbarten Krankenhaus der Caritas in Sicherheit und sucht Unterschlupf im Benediktinerkloster Maria Laach, um seiner Festnahme zu entgehen. Der Abt Idefons Herwegen war ein Schulfreund.

Konrad Adenauer ist zu der Zeit ein weit über Köln hinaus bekannter, einflussreicher Politiker der Zentrumspartei. Er ist Präsident des Preußischen Staatsrats, der zweiten Parlamentskammer neben dem Landtag. Zwei Mal war er während der Weimarer Republik als neuer Reichskanzler im Gespräch. Er ist aber vor allem ein erfolgreicher Kommunalpolitiker, der zahlreiche Großprojekte in Köln in die Wege leitet. Der Grüngürtel auf der alten Festungsanlage und das Müngersdorfer Stadion zählen ebenso dazu wie die Ansiedlung der Ford-Werke. Adenauer pflegt einen energischen, autoritären Führungsstil, gemildert durch die weiche Sprache und die freundliche Lebensart der Rheinländer. Das wird man später beim Bundeskanzler wiederentdecken.

Politisch ist er im katholischen Zentrum verankert, kooperiert aber auch mit gemäßigten Sozialdemokraten und Liberalen. Parteipolitik spielt allerdings, anders als in seiner zweiten Karriere nach dem Krieg, noch keine große Rolle. Während der Nazizeit geht er im beschaulichen Rhöndorf in eine Art innere Emigration, er widmet sich seinen Studien, seinen Rosen und nicht zuletzt seiner großen Familie. Er hält Distanz zu politischen Freunden aus dem Zentrum, die versuchen, ihn für den bürgerlichen Widerstand gegen Hitler zu gewinnen. Dennoch wird er nach dem Attentat vom 20. Juli 1944 für einige Monate inhaftiert, dann aber nach Hause entlassen.

Die Familie Adenauer 1938
auf der Terrasse des neuen Hauses in Rhöndorf

Sein Ruf als – wenn auch passiver – Nazigegner und nicht zuletzt
diese Verhaftung bringen Adenauers Namen auf die Weiße Liste
der Amerikaner mit jenen Deutschen, die sie nach der Befreiung
des Landes von der Naziherrschaft im Mai 1945 für geeignet und
unbelastet genug halten, ein demokratisches Deutschland aufzubauen. Adenauer kehrt sogar noch einmal für einige Monate auf
den Posten des Oberbürgermeisters im zerstörten Köln zurück.
Dann aber widmet er sich der Aufgabe, eine neue, überkonfessio-
nelle christliche Partei aufzubauen. Die gemeinsamen Erfahrungen von Protestanten und Katholiken mit dem Unrechtsregime
der Nazis und der Wille zu einem Neuanfang lassen die alten
konfessionellen Schranken schwinden. Die eigentliche Auseinandersetzung wird jetzt zwischen Anhängern eines christlich
orientierten Sozialismus und denen einer liberalen Marktwirtschaft geführt. Adenauer gehört zu jenen, die keinerlei Sympathien für sozialistische Ideen pflegen, er ist Antikommunist
durch und durch. Er strebt in dieser entscheidenden Frage aber

einen Kompromiss an, um die neue Partei überhaupt lebens-
fähig zu machen. Ein Ergebnis ist das Ahlener Programm von
1947, das sowohl die Freiheit und die Würde des Individuums
als auch gemeinwirtschaftliche Prinzipien als wesentliche Ori-
entierungspunkte nennt.

Adenauer folgt seiner Methode, in politischen Organisatio-
nen möglichst immer in die Führungsspitze vorzustoßen. Das
gelingt ihm auch im 1946 gebildeten sogenannten Zonenaus-
schuss der CDU für die britische Zone, den der 70-Jährige zunächst als Alterspräsident führt, bis er zum Vorsitzenden gewählt
wird. Damit vertritt er den mächtigsten westlichen Verband in
der »Arbeitsgemeinschaft der Christlich-Demokratischen und
Christlich-Sozialen Union Deutschlands«, dem Vorgänger der
1950 gegründeten Bundespartei der CDU. Er ist hier entschei-
dender Gegenspieler von Jakob Kaiser, der die Führung der Ge-
samtpartei von (Ost-)Berlin aus anstrebt. Adenauer und Kaiser
kennen sich aus der gemeinsamen Zeit in der Rheinischen Zentrumspartei, in der Kaiser den Gewerkschaftsflügel anführte
und sich später dem Widerstand anschloss. Jetzt geht es auch
um die Frage, ob Deutschland sich dem westlichen weltpoliti-
schen Lager anschließen oder eher, wie Kaiser es vorschwebt,
eine Brückenfunktion zwischen Ost und West anstreben soll.
Adenauer ist strikt für die Westbindung und setzt sich durch,
auch, weil Kaiser und sein Mistreiter Ernst Lemmer unter Druck
der sowjetischen Besatzungsbehörden geraten und Ende 1947
ihre Ämter in der Ost-CDU aufgeben und nach West-Berlin gehen müssen.

Die Verständigung auf die eindeutige Westorientierung der
CDU ist der erste große Erfolg Adenauers in der Nachkriegspolitik, ein Ansatz, den er ab 1949 als Kanzler konsequent fortsetzt,
zunächst unter scharfer Kritik der Sozialdemokraten. Es ist eine

Politik, die die Spaltung Deutschlands in zwei Staaten verfestigt, geduldet und gefördert von den beiden inzwischen verfeindeten Siegermächten USA und Sowjetunion. Auch in der zweiten entscheidenden Frage der politischen Ausrichtung der neuen Bundesrepublik, eher sozialistisch oder eher marktwirtschaftlich, folgen die Christdemokraten schließlich dem neuen starken Mann, der sich mit Geschick und taktischer Finesse an ihre Spitze gesetzt hat. Damit hatte zunächst niemand gerechnet. Der 70 Jahre alte Adenauer gilt 1945/46 in der sich bildenden Partei lange als ein Mann von gestern und im Kern zu reaktionär für die neue Zeit. Aber er hat als Einziger einen Plan und verfolgt ihn.

Wie offen der Weg der CDU damals noch ist, zeigt die Entwicklung nach den ersten Landtagswahlen im neuen Bundesland Nordrhein-Westfalen im April 1947. Die CDU mit ihrem Fraktionsvorsitzenden Konrad Adenauer ist im Landtag zwar stärkste Fraktion, kann aber alleine keine Regierung bilden. Adenauer setzt auf Polarisierung und versucht, mit FDP und den Resten der Zentrumspartei einen Bürgerblock gegen SPD und KPD zu bilden, ein Modell, das ihm später im Bundestag die Macht sichern sollte. Aber in der vom Ruhrgebiet geprägten NRW-CDU ist der Arbeitnehmerflügel stark. So kann sich sein Anführer Karl Arnold durchsetzen. Er wird von einer heute gänzlich unwahrscheinlich anmutenden Koalition aus CDU, SPD, KPD und Zentrum zum neuen Ministerpräsidenten gewählt, Adenauer wird zu einer Art Fraktionschef im Oppositionsmodus gegen die neue Regierung.

Die besonders Große Koalition beschließt bald unter anderem ein Gesetz zur Sozialisierung der Kohleindustrie. Das ist für Adenauer der Beweis für eine in seinen Augen gefährliche Entwicklung, nämlich das Zusammengehen des linken Flügels der CDU mit Sozialdemokraten und gar Kommunisten. Das untergräbt die Idee der Unionspartei und gefährdet deren Zusammenhalt. Er wird künftig alles daransetzen, solche Koalitionen zu verhindern. Das aber kann nur gelingen, wenn die CDU eine fortschrittliche Sozialpolitik entwickelt, die mit den Konzepten der Sozialdemokraten konkurrieren kann, ohne die bürgerlichen Kräfte zu verschrecken. Den richtigen Mann für diesen Weg findet Adenauer in dem Wirtschaftsprofessor Ludwig Erhard mit seiner Idee der sozialen Marktwirtschaft. Der beleibte Mann mit der Zigarre wird zu einem engen politischen Weggefährten für das folgende Jahrzehnt und der Inbegriff für das Wirtschaftswunder, das die Bundesrepublik in den 1950er-Jahren erleben wird.

Den verfassungsrechtlichen Rahmen dafür setzt das Grundgesetz, das der Parlamentarische Rat in Bonn zwischen September 1948 und Mai 1949 erarbeitet. Und wieder gelingt es Adenauer, sich an die Spitze zu setzen. Während die Führungen von CDU/CSU und SPD davon ausgehen, das Amt des Präsidenten des Parlamentarischen Rates sei vor allem repräsentativ und wenig einflussreich, erkennt der machtbewusste Adenauer die eigentlichen Möglichkeiten dieser Funktion. Christian Bommarius schreibt dazu in seiner Biografie des Grundgesetzes: »War er bisher lediglich Parteiführer gewesen, stieg er nun auf zum Repräsentanten des höchsten deutschen Gremiums und damit zum natürlichen Ansprech- und Verhandlungspartner der westlichen Siegermächte. Seine Parteifreunde hatten Adenauer gedrängt, nach dem Amt zu greifen, weil sie glaubten, es werde der erste Schritt aufs Altenteil. Die SPD hatte ihn dazu ermuntert, weil sie hofften, ihn so als politischen Gegenspieler aus dem Weg zu räumen. Wieder einmal hatten sich alle in ihm getäuscht. Kaum gewählt, wandelte Adenauer sich zum ›ersten Mann des zu schaffenden Staates‹, ständig auf Reisen, vertieft in Gespräche mit Staatsmännern aus aller Welt.«

Die boshafte Bemerkung von Theodor Heuss, von Adenauer stamme kein Komma in der neuen Verfassung, möge materiell zutreffend sein, merkt die Adenauer-Biografin Marie-Luise Recker an. Doch sein Einfluss hinter den Kulissen sei gravierend gewesen. In seiner Rolle als Kontaktperson zu den Alliierten, die das Grundgesetz letztlich genehmigen mussten, »wuchs er in die Rolle des Sprechers der Westdeutschen gegenüber den Westmächten, eines Verbindungsmannes zwischen den Besetzten und den Besatzern hinein. Für seine spätere Karriere als Bundeskanzler war dies ein wichtiges Vorspiel.«

Die erste Bundestagswahl im August 1949 gewinnt die CDU/CSU knapp mit 31 Prozent vor der SPD, die auf 29 Prozent kommt. Sofort beginnen Debatten, ob angesichts der gewaltigen Aufgaben beim Wiederaufbau des Landes nicht ein Bündnis der beiden großen Parteien der richtige Weg sei. Doch die Neigung der Sozialdemokraten, Juniorpartner unter einem Unionskanzler zu werden, ist so gering wie der Wunsch Adenauers groß ist, ein bürgerliches Lager zu bilden, das die entscheidenden Funktionen im neuen Staat unter sich aufteilen und der Bundesrepublik eine eindeutige politische Richtung geben kann. Zur Verfügung stehen dafür die FDP mit fast zwölf Prozent und die kleine national-konservative Deutsche Partei.

Bei einem legendären Treffen in seinem Rhöndorfer Haus eine Woche nach der Wahl kann der Senior die dort versammelten Führungskräfte aus CDU und CSU von seinem Plan überzeugen. Er ist mit klaren Personalvorstellungen verbunden. Konrad Adenauer beansprucht das Kanzleramt, der Vorsitzende des künftigen Koalitionspartners FDP, Theodor Heuss, soll erster Bundespräsident werden. Für seinen Anspruch führt Adenauer seine starke Stellung in der CDU der britischen Zone (die Bundespartei wird erst 1950 gegründet), seine Erfahrungen und seine Durchsetzungskraft an. Er sei mit seinen 73 Jahren nach Auskunft seines Arztes leistungsfähig genug, um das Amt wenigstens noch für zwei Jahre führen zu können. Dass daraus 14 Jahre werden würden, dürfte nicht einmal Adenauer selbst erwartet haben. Die anderen Teilnehmer haben dem wie stets bestens vorbereiteten »Großvater aller Füchse« (Golo Mann) nichts entgegenzusetzen. Bei der Wahl im Bundestag bringt die Koalition dann genau die erforderliche absolute Mehrheit von 202 Stimmen zusammen – mit der Stimme des Abgeordneten Konrad Adenauer. Westbindung, europäische Integration, Wiederbewaffnung, die Heimholung der Kriegsgefangenen aus der Sowjetunion – das sind die großen, vornehmlich außenpolitischen Fragen der ersten Kanzlerjahre Adenauers. Innenpolitisch beherrscht vor allem die Überwindung der sozialen Kriegsfolgen – Versorgung der Kriegsopfer, Entschädigung der Naziopfer, Absicherung der Sozialrentner, Integration der zehn Millionen Vertriebenen – sowie die Entwicklung der sozialen Marktwirtschaft die Agenda. Um die Einführung der Mitbestimmung gibt es 1952 eine schwere Regierungskrise, das entscheidende Gesetz wird mit den Stimmen von Union und SPD gegen die wirtschaftsfreundliche FDP durchgesetzt. Adenauer und sein Wirtschaftsminister Ludwig Erhard verfolgen in diesen Jahren eine nach heutigen Maßstäben durchaus linke Wirtschaftspolitik. Teilhabe der Arbeitnehmer, Vermögensbildung, Begrenzung wirtschaftlicher Macht in den Händen weniger, Verhinderung von Kartellen, das sind Eckpunkte. Wer sich wundert, dass die Linke Sahra Wagenknecht heute Anleihen bei Erhard nimmt, findet hier die Antwort. Gesellschaftspolitisch aber atmen die Adenauerjahre vielfach noch den Geist des 19. Jahrhunderts. Die Berufstätigkeit der Frau ist ständiger Kritik ausgesetzt. Das Bürgerliche Gesetzbuch schreibt noch vor, dass der Ehename automatisch der des Mannes ist, dass jede gesetzliche Vertretung des Kindes dem Mann vorbehalten ist und dass der Mann die berufliche Anstellung seiner Frau jederzeit kündigen kann. Damit steht es offen im Gegensatz zum Grundgesetz, das seit 1949 vorschreibt, dass Männer und Frauen gleichberechtigt sind. Doch dieser verfassungswidrige Zustand erregt nur wenige Gemüter. Hingegen finden Äußerungen des Ministers Wuermeling wie diese, gewiss ganz im Sinne seines Kanzlers, breite Zustimmung: »Für Mutterwirken gibt es nun einmal keinen vollwertigen Ersatz. Eine Mutter daheim ersetzt vielfach Autos, Musiktruhen und Auslandsreisen.« Dazu passt Adenauers Prägung des Familienlebens. »Die Streitfrage, ob gleichberechtigt oder nicht, kam im Hause Konrad Adenauers niemals auf«, schreibt Daniela Krein in ihrem 1957 erschienenen Buch über die Familie Adenauer. »Der Vater besaß die unbedingte Autorität in der Familie, die zuerst von der Mutter anerkannt wurde. Solch ein Beispiel vor Augen, mussten die Kinder das Gehorchen für selbstverständlich halten; den Anordnungen ihrer Mutter aber hatten sie sich ebenso widerstandslos zu fügen – darauf sah der Vater streng.«

Der fast zehn Jahre amtierende erste Familienminister hinterlässt wenig greifbare Fortschritte, mit der Ausnahme des Kindergeldes, das 1955 mit 25 DM ab dem dritten Kind und ab 1961 auch für das zweite Kind eingeführt wird. Dazu kommt die schrittweise Erhöhung der Freibeträge in der Zeit von 1949 bis 1961 auf 1 200 DM. Eine gewisse Berühmtheit im Alltag erlangt er mit dem allgemein »Wuermeling« genannten Bahnpass, mit dem Kinder und Jugendliche aus kinderreichen Familien zum halben Preis Zug fahren konnten. Eines allerdings gelingt in diesen Jahren tatsächlich: Die Zahl der Geburten steigt wieder, bis sie 1964 ihren Höhepunkt erreicht. Doch dürfte das mehr eine Folge der mit dem Wirtschaftswunder einhergehenden allgemeinen Prosperität sein als eine der überschaubaren familienpolitischen Leistungen.

Mit Wuermelings Nachfolger Bruno Heck (CDU) beginnt 1962 eine vorsichtige Neuorientierung der Familienpolitik. Das alte Rollenmodell der Frauen in der Familie wird immer stärker hinterfragt. Heck spricht sich für ein »Dreiphasenmodell« im Leben von Frauen aus: Berufstätigkeit bis zur Geburt des ersten Kindes, Familienphase, danach Rückkehr zur Erwerbsarbeit. Mehr und mehr Mütter werden erwerbstätig. Und die kritische Diskussion um Begriffe wie Rabenmütter und Schlüsselkinder kündigt den sich anbahnenden Rollenwandel der Frauen an. Die Adenauer-Jahre sind zu Ende.

15

»WIR HABEN ABGETRIEBEN!« —
WILLY BRANDT

Am 21. Oktober 1969 sitzt Rut Brandt auf der Ehrentribüne des
Bundestages in Bonn, schaut in den Saal und zerdrückt eine Trä-
ne, wie sie in ihren Erinnerungen schreibt. Im Plenum hat sich
die Unruhe der letzten Minuten gelegt. Es herrscht eine große
Stille, als Bundestagspräsident Kai-Uwe von Hassel den neuen
Bundeskanzler Willy Brandt vereidigt. Es ist ein historischer Moment. Und ein sehr persönlicher Triumph, wie niemand besser
als Rut Brandt weiß. Der erste Sozialdemokrat in der Geschichte der Bundesrepublik tritt an die Spitze des Landes. Ein Mann,
den die deutsche Regierung 30 Jahre zuvor verfolgt und ihm die
Staatsbürgerschaft entzogen hat. Ein Mann, den die konservative Opposition noch wenige Jahre zuvor mit einer Rufmord-
kampagne aus der Politik vertreiben wollte, dessen rechtmäßi-
gen Namen sie in Zweifel zog. Nun wird dieser Willy Brandt »im
Namen der Bundesrepublik Deutschland« zum Kanzler ernannt.
Mehr Genugtuung kann es nicht geben. Die ersten 20 Jahre hatte die Bundesrepublik sich vor allem mit dem Wiederaufbau
des zerstörten Landes beschäftigt. Die Menschen sind froh, dem
Grauen des Krieges und den Irrwegen der Nationalsozialisten
entkommen zu sein. Adenauers Motto: keine Experimente und
die Haltung: bloß kein Blick zurück entsprechen dem mentalen
Ruhebedürfnis vieler Deutscher. Ende der 60er-Jahre aber ist
das Land zwar erfolgreich wieder aufgebaut, doch die geistige

Enge und Beharrung gerät in Widerspruch zur wirtschaftlichen Dynamik und den Interessen einer neuen Generation, die in den Studentenprotesten eskalieren. Jetzt gilt Brandts Devise: Keine Angst vor Experimenten.

Und das ist auch ein sehr persönlicher Anspruch, eine Lebenserfahrung gerade dieses Kanzlers. Der Aufbruch reflektiert viel von den Prägungen, die Willy Brandt als vaterloses Arbeiterkind, als Emigrant und als Regierender Bürgermeister von Berlin gesammelt hat. In seinen nur knapp fünf Amtsjahren wird dieser Kanzler die Republik von Grund auf verändern. Und wieder ist es etwas, das seinen Ursprung auch in der Familie hat.

Denn so schwierig sich in diesen Jahren das Verhältnis des Vaters Brandt zu seinem Sohn Peter entwickelt, der aktiv in die Studentenunruhen in Berlin verwickelt ist und engen Kontakt zu Rudi Dutschke pflegt, so hilfreich ist diese Konfrontation letztlich doch für den Politiker Brandt. Er ist gezwungen, sich mit den Positionen der Protestbewegung auseinanderzusetzen. »Mir ist ohne sonderliches Verdienst das Image zugewachsen, mich nicht abgekapselt zu haben, sondern gesprächsbereit und lernfähig geblieben zu sein«, notiert er 1989 in seinen Erinnerungen. Das sei zwar nicht genug gewesen, auch habe ihn der »abgestandene Wortradikalismus« abgestoßen – ihn, der einst die SPD verlassen hatte, weil sie ihm nicht radikal genug gewesen war. »Willy, hast du deine eigene Jugend vergessen?«, mahnt dann Rut Brandt. Sie findet es ganz »selbstverständlich«, dass ihr Sohn als junger Sozialist in den 60er-Jahren in scharfer Opposition zum Sozialismus seines inzwischen gemäßigten Vaters steht. »Wir erkannten uns selber wieder, wir konnten unsere eigene Jugend wiedererkennen, aber unsere radikalen Ansichten waren im Widerstand gegen Hitler und im Kalten Krieg um Berlin abgeschliffen worden.«

Bundespräsident Gustav Heinemann, der Willy Brandt 1969 in der Bonner Villa Hammerschmidt die Ernennungsurkunde zum Kanzler überreicht, hatte schon von einem Machtwechsel in Deutschland gesprochen. Das war ein halbes Jahr vorher, als SPD und FDP sich in der Bundesversammlung zusammentaten und gemeinsam den ersten Sozialdemokraten ins höchste Amt des Staates wählten. Das war unerhört, denn die FDP regierte in einer Koalition mit der CDU/CSU, verweigerte aber deren Kandidaten Gerhard Schröder die Zustimmung. Damit aber war es das Vorzeichen einer neuen politischen Zeitrechnung, eben »ein Stück Machtwechsel«, wie Heinemann es nannte.

Nun ist dieser Machtwechsel wirklich vollzogen, und die Beteiligten empfinden es auch als einen solchen. 20 Jahre lang hatte die CDU/CSU ihren Machtanspruch auf die Bonner Republik für selbstverständlich gehalten. Der ist nun gebrochen. »Endlich hatte er sein Ziel erreicht«, notiert die gerührte Rut Brandt über ihren Mann. Es war der dritte Anlauf. 1961 und 1965 ist der SPD-Kanzlerkandidat gescheitert. Selbstzweifel nagen an ihm, nur mit großer Überwindung willigt er 1966 in die Große Koalition mit der Union ein, führt die SPD immerhin schon in die Regierung. Er zeigt, dass Sozialdemokraten, und vor allem er, es können: das Land regieren. Die Union sieht in der Koalition mit den Sozen nur einen Betriebsunfall, der nach drei Jahren korrigiert würde. Brandt aber sieht darin das Vorspiel zum eigentlichen Schritt an die Macht.

Beinahe aber geht es wieder schief an diesem 28. September 1969. SPD und CDU/CSU legen zu, doch die FDP verliert stark und die rechtsradikale NPD verpasst mit 4,3 % den Einzug in den Bundestag nur knapp. Kanzler Kurt-Georg Kiesinger ist siegessicher, die Union wird wieder die stärkste Fraktion im Bundestag, sogar die absolute Mehrheit scheint greifbar, signalisieren einige frühe Hochrechnungen. US-Präsident Richard Nixon schickt schon ein Glückwunschtelegramm und die Junge Union gratuliert dem CDU-Vorsitzenden mit einem Fackelzug. Doch im Zuge der Stimmenauszählung verschieben sich im Laufe des Abends die Mehrheitsverhältnisse von der Union ein wenig zugunsten der Sozialdemokraten.

Und dann tritt Willy Brandt zu späterer Stunde mit einer ganz eigenen, neuen Arithmetik vor die Kameras. »Die SPD ist die stärkste Partei«, verkündet er mit rauer Stimme dem erstaunten Publikum. »Die CDU hat nicht gewonnen, sondern sie hat verloren. [...] Das ist das Ergebnis.« Brandt ignoriert einfach die Fraktionsgemeinschaft der Union im Bundestag und behandelt CDU und CSU als das, was sie sind: zwei eigenständige Parteien, von denen nur die kleinere CSU etwas zugelegt hat. Das ist eine Art von Chuzpe, die man im Bonner Machtspiel bis dahin nicht kannte. Er fasst seine Rechnung noch einmal zusammen. »Die FDP hat stark verloren, die CDU hat schwach verloren. Einer, der stark verliert und einer, der schwach verliert, sind immer noch Verlierer.« Und, unter dem Strich, das schlichte Resultat: »SPD und FDP haben mehr als CDU und CSU.« Daher habe er die FDP wissen lassen, »dass wir zu Gesprächen bereit sind«. Mit dem einen Verlierer, dem deprimierten Walter Scheel, hat er da schon telefoniert. Die beiden Parteivorsitzenden sind sich einig: Sie wollen es mit dem in den Wochen zuvor bei vertraulichen Treffen schon verabredeten Bündnis versuchen, trotz der knappen Mehrheit. »Kein Mensch hat ihn vorher oder nachher so aktiv gesehen wie an diesem Abend, in dieser Nacht des 28. September, nie sonst so zielstrebig und energisch«, schreibt Arnulf Baring in »Machtwechsel«. »Kein Hamlet mehr, kein Parzival. Ein Mann beherzter, jugendlich beschwingter Tat. Es war, als habe Brandt lange auf diesen Augenblick gewartet, als seien plötzlich alle Schleusen seiner Kraft geöffnet, Brandt ganz erwachsen und frei.« Der Reporter Hans-Ulrich Kempski von der *Süddeutschen Zeitung* trifft ihn im Morgengrauen, als Brandt aus den nächtlichen Beratungen kurz nach Hause strebt. Ob er denn gar nicht bange sei, fragt er ihn.» Er lässt mit jener Bestimmtheit, die seinem Führungswillen in den vorangegangenen Stunden im Kreis des Parteipräsidiums so viel Autorität verlieh, dass niemand Einwände gegen seine Analysen und Folgerungen vorzubringen wagte, jede Skepsis nichtig erscheinen. Er sagt: Wir machen es.« Und genau das bekommt Willy Brandt auch zu hören, als er am nächsten Morgen den Bundespräsidenten informell über seine Pläne unterrichtet. Schließlich muss der ihn dem Bundestag zur Wahl vorschlagen. Doch Gustav Heinemann plagen keinerlei Zweifel:»Willy, ran, mach's«, lautet seine Aufforderung. Wie riskant das Unternehmen ist, zeigt sich allerdings schon bei der Kanzlerwahl im Bundestag, die Rut Brandt so spannend wie einen Krimi empfindet. Am Ende hat Willy Brandt nur zwei Stimmen mehr als die erforderliche absolute Mehrheit.

Eine Woche später gibt Brandt seine erste Regierungserklärung vor dem Bundestag ab. Es ist bis heute die einzige Regierungserklärung eines Kanzlers, deren zentrale Botschaft in das kollektive Gedächtnis der Republik eingegangen ist:»Wir wollen mehr Demokratie wagen«, lautet der entscheidende Satz, der aber im Plenum zunächst keinerlei Reaktionen hervorruft. Dann fährt Brandt fort:»Wir werden unsere Arbeitsweise öffnen und dem kritischen Bedürfnis nach Information Genüge tun. Wir werden darauf hinwirken, dass nicht nur durch Anhörungen im Bundestag, sondern auch durch ständige Fühlungnahme mit den repräsentativen Gruppen unseres Volkes und durch eine umfassende Unterrichtung über die Regierungspolitik jeder Bürger die Möglichkeit erhält, an der Reform von Staat und Gesellschaft mitzuwirken.« Aus heutiger Sicht, in Zeiten von Politikverdrossenheit und dem Vorwurf mangelnder Transparenz der Regierenden, klingen diese Worte außerordentlich aktuell.

Das erste Kabinett Willy Brandts, 1969

Erst am Ende der Rede, als Brandt noch einmal auf das Thema Demokratie und die Unterstellungen gegen Sozialdemokraten zurückkommt, regt sich heftiger Widerspruch in der Union. »In den letzten Jahren haben manche in diesem Land befürchtet, die zweite deutsche Demokratie werde den Weg der ersten gehen«, sagt der neue Kanzler. »Ich habe dies nie geglaubt. Ich glaube dies heute weniger denn je. Nein: Wir stehen nicht am Ende unserer Demokratie, wir fangen erst richtig an.« Das versteht die Union vollkommen zu Recht als Kampfansage. Ihr Fraktionschef Rainer Barzel ruft erregt: »Das ist ein starkes Stück, Herr Bundeskanzler! Ein starkes Stück! Unglaublich! Unerhört!«.

Die Regierungserklärung hat drei Botschaften: mehr Demokratie, mehr Dialog mit dem Osten und ein ehrgeiziges Programm für innere Reformen der Bundesrepublik. Mehr soziale Gerechtigkeit, mehr Mitbestimmung, mehr Gleichberechtigung, größere Bildungschancen für alle, das sind die Eckpunkte. Es ist ein Programm auf der Höhe der Zeit. Es reagiert auf den nach den Studentenprotesten erkennbaren gesellschaftlichen Reformstau und den Mangel an gesellschaftlicher Mitsprache, der besonders durch die übermächtige Große Koalition und die von ihr unter Protesten verabschiedeten Notstandsgesetze deutlich geworden ist.

Als Kanzler wird Brandt unter Beweis stellen, wie ernst er es damit meint. Die Koalition schnürt bald ein ehrgeiziges Reformpaket, um den gesellschaftlichen Fortschritt in der Bundesrepublik voranzubringen. Es geht darum, das Gebot der sozialen Gerechtigkeit aus dem Grundgesetz und das Leitbild des mündigen Bürgers in allen gesellschaftlichen Bereichen durchzusetzen. Die Koalition befreit das Strafrecht vom Misstrauen des Obrigkeitsstaates gegen seine Bürger unter anderem durch eine Liberalisierung des Demonstrationsrechts, und sie führt den Gedanken der Resozialisierung der Täter ein. Es folgt eine große Reform des Sexualstrafrechts. Straftatbestände wie Ehebruch, Kuppelei, Sodomie und Homosexualität unter Erwachsenen werden abgeschafft. Gleichzeitig senkt die Koalition die Volljährigkeit von 21 auf 18 Jahre, ebenso wie das Wahlalter, was ihr später Mengen von Jungwählern zuführt. Die Mitbestimmung wird ausgebaut, die Leistung der Kranken- und Rentenversicherung erweitert, ein großes Bildungsprogramm aufgelegt – das moderne Deutschland nimmt Gestalt an. Schon in der Regierungserklärung hatte Brandt seine Wahl kurzerhand selber als historischen Einschnitt eingeordnet. Nun erst habe Hitler den

Krieg endgültig verloren, er sehe sich nicht als Kanzler des besiegten, sondern eines befreiten Deutschlands, sagt er nach seiner Wahl. Hier spricht der Mann, der im Widerstand gegen Hitler im Ausland für die Befreiung seines Vaterlandes gekämpft hat. Eine Betrachtungsweise, mit der Richard von Weizsäcker erst mehr als 15 Jahre später, in seiner Rede am 8. Mai 1985, Furore macht und bei den Konservativen dann noch immer auf Widerspruch stößt. Es ist aber die geistige Grundlage für die Aussöhnung mit dem Osten, die Brandt zielstrebig in Verhandlungen mit Moskau, Warschau und Ost-Berlin in Gang setzt, wofür er den Friedensnobelpreis erhält und die seinen bis heute wirkenden Ruhm begründet.

Aber seine Regierung hat das Land tatsächlich auch im Inneren erneuert. Der SPD-Wahlspruch »Wir schaffen das moderne Deutschland« ist eben mehr als eine Parole, es ist Programm. »Die Nachrede, die Innenpolitik vernachlässigt zu haben, habe ich immer als ungerecht empfunden«, schreibt Brandt in seinen Erinnerungen. Und: »Dass ich den gesellschaftlichen Leithammeln wenigstens ein Stück vorauseilte, bereitete manchen Ärger.«

1968 schon hatte Willy Brandt eine Rede vor der UNESCO gehalten, ausgerechnet im Paris der großen Studentenunruhen. »Niemand von uns sollte zu alt sein, diesen Fragen nachzugehen«, sagt der Außenminister. »Gar so verwunderlich ist es wohl nicht, wenn junge Menschen aufbegehren gegen das Missverhältnis zwischen alten Strukturen und neuen Möglichkeiten. Wenn sie protestieren gegen den Widerspruch von Schein und Wirklichkeit. Wenn sie verzweifeln an einer Politik, die sich zwar Postulate setzt, sich jedoch bei Gewaltanwendung, Unterdrückung und Blutvergießen als ohnmächtig erweist.« Man dürfe den Jungen nicht nach dem Munde reden und falsche Konzessionen machen. Aber:»Zuhören ist nicht genug. Wir müssen uns der Herausforderung stellen mit der Bereitschaft, uns selbst infrage zu stellen und hinzuzulernen.«

Das ist auch ein Echo der Auseinandersetzungen mit seinen Kindern, wie Peter Brandt bestätigt. Er nennt die Rede ein Dokument der geistigen Auseinandersetzung und Entwicklung. »Mein Vater kannte ja aus seiner eigenen Geschichte die Erfahrung eines jungen Menschen, der gegen eine Parteilinie rebelliert. Er konnte sich immer vorstellen, dass Menschen mit anderen Positionen auch recht haben könnten.« Die Debatten in der eigenen Familie hätten gewiss dazu beigetragen, dass er aufgeschlossener wurde. »Auch mein Bruder Lars neigte in jener Zeit zur Dissidenz, aber das war mehr ein Kulturradikalismus.« Dazu habe sicher auch Rut Brandt Einfluss auf ihren Mann genommen, die noch enger mit den Freunden der Söhne und ihrer Gedankenwelt verbunden war. Neben den heftigen Auseinandersetzungen um die Studentenbewegung prägt eine kontroverse gesellschaftliche Debatte über die Rolle der Frau und wie weit ihre im Grundgesetz garantierte Gleichberechtigung eigentlich gehen soll jene Jahre. Das zeigt sich bei der Reform des Ehe- und Scheidungsrechts, bei allen Versuchen, die Gleichstellung der Frauen voranzutreiben. Es sind manchmal kleine, aber bahnbrechende Änderungen, wie beim Namensrecht. Das neue Gesetz von 1976 bricht mit der jahrhundertealten Tradition, wonach der Name des Mannes automatisch der gemeinsame Familienname wird. Nun können Eheleute frei entscheiden, ob sie seinen oder ihren Namen führen und ihren Kindern geben wollen.

Die Koalition stößt mit diesen Reformen auf heftigen Widerstand der CDU/CSU, der mit ihr verbündeten katholischen Kirche und der ihnen nahestehenden veröffentlichten Meinung.

Es ist ein regelrechter Kulturkampf, der die Republik aufrüttelt. Am erbittertsten wird dabei die Debatte um das Abtreibungsrecht geführt. Seit 1871 stellt der Paragraf 218 des Strafgesetzbuchs Abtreibungen unter drakonische Strafen: fünf Jahre Zuchthaus, mindestens aber sechs Monate Gefängnis. Als einzige Ausnahme lässt das Gesetz seit 1927 Abtreibungen aus medizinischen Gründen zu. Das führt dazu, dass bessergestellte Frauen ins Ausland, meistens nach Holland fahren, um dort eine legale, medizinisch einwandfreie Abtreibung vornehmen zu lassen. Wer nicht so viel Geld hat, muss sich oft zweifelhaften Medizinern in Deutschland anvertrauen und macht sich strafbar. Obwohl jährlich Hunderttausende Frauen von diesem Schicksal betroffen sind, bleibt das Thema lange ein Tabu.

Erst als im Juni 1971 der *Stern* mit der Schlagzeile »Wir haben abgetrieben!« das Bekenntnis von 375 Frauen zu dieser Straftat veröffentlicht, kommt eine heftige, emotionsgeladene Debatte in Deutschland in Fahrt. Die sozialliberale Koalition legt dann einen Gesetzentwurf mit einer sogenannten Fristenlösung vor. Danach sollen Frauen innerhalb der ersten drei Monate ihre Schwangerschaft straffrei beenden können. Die Reformgegner bestehen auf dem uneingeschränkten Lebensrecht des Ungeborenen.

Die abschließende Bundestagsdebatte über die Reform des Abtreibungsrechts zählt zu den intensivsten und beachtenswertesten der bundesdeutschen Parlamentsgeschichte. Befürworter und Gegner zeigen Respekt für die jeweils andere Position. Die Aussprache am 25. April 1974 dauert vom Morgen bis weit nach Mitternacht. Am Ende beschließt der Bundestag ein Gesetz, das nie in Kraft tritt. Mit ihrer Mehrheit im Bundesrat und schließlich einer Klage vor dem Bundesverfassungsgericht bringt die Union die Neuregelung zu Fall.

Brandt wirbt in der Bundestagsdebatte nach eigenem Urteil »mit betonter Behutsamkeit« für die Fristenlösung. »Es gab viele dunkle Wege in die Illegalität, es gab viel Krankheit und Tod, die hätten vermieden werden können«, sagt er. »Der Paragraf 218 ist in dem, was er real bewirkte, ein schwer erträglicher Restbestand sozialer Ungerechtigkeit des vorigen Jahrhunderts.« Er weiß, wovon er spricht, denn er ist in einem Milieu aufgewachsen, in dem ungewollte Schwangerschaften für Frauen oft zu Tragödien werden konnten. So ordnet er auch dieses Vorhaben in das Bemühen seiner Regierung um mehr soziale Gerechtigkeit ein und entzieht es der ethisch-moralischen Betrachtung.

Er hat mit Rut eine skandinavisch geprägte Frau an seiner Seite, die zweifellos eine Befürworterin des Rechts der Frauen ist, über ihre Schwangerschaft selbst zu entscheiden. Er selber mag jenseits der sozial- und gesellschaftspolitisch eindeutigen Haltung ganz bei sich aber doch noch andere Gedanken hegen, wie eine Passage in Barings »Machtwechsel« andeutet. »Ich bin gegen eine Auflockerung des § 218 – aus sehr persönlichen Gründen«, habe er ihm Anfang der 70er-Jahre gesagt, zitiert Baring dort einen nicht genannten Vertrauten des Sozialdemokraten. Wenn es diese Bemerkung denn gegeben hat, mag dahinter tatsächlich eine sehr persönliche Überlegung gestanden haben: dass seine Mutter sich ohne die Bedrohung durch den Paragrafen 218 womöglich gegen ihn, gegen seine Geburt entschieden hätte. Was für eine Erkenntnis.

16

(K)EIN FAMILIENPOLITIKER —
HELMUT SCHMIDT

Das sind schwierige Jahre für die Republik – und schwierige Jahre für ihren Kanzler. Die zweite Hälfte der 70er in der Bundesrepublik, sie wird Helmut Schmidts ganz besondere Bewährungsprobe sein. Es sind die Zeiten nach dem ersten Ölschock, die Zeiten des mörderischen westdeutschen Terrorismus und einer Finanzkrise. Es sind keine Zeiten für Familienpolitik, sollte man denken, aber das stimmt nicht, wie wir später noch sehen werden. In jenen Jahren wurde auch sehr viel praktische Familienpolitik gemacht, zum Beispiel das Scheidungs- und Eherecht grundlegend reformiert.

Doch die Bilder, die sich eingeprägt haben, sind andere Familienbilder. Bittere Momentaufnahmen einer gewaltsamen Zeit: Im Oktober 1977 sitzt Helmut Schmidt inmitten einer trauernden Familie, die ihren Vater verloren hat. Er hieß Hanns Martin Schleyer, er war der Arbeitgeberpräsident in der Bonner Republik, er wurde von der RAF entführt und getötet.

Bei der Trauerfeier für Schleyer in Stuttgart wird der Kanzler von der Witwe Schleyers und ihren Kindern eingerahmt. Schmidts Gesicht, und dieses Bild stimmt ausnahmsweise, wirkt wie versteinert. Er weiß, dass Waltraud Schleyer und ihre Kinder ihn, den Kanzler, für den Tod des Ehemanns und Vaters verantwortlich machen. Und Helmut Schmidt weiß, was er auf sich geladen hat, indem er als Politiker für die Staatsraison und gegen eine Familie, gegen die Familie Schleyer, entschieden hat. Das RAF-Entführungskommando hatte gefordert, dass inhaftierte Terroristen aus deutschen Gefängnissen entlassen werden sollten, wenn die Bundesrepublik Schleyers Leben retten wollte. Schmidt wusste, dass er vor der Wahl stand, Schleyer zu opfern oder den Staat für immer erpressbar zu machen.

Er entscheidet sich für den Staat, ein Staatsdiener voller Gram, diese Entscheidung fällen zu müssen. Später hat er immer wieder Kontakt gesucht zur Familie Schleyer, doch das Bild von der Trauerfeier in Stuttgart hatte für immer gezeigt, dass ein Politiker in den 70ern in existenzielle Situationen geraten konnte: Er war nicht in der Lage, den Schutz eines Lebens und einer Familie zu gewährleisten, wenn es darum ging, den Staat zu schützen. Wer weiß, wie ein Bundeskanzler 20, 30 Jahre später entschieden hätte, als das Private längst einen größeren Stellenwert als der Staat eingenommen hatte und eine Entscheidung wie die von Schmidt fast archaisch anmuten würde.

Damals aber kann Schmidt sich auch der Unterstützung seiner Frau Loki sicher sein. Um RAF-Terroristen freizupressen, hatten palästinensische Geiselnehmer auch den Lufthansa-Jet Landshut mit vielen deutschen Urlaubern entführt. Es war ein riskantes Unternehmen, die Geiseln mit Gewalt zu befreien, auf dem Flughafen von Mogadischu. Aber die Aktion gelang. Wäre es anders gewesen, wäre Schmidt zurückgetreten. Auch bei dieser Entscheidung hatte Loki Schmidt ihm zugeraten.

Sie ist ohnehin eine seiner wichtigsten Beraterinnen. Das wird den Journalisten der Bonner Republik schnell klar. Der Kanzler Helmut Schmidt nimmt seine Frau, die lange als Lehrerin gearbeitet hatte, fast zu allen großen Auslandsreisen in der Regierungsmaschine mit. Und wenn Schmidt die Journalisten während des Fluges zu einem vertraulichen Gespräch in der Kabine zusammenruft, dann sitzt auch seine Frau oft dabei. Das ist durchaus ungewöhnlich, aber es zeigt öffentlich das familiäre Selbstverständnis dieses Kanzlerpaares. Sie sind einander nah, aber Helmut Schmidt will und muss damit nichts demonstrieren. Er sieht es nicht so, dass er und seine Frau Loki sich bewusst gemeinsam der Öffentlichkeit zeigen, dass er seine Frau in den Vordergrund schiebt. Solch ein Ansatz sei ihm zu »amerikanisch«, wie er einmal Hans Ulrich Kempski, dem großen Reporter der *Süddeutschen Zeitung*, verrät. Für sie und ihn ist es einfach selbstverständlich.

Wobei es schwieriger wird mit solchen Selbstverständlichkeiten in den 70er-Jahren, als die Rollenbilder zwischen Mann und Frau plötzlich klar hinterfragt werden und auch die Schmidts in diese gesellschaftliche Debatte geraten. Bald sollte sich zeigen, dass die Ehe der Schmidts, die sie über Jahrzehnte verbinden sollte, auch kritisch betrachtet wird in der deutschen Öffentlichkeit.

»Beziehungsmuster, Hausarbeit, Rollenverteilung und eheliche Gewalt wurden zu öffentlich diskutierten Themen. Für Loki waren dies definitiv keine Themen, die auf die Tagesordnung zumindest ihrer Generation von Frauen gehörten.« So sieht es Reiner Lehberger, der Biograf von Loki Schmidt. Und warum nicht? »Sie sah sich selbst als eigenständige und selbstbewusste Frau, die es aus einfachen Verhältnissen heraus geschafft hatte, zu studieren und einen gesellschaftlich wichtigen, anerkannten Beruf zu ergreifen. [...] Später hatte sie sich entschieden, ihrem Mann in seinen politischen Ämtern in Bonn zur Seite zu stehen – darin jetzt ein geschlechtsspezifisches Manko zu sehen, kam ihr nicht in den Sinn. Im Gegenteil. Von jemandem, der wie ihr Mann bis zu sechzehn Stunden arbeitete, zu verlangen, seinen Anteil an der Hausarbeit zu übernehmen, hielt sie für abwegig.«

Helmut und Loki Schmidt 1981 im Urlaub in Florida

Reiner Lehberger verweist in seiner Biografie über Loki Schmidt darauf, dass die Frau des Kanzlers eher klassische sozialdemokratische Themen wie den Zugang von Mädchen und Frauen zu Bildung und Ausbildungsplätzen sowie die gleiche Bezahlung von Mann und Frau im Blick hat, wenn es um Fragen der Emanzipation geht. Das zeigt sich auch in einem Schreiben an die Zeitschrift *Brigitte* zum Internationalen Jahr der Frauen 1975. Lehberger zitiert Loki Schmidt so: »Ich muss Ihnen ehrlich sagen, dass ich mir von der Aktion Jahr der Frau keine allzu große Wirkung verspreche, da mir der beabsichtigte Rahmen zu pompös und zu wenig konkret erscheint. Ich halte es für sinnvoller, sich auf die Durchsetzung einzelner Forderungen, beispielsweise die ständige Wiederholung der Forderung nach gleicher Bezahlung für gleiche Arbeit, zu konzentrieren. Die Benachteiligung der Frau im Berufsleben – zumindest bei nachweisbarer gleicher Arbeitsleistung – ist für mich eine der eklatantesten Ungerechtigkeiten in der Arbeitswelt, die eines Rechts- und Sozialstaates unwürdig ist.«

Sie argumentiert also grundsätzlich pragmatisch, setzt sich so für ihre Vorstellung von Sozial- und Familienpolitik ein. Und auch in der fortwährenden Debatte um die Liberalisierung des Abtreibungsparagrafen 218 berät sie ihren Mann, spricht sich für eine Fristenlösung aus – genauso übrigens, wie Hannelore Kohl das später in ihrer Kanzlerfamilie tut.

Feministischer Kritik an der sozial-liberalen Regierung und auch an Helmut Schmidt persönlich kann Loki Schmidt mit ihrer Pragmatik jedoch wenig entgegensetzen. Jüngere Frauen kritisieren, dass sie in ihrer Ehe ein durchaus traditionelles Rollenbild pflegt, in Alice Schwarzers Zeitschrift *Emma* machen sie sich sogar lustig über das Leben der Kanzlerfrau. Erst später erkennen viele die selbstbewusste, eigenständige Frau jenseits des politischen Betriebes. So wie die Deutschen Helmut Schmidt in seinen letzten drei Lebensjahrzehnten deutlich mehr verehrten als zu seiner politisch aktiven Zeit, so wird auch seine Frau zuletzt immer deutlicher als ein sehr besonderer Mensch gesehen. Manchen ist das allerdings schon damals klar, auch ihre intellektuelle Bedeutung für die Kanzlerschaft Schmidts. Hans Ulrich Kempski von der *Süddeutschen Zeitung* erinnert sich an Loki Schmidt so: »Sie wusste, dass die schlechtesten Ratschläge immer von den gleichen Einbläsern kamen, von denen, die Angst davor hatten, dass Vernunft ihnen als mangelnde Courage ausgelegt werde.«

Vernunft, das ist überhaupt ein rares Gut in den terroristischen Zeiten der westdeutschen Republik. Dabei gibt es unter Helmut Schmidts Kanzlerschaft wichtige Änderungen im Familienrecht und in der Familienpolitik, die man fast immer vergisst, wenn man an die aufgewühlten 70er-Jahre denkt. Aber vieles, was damals von der sozial-liberalen Koalition beschlossen wird, wirkt bis heute nach. Und beendet damals altertümliches Recht, das nicht mehr zur Gesellschaft passen wollte.

Das alles beginnt 1976 mit einer vergleichsweise formalen, aber doch existenziellen Frage für viele Männer und besonders für Frauen in Deutschland. Die Regierung Schmidt, der Bundestag und der Bundesrat einigen sich auf ein neues Namensrecht in Deutschland. Bis dahin hatten Frauen keine Wahl, sie mussten, wenn sie heirateten, den Namen ihres Mannes annehmen. Seit den späten 50er-Jahren konnten sie zwar ihren Geburtsnamen an den Ehenamen anhängen, das war es dann aber auch. Den gesellschaftlichen Ansichten und auch den Realitäten entspricht dieses Namensrecht längst nicht mehr, doch erst ein Urteil des Bundesverfassungsgerichtes im Jahr 1976 gibt den zwingenden Anstoß, daran etwas zu ändern.

Und dieses Urteil ist durchaus im Sinne Loki Schmidts, die sich ja immer für die formale Gleichstellung von Mann und Frau, oder besser: Frau und Mann, einsetzte. Das Karlsruher Gericht befindet, dass das alte Namensrecht gegen Artikel 3 des Grundgesetzes verstoße: »Männer und Frauen sind gleichberechtigt.« Der Weg ist also frei für die Gestaltung eines neuen Rechts, das heute selbstverständlich ist: Frauen können ihren Namen auch als Ehefrauen behalten, Männer können den Namen der Frau annehmen, und der Doppelname hilft auch, sich auf eine angemessene Darstellung der Familie zu einigen. Ganz ursprünglich war sogar vorgesehen, dass der Doppelname auch als Familienname möglich sein sollte, dass also auch die Kinder eines Ehepaares den Doppelnamen tragen dürften. Doch im Bundesrat wird das abgelehnt, weil man ein Chaos im öffentlichen Urkundenwesen der deutschen Gesellschaft befürchtete. Aber immerhin: Mann und Frau dürfen nun nicht nur sich, sondern auch ihre Namen verbinden.

Interessant ist, dass erst mehr als zwei Jahrzehnte später die Frau eines Kanzlers in Deutschland von dem neuen Namensrecht Gebrauch macht: Doris Schröder-Köpf. Spätestens da wird deutlich, dass Namen nicht nur Namen sind, sondern auch gesellschaftliche und familiäre Änderungen anzeigen. Im Fall der Familie Schröder-Köpf ist es der Einzug von Patchworkfamilien ins Kanzleramt der Republik.

Da ist längst vergessen, was vor 1976 noch Wirklichkeit war und was in seiner Bedeutung weit über das Namensrecht hinauswies. Wenn eine Frau damals von ihrem Mann »schuldig geschieden« worden war, konnte dieser Mann ihr verbieten, den gemeinsamen Ehenamen nach der Trennung weiterzuführen. Schon darin zeigt sich die ganze Problematik der beiden Worte »schuldig geschieden«, welche die Auflösung einer Ehe immer mit einer Schuldzuweisung für einen der ehemaligen Partner verband. Aber scheiterten Ehen nicht aus ganz anderen Gründen, wenn sie denn nicht so lange hielten wie zum Beispiel jene der Schmidts bis zuletzt? Selbstverständlich, Beziehungen können zerrütten, ohne dass die eine oder der andere das will. Menschen entfernen sich ohne bösen Willen voneinander.

Mitte der 70er-Jahre dämmert es auch der Politik, dass das deutsche Scheidungsrecht nicht mehr zur deutschen Realität und auch nicht zum menschlichen Wesen passt. Dabei ist es ja durchaus interessant zu sehen, dass das Scheidungsrecht ausgerechnet unter dem Kanzler gelockert wird, der später noch die längste Ehe überhaupt mit seiner Kanzlergattin führen sollte – nämlich Helmut mit Loki Schmidt.

Grundsätzlich werden mit dem neuen Ehe- und Familienrecht in der Ära Schmidt Gesetze geändert, die in Deutschland mehr oder weniger seit dem Jahr 1900 Bestand hatten. Also seit mehr als einem Dreivierteljahrhundert. Kurz gesagt war die Ehe, die der Gesetzgeber bis dahin verlangte, eine sogenannte Hausfrauenehe. Die Ehefrau war gesetzlich zur Führung des Haushalts verpflichtet. Berufstätig durfte sie nur sein, wenn sie ihre familiären Pflichten nicht vernachlässigte, wie man das so schön formulierte. Sie durfte auch nicht über das Haushaltseinkommen verfügen, nicht einmal über das Geld, das sie selber verdiente. Sie konnte mit ihrem Geld also auch keine Haushälterin einstellen, die sich um die sogenannten familiären Pflichten kümmerte, wenn der Ehemann ihr das verbot. Gab es Streit, durfte der Mann allein am Ende entscheiden, er konnte sogar Arbeitsverträge der Frau in deren Namen kündigen. Eigentlich war das alles unvorstellbar nach der 68er-Bewegung in der Bundesrepublik, aber mit Einschränkungen war das Modell der Hausfrauenehe tatsächlich immer noch gesetzlich verankert.

In Kombination mit dem überholten Scheidungsrecht war all dies für Frauen eine echte Falle. Verließ eine Frau ihren Mann, weil der sie betrog oder schlug, wurde ihr die Schuld am Scheitern der Ehe gegeben. Das hatte dann weit mehr als moralische Folgen. Wer »schuldig geschieden« wurde, hatte meist keinen Anspruch auf Unterhaltszahlungen des ehemaligen Partners und auch keinen Anspruch auf das Sorgerecht für die gemeinsamen Kinder. Doch was konnte man diesem Schuldprinzip bei einer Ehescheidung entgegensetzen? Es ist am Ende ein sehr menschliches, wenngleich deprimierendes Prinzip, das Aufnahme findet in das Bürgerliche Gesetzbuch, es ist die Idee der »Zerrüttung«. Sicherlich nichts, was sich auch noch so aufgeklärte Paare an ihrem Tag der Eheschließung vorstellen wollen, aber ein sehr lebensnaher Gedanke. Im neuen Gesetzestext heißt es dann auch schlicht: »Die Ehe kann geschieden werden, wenn sie gescheitert ist.« Wer wollte dem widersprechen?

Das alles klingt und es ist auch fortschrittlich. Die Gesetze hatten vor der Regierung Schmidt lange der Realität hinterhergehinkt. Aber änderten die neuen Rechte, was Namen, Ehe und Scheidung anging, auch tatsächlich die Realitäten für alle Frauen? Die Beobachter, die Beobachterinnen jener Jahre sind skeptisch. So schreibt Eva Marie von Münch 1977 in der Wochenzeitung *Die Zeit*: »Das neue Eherecht wird mit Wirkung vom 1. Juli 1977 an das Bild ändern. Dann müssen beide die Haushaltsführung in gegenseitigem Einvernehmen regeln. Beide sind berechtigt, berufstätig zu sein, beide müssen auf die Familie Rücksicht nehmen. [...] An der sozialen Realität wird das freilich zunächst nicht viel ändern. Mag sein, dass die eine oder andere Familienmutter am 1. Juli vor ihren Eheherrn tritt, ihn auf seine Pflichten im Haushalt und bei der Kindererziehung hinweist und auf ihr Recht zur Selbstverwirklichung im Beruf pocht. Sie kann das tun, und sie braucht die Konsequenzen nicht zu fürchten wie früher.«

Aber so wie Loki Schmidt immer die sozialen Ungleichheiten zwischen Mann und Frau anspricht, so tut das auch Eva Marie von Münch in ihrem Artikel: »Ginge es allein nach dem Gesetz, so hätten Mitte nächsten Jahres alle Ehefrauen die Wahl zwischen Haushalt, Beruf oder einer Kombination aus beidem. In der Praxis haben sie diese Wahlmöglichkeit meistens nicht: Ihre Ausbildung ist schlecht, ihre Berufsaussichten sind schlecht, ihre Bezahlung würde schlecht sein, und ihr Selbstvertrauen ist nach einigen Jahren der Isolation in Haushalt und Familie mindestens angeknackst. Diese Voraussetzungen zu ändern, wird mehr Zeit brauchen als die Änderung des Bürgerlichen Gesetzbuches.« Und es sind ja auch nur kleine Anfänge in dieser Zeit, die sich mit einem familienfreundlicheren Alltag beschäftigen. Aber immerhin wird in Helmut Schmidts Regierungszeit durchgesetzt, dass Eltern fünf Tage im Jahr zu Hause bleiben dürfen, wenn ihre Kinder krank sind. Und 1979, zum Ende des Jahrzehnts, wird endlich auch der Anspruch auf einen halbjährigen Mutterschaftsurlaub eingeführt.

Bei aller Reform aber: Grundsätzlich wird der Familienform der Ehe auch Ende der 70er-Jahre noch eine große Bedeutung für den gesellschaftlichen Zusammenhalt zugebilligt. Wer glaubt, seine Ehe sei zerrüttet, und sie beenden will, muss das erst nachweisen. Der Gesetzgeber führt sogenannte Trennungszeiten ein, die vor der endgültigen Scheidung durchlebt werden müssen. Sind beide Partner einverstanden, kann diese Trennungszeit auf zwölf Monate festgelegt werden. Will nur einer der Partner gehen, fordert das Gesetz eine deutlich längere Bedenkzeit: Ganze drei Jahre müssen ins Land gehen, bis der deutsche Staat dann bereit ist, aus Eheleuten Getrennte zu machen. Allerdings gibt es Härtefallregelungen, die eine schnelle Scheidung möglich machen.

Spät, sehr spät hat sich übrigens auch Helmut Schmidt, unter dem das deutsche Scheidungsrecht wesentlich vereinfacht wurde, noch einmal grundsätzlich zum Thema Scheidung geäußert. In seinem letzten Lebensjahr, 2015, ist bekannt geworden, dass er während seiner Ehe mit Loki längere Zeit eine Geliebte gehabt hatte. Das war Ende der 60er- oder Anfang der 70er-Jahre. Schmidt ist sich da dann selbst nicht mehr so sicher. Aber sich deshalb scheiden zu lassen? Für den Altkanzler ist das eine abstruse Idee: »Für mich wäre es undenkbar.« Und dann sagt er nur noch eins. »Wenn Sie die Dauer unserer Ehe nehmen, 68 Jahre, das soll uns erst jemand nachmachen.« Und es stimmt, wenige haben das geschafft in diesem Land.

Doch da gibt es noch etwas zu sagen über diesen Kanzler, dessen Regierung mit vielen Reformgesetzen das Leben der Familien in Deutschland leichter gemacht hat. Und das, was es zu sagen gibt, hat er ja – wie schon erwähnt – einmal den Reportern des *Stern* erklärt: »Ein Familienleben hat es wegen meines Berufs immer nur sporadisch gegeben.«

17

DIE WENDE —
HELMUT KOHL

Helmut Kohl ist ein konservativer Familienpolitiker, von Herkunft und aus Überzeugung. Er hat ein traditionelles Familienbild, auch wenn sein eigenes Privatleben diesen Vorstellungen nicht immer entsprach. Es mag nicht überraschen, dass der Christdemokrat aus der Pfalz die bürgerliche Kleinfamilie mit gewohnter Rollenverteilung als selbstverständlich erachtet. Überraschend aber ist, dass einige der Ministerinnen und Minister, die in seinen Kanzlerjahren für ihn Familienpolitik machen, zu den progressivsten CDU-Leuten der damaligen Zeit gehören. Zum Beispiel Heiner Geißler und Rita Süssmuth. Doch dazu später.

Beginnen wir erst einmal mit den Vorstellungen, die der Kanzler selbst von seiner Familienpolitik hat. Beginnen wir mit seinen ersten öffentlichen Worten als Regierungschef, mit Kohls Regierungserklärung nach dem Sturz Helmut Schmidts im Herbst 1982 im Bundestag in Bonn. Kohl hatte ja seinen Amtsantritt unter die Überschrift der geistigen und moralischen Wende in Westdeutschland gestellt. Das war kein kleines Ziel, und in der Familienpolitik auch ein gewisse Herausforderung, da sich seit Mitte der 70er-Jahre doch gesellschaftlich einiges verändert hatte im familiären Zusammenleben der Westdeutschen. Die Republik bewegt sich nun eher weg von alten Rollenbildern in den Familien; und auch CDU-Wähler erwarten von ihrer Partei durchaus Unterstützung für ein gleichberechtigtes Zusammenleben von Mann und Frau. Sei es auch nur, um es beiden Elternteilen zu ermöglichen, einer Erwerbsarbeit nachzugehen und gemeinsam den Familienunterhalt zu sichern. Die Entwicklung lässt sich nicht zurückdrehen zu den althergebrachten Lebensformen, und von daher ist es für Helmut Kohl auch schwer möglich, so etwas in seiner ersten Regierungserklärung zu postulieren.

Und doch sind diese ersten öffentlichen Überlegungen Kohls durchaus interessant. Vor allem deshalb, weil der neue Kanzler zwar von geistigen und moralischen Werten spricht – Begriffe also, die eng mit der Familie und den Lebenswirklichkeiten der Deutschen verbunden sind –, er aber in seiner Regierungserklärung nur sehr wenige Worte überhaupt zur Familienpolitik sagt. Vielleicht, weil das Thema ohnehin nicht als politisch so relevant gilt, im Gegensatz zu den Fragen der Außen-, Sicherheits- und Wirtschaftspolitik. Vielleicht aber auch deshalb, weil die CDU noch keine moderne, relevante Programmatik zu dem Thema hat. Das sollte sich erst Ende der 80er-Jahre ändern – und noch deutlicher unter neuen Vorzeichen nach dem Mauerfall, in den frühen 90ern.

Anfang der 80er aber, als Kohl sein erstes Kanzler-Programm im Bundestag ausbreitet, müssen die Abgeordneten, müssen die Westdeutschen lange warten, bis er sich mit ein paar Worten auch zur Familienpolitik äußert. Der Stellenwert dieses Themas lässt sich schon statistisch gut erläutern. Kohls Regierungserklärung umfasst gedruckt rund 10 000 Wörter. Aber erst nach 8 800 Wörtern, also kurz vor Schluss, redet er überhaupt über das, was er sich für die Familien in Deutschland vorstellt. Und diese Überlegungen beendet er auch nach gut 500 Wörtern wieder, denn dann ist Kohl schon wieder bei der Einheit der Nation, die damals ja vor allem noch ein Wunsch war. Dabei hebt er doch mit einem großen Satz zum Familienthema an: »Ein zentraler Punkt unserer Politik ist die Familienpolitik.« Dann macht er eine kurze Pause. Das klingt gut, aber was heißt es für den Kanzler? Betrachten wir seine Rede einmal etwas genauer, jene 500 Worte zur Familie.

Kohl argumentiert zu Beginn privat und emotional, nicht politisch, wenn er über den Wert der Familie redet. »In der Familie lernen die Menschen Tugenden und Verhaltensweisen, die unserer Gesellschaft ein menschliches Gesicht geben: Liebe und Vertrauen, Toleranz und Rücksichtnahme, Opferbereitschaft und Mitverantwortung.« Oder ist das gerade politisch? Es ist zumindest eine Idealvorstellung. Und so geht es weiter. »Unser Leitbild ist die partnerschaftliche Familie, die geprägt ist von der Partnerschaft zwischen Mann und Frau, zwischen Eltern und Kindern. Die Gemeinschaft von Eltern und Kindern bietet Lebenserfüllung und Glück.« Aber wer sorgt dafür, dass dieses Glück auch gelingen kann, dass zum Beispiel Beruf und Familie gut miteinander vereinbar sind?

Da bleibt Kohl zunächst wolkig: »Unsere freiheitliche Gesellschaft, meine Damen und Herren, kennt kein bestimmtes Leitbild der Frau, weder das der Hausfrau noch das der berufstätigen Frau.« Um dann aber doch zu zeigen, dass auch die CDU weiß, auf welchen Weg sich die westdeutsche Gesellschaft gemacht hat. Im Osten war das ja ohnehin keine Frage: »Immer mehr Frauen sehen im Beruf einen ebenso selbstverständlichen Teil ihrer Lebensplanung wie in der Familie. Die Bundesregierung wird darauf hinwirken, mehr Möglichkeiten zu schaffen, Familie und Beruf miteinander zu verbinden – für Frauen wie für Männer. Teilzeitarbeitsplätze und Arbeitsplatzteilung sind solche Möglichkeiten. Sie sollten durch eine Änderung der gesetzlichen Vorschriften möglichst rasch verwirklicht werden.«

Klingt modern, aber dann kommt doch die kleine, aber bedeutsame Einschränkung für die – männliche – Stammwählerschaft der CDU. »Meine Damen und Herren, Beruf ist für uns aber nicht nur die außerhäusliche Erwerbstätigkeit; Beruf ist für uns ebenso die Tätigkeit der Hausfrau in der Familie und bei ihren Kindern.« Dafür gibt es dann Beifall von der Union und der FDP im Bundestag. Den ersten an dieser Stelle, auch das ist interessant.

Kohl lässt sich nach diesen grundsätzlichen Überlegungen zu einem eher konservativen Familienverständnis dann doch noch zu einigen strukturellen Überlegungen aus, wie man Familien in Deutschland besser unterstützen könne: Frauen sollen Erziehungsjahre bei der Rentenversicherung angerechnet werden, das Kindergeld solle nicht pauschal gekürzt werden, die steuerliche Situation der Familien verbessert und der Wohnungsbau gefördert werden.

Das sind die Pläne, doch die Realität in Deutschland ist schon deshalb eine andere, weil immer weniger Deutsche überhaupt Kinder bekommen beziehungsweise eine Familie gründen. Damit ist aber die Grundlage nicht nur einer konservativen Familien- und Gesellschaftspolitik gefährdet, sondern jegliche Familienpolitik. Kohl ist das klar. Und er spricht das auch in seiner Regierungserklärung an: »Der Geburtenrückgang in der Bundesrepublik Deutschland und seine katastrophalen Folgen müssen jedermann mit Sorge erfüllen. Wir wissen, dass sich viele Eltern mehr Kinder wünschen, als sie tatsächlich haben. Ich glaube, alle müssen dazu beitragen – in allen Bereichen der Gesellschaft –, dass wir wieder ein kinderfreundliches Land werden.«

Ob kinderfreundlich oder nicht, die Bundesrepublik und auch das vereinigte Deutschland bleiben unter Kanzler Kohl ein Land mit drastisch einbrechenden Geburtenzahlen. Es gibt leichte

Schwankungen, Ende der 8oer-Jahre werden wieder ein paar Kinder mehr geboren, aber noch immer unter einer Million Babys im Jahr, zeitweise sind es auch in der Zeit der Kanzlerschaft Kohl nicht einmal 800 000 Kinder, die in Deutschland zur Welt kommen. Der große Rekord aus dem Jahr 1964, er ist längst unerreichbar, 1972 ist die Bevölkerungszahl erstmals rückläufig. Das heißt: Die Zahl der Verstorbenen in Deutschland ist nun größer als die Zahl der Neugeborenen. Es gibt also immer weniger junge Menschen im Land.

Aber diejenigen, die 1983 zum ersten Mal bei einer Bundestagswahl wählen dürfen, die tun etwas, was man eigentlich nicht von ihnen erwartet hätte: Die Erstwähler aus den Babyboomer-Jahren der 6oer geben sich konservativ und ihre Stimme dem traditionellen Familienpolitiker Helmut Kohl. Noch in der Wahl zuvor, im Jahr 1980, hatten sich nur 34 Prozent der Erstwähler für die Konservativen entschieden, jetzt, 1983, sind es schon 41 Prozent. Die SPD verliert in diesem Vergleich sogar zehn Prozent bei den Erstwählern. Die Grünen gewinnen natürlich auch viele Stimmen der Jungen. Und eine von denen, die 1983 zum ersten Mal wählen dürfen, ist übrigens die spätere Frau von Helmut Kohl, Maike Richter. Aber das ist eine andere Geschichte.

Es gibt nicht wenige Beobachter der ersten Kanzlerjahre Kohls, die glauben, dass den Christdemokraten vor allem die Sorge um die demografische Entwicklung Deutschlands zu einer aktiven Familienpolitik getrieben hat; eine Politik, die, kurz gesagt, den Familien mehr Geld belassen und weniger Steuern abfordern sollte. Der Kohl-Biograf Hans-Peter Schwarz sieht es so: » Schon in den frühen Achtziger Jahren fehlt es nicht an Warnern, die darauf hinweisen, dass die niedrigen Geburtenzahlen die Sicherheit der Renten gefährdet. Auf diesem Ohr ist Kohl durchaus hellhörig und warnt gelegentlich mit kräftigen Worten vor einer demographischen Katastrophe. Die Entwicklung in der Bundesrepublik, so vertraut er Ministerpräsident Jacques Chirac an, habe ihn zu einer aktiven Familienpolitik veranlasst. Heute sei die Bundesrepublik weitgehend eine Freizeitgesellschaft geworden mit einem wenig familienfreundlichen Klima. 1985 seien 1,2 Milliarden DM für Haustierfutter ausgegeben worden, jedoch nur 800 Millionen für Kindernahrung.«

Es ist wohl auch die eigene private Erfahrung, die Kohl so sorgenvoll auf die Bevölkerungsentwicklung blicken lässt. Beide Söhne des Kanzlers, Walter und Peter, gehören den geburtenstärksten Jahrgängen der Nachkriegszeit an, sie sind Kinder der 60er – und wie alle Eltern dieser Babyboomer erfüllt es wohl auch Helmut Kohl mit einer großen Verwunderung, dass plötzlich der Kindersegen in Deutschland ein Ende hatte. Gerade hatte man sich doch noch daran gewöhnt, dass die Schulklassen voller und voller wurden. Dass ein Numerus clausus, eine Zugangsbeschränkung an den Universitäten eingeführt werden musste, weil es einfach nicht mehr genügend Studienplätze für all die Abiturientinnen und Abiturienten gab. Und jetzt sollte die Bundesrepublik ein altes Land mit wenigen Kindern werden? So plötzlich? Das sorgt nicht nur konservative Politiker. Sterben die Deutschen aus? Das war eine Frage, die in den Zeitungen und im Fernsehen schon etwas alarmistisch diskutiert wird seit der Mitte der 70er-Jahre.

Aber vielleicht wäre Kohls Familienpolitik – die sich nach wie vor auf die verheiratete Kleinfamilie bezieht – auch etwas weniger aktiv geworden, wenn er nicht ausgerechnet seinen späteren Widersacher Heiner Geißler mit einem einschlägigen Kabinettsposten bedacht hätte, vielleicht auch, um den Querdenker ein wenig mehr unter Kontrolle zu haben. Aber Kohl holt ihn als

Minister für Jugend, Familie und Gesundheit in seine Regierung. Und muss mitansehen, wie Geißler als Gesellschaftspolitiker seiner Partei, deren Generalsekretär er ja auch noch ist, oft viel zu weit voranschreitet. Er und seine Nachfolgerin Rita Süssmuth bringen solche Neuerungen wie das Erziehungsgeld und den Erziehungsurlaub auf den Weg, sie sorgen auch für die Anrechnung der Erziehungszeiten bei der Rentenversicherung. Sie modernisieren die CDU mit ihren Gedanken und die Gesellschaft mit ihrer Sozialpolitik. Ganz anders, als es das Postulat der »geistig-moralischen Wende« hätte vermuten lassen. Und wahrscheinlich auch anders, als Kohl es wollte. Was das gewünschte Bevölkerungswachstum betrifft, bleiben allerdings auch ihre Schritte weitgehend erfolglos.

Und doch ist es eine kleine Revolution, welche die CDU auf ihrem Bundesparteitag in Essen 1985 sehr schön deutlich und gezielt inszeniert, 17 Jahre nach der großen 68er-Revolte in Deutschland. Das familienpolitische Papier der eben noch so konservativen Partei trägt den sperrigen Titel »Leitsätze der CDU für eine neue Partnerschaft zwischen Mann und Frau«. Initiiert hatte das Ganze nicht etwa eine Frau, sondern wieder einmal Heiner Geißler. Die Öffentlichkeit ist überrascht, die Journalisten, die nach Essen zum Bundesparteitag gereist waren, sie sind es auch. Rolf Zundel von der *Zeit* schreibt erkennbar bewegt: »Mit einem Mal rückten die Frauen, die bisher fast ausschließlich als Hausfrauen und Mütter in der Unions-Ideologie vorgekommen waren, abkommandiert, um die sanfte Macht der Familie zu organisieren, als Erwerbspersonen, als benachteiligte Mitbewerber um Arbeitsplätze und sozialen Aufstieg ins Bild. Der ideologische Vorhang, durch den die Union bisher von der Gesellschaft abgetrennt war, wurde ein Stück weit aufgerissen. Frauenhäuser, die es vor einigen Jahren eigentlich gar nicht geben durfte, sollen nun vom Staat unterstützt werden. Selbst über nichteheliche Lebensgemeinschaften – ein nicht mehr gerade seltenes, aber von der Union bisher ignoriertes, bestenfalls beklagtes Faktum – wurde einigermaßen offen geredet. So jedenfalls hatten sich die Traditionsbewahrer die Wende nicht vorgestellt.«

Und wenn der Kanzler es sich dann wirklich auch nicht so vorgestellt hatte, so muss er Heiner Geißler am Ende doch dankbar sein, weil der Blick auf die Frauen auch ein Blick auf den Machterhalt ist. Eine Partei, die sich in den letzten Jahren der alten Bundesrepublik nicht dem Wandel gestellt hätte, wäre bei gut der Hälfte der Wahlberechtigten der Chancen beraubt gewesen. Familienpolitik ist eben immer auch Gesellschaftspolitik, und diese besteht in der Kunst, Programmatik und Überzeugungen den Gegebenheiten anzupassen. Und im Falle des Essener Papiers der CDU kann man sagen, dass es deutlich über eine Anpassung an die Realität hinausgeht, es ist für eine konservative Volkspartei schlichtweg viel fortschrittlicher, als man es hätte erwarten können. Es ist ein Postulat, das man nach den landläufigen Urteilen über seine frühe Kanzlerschaft Helmut Kohl eher nicht zurechnen würde. Aber er hat es mitgetragen, und das rückt seine Familienpolitik in ein überraschendes Licht.

Das spiegelt sich bald auch im Titel des Ministeriums wider, das bislang für Jugend, Familie und Gesundheit zuständig war – und dann unter der neuen Ministerin Rita Süssmuth 1986 umbenannt wird in »Bundesministerium für Jugend, Familie, Frauen und Gesundheit«. Doch Süssmuth ändert nicht nur die Etikettierung, sie reklamiert für ihr Haus auch die Zuständigkeit für den Mutterschutz und Gleichberechtigungsfragen, die bisher von anderen Ministerien wahrgenommen wurden.

Nur ein Reizthema wird bei all diesen Modernisierungsarbeiten an Helmut Kohls CDU ausgespart. Es ist der Paragraf 218, der Abtreibung in den meisten Fällen noch immer unter Strafe stellt. Der Paragraf wurde zwar unter der Regierung von Helmut Schmidt schon verändert, die Union aber war damit nie einverstanden. Als die Bundesregierung 1988 einen wiederum neuen Gesetzentwurf vorlegt, versucht die Frauenministerin Süssmuth auch die harte Haltung der CSU zu berücksichtigen, obwohl ihr selbst diese nicht passt. Die FDP, Kohls Koalitionspartnerin, will den Paragrafen ohnehin längst liberaler gestalten. Dass Kohl selbst sich am Ende nicht für härtere Regelungen für ungewollt schwangere Frauen einsetzt, hat, wenn nicht alles täuscht, auch einen privaten Hintergrund. Hannelore Kohl will nicht, dass das Strafrecht gegen Frauen in solchen Situationen verschärft wird. Ob es mit ihren eigenen Erfahrungen zum Kriegsende zusammenhängt oder ob die Frau des Kanzlers ganz allgemein sich dieser Überzeugung verpflichtet fühlt, ist am Ende egal – wichtig ist nur, dass Helmut Kohl sicher auch aus diesem Grund für eine eher liberale Regelung plädiert. Die Wende manifestiert der Kanzler auch hier nicht. Obwohl er öffentlich immer wieder die Zahl der Abtreibungen in der Republik anprangert.

Am Ende macht Helmut Kohl dann auch mit seiner Deutschlandpolitik Familienpolitik. Er beschleunigt die Wiedervereinigung der beiden Staaten und holt sich damit ab Oktober 1990 zwei familienpolitische Themen auf die Agenda, ein brisantes und ein anderes, gesellschaftlich längst anerkanntes. Das Thema, das weniger kontrovers ist, ist die Förderung der Erwerbstätigkeit von Frauen und Männern. In der DDR war es normal, dass Männer und Frauen arbeiteten, dass die Kinderbetreuung dementsprechend gut funktionierte, zumindest quantitativ. Doch in der Bundesrepublik hat sich in den 80ern dort auch schon einiges getan, sodass die Ansprüche der ehemaligen DDR-Bürger an eine fördernde Familienpolitik nicht so weit entfernt sind von denen der Bundesbürger. Eine gute Kinderbetreuung und die Gleichberechtigung von Mann und Frau sind diesseits und jenseits der ehemaligen Mauer – mit unterschiedlichen Akzenten zwar – gewünscht. Dagegen sperrt sich auch die Union überwiegend nur noch aus finanziellen, sprich haushälterischen Gründen. Aber natürlich gibt es in den Landesverbänden auch noch einen nicht einflusslosen konservativen Flügel, der das Ganze grundsätzlich anders, eben traditionell, sieht. Ein viel umstritteneres Thema ist nach dem Mauerfall aber der Abtreibungsparagraf und dessen unterschiedliche Ausgestaltung in den ehemaligen beiden deutschen Staaten. In der DDR galt die sogenannte Fristenregelung, die es Frauen innerhalb der ersten zwölf Wochen der Schwangerschaft ermöglicht, selbst darüber zu entscheiden, ob sie die Schwangerschaft fortsetzen wollen oder nicht. Ein Abbruch ist dann selbstverständlich nicht strafbewehrt. Das ist jene Position, welche die Konservativen im Westen immer bekämpft hatten und die sie nun natürlich nicht in das bundesdeutsche Recht übernehmen wollen. Es folgte eine lange, zähe und ideologisch geführte Debatte.

Am Ende, als das neue Gesetz 1995 in Kraft tritt, sind die Frauen aus der ehemaligen DDR in ihrer Entscheidungsfreiheit eindeutig schlechtergestellt als zuvor und die westdeutschen Frauen wieder einmal enttäuscht von der Union. Denn nach dem gesamtdeutschen Paragrafen 218 sind Abtreibungen grundsätzlich rechtswidrig. Sie bleiben aber straffrei, wenn sie in den ersten drei Monaten und nach einer bescheinigten Konfliktberatung ausgeführt werden. Das ist der Kompromiss, an dessen Entstehung in den Jahren von 1991 bis 1994 auch die junge Frauenministerin Angela Merkel beteiligt ist.

Sie ist freilich auch ein Beispiel dafür, dass Kohl Frauen- und Familienpolitik immer ein wenig als Spielmaterial betrachtet

Helmut Kohl und sein »Mädchen«
Angela Merkel 1991 am Kabinettstisch

hat. So hat er 1990 keinerlei Bedenken, das unter Geißler und Süssmuth so einflussreich gewordene Ministerium in drei Teile zu zerschlagen, um Spielraum für seine Personal- und Klientelpolitik zu schaffen. Es entstehen ein Gesundheitsministerium

(Gerda Hasselfeldt, CSU), ein Ministerium für Familien und Senioren (Hannelore Rönsch, CDU) und ein Ministerium für Frauen und Jugend (Angela Merkel, CDU). Für die Aufteilung sprechen keinerlei sachliche Gründe. Kohl geht es vor allem darum, eine junge Frau aus dem Osten im Kabinett unterzubringen, das ja nun ein gesamtdeutsches sein muss. Angela Merkel soll in einem relativ unbedeutenden Ministerium erst einmal zeigen, was sie kann. Dass dabei für die CSU das wichtige Gesundheitsministerium abfällt, ist ein feiner Nebeneffekt für die Balance der Unionsparteien und wohl auch inhaltlich nicht ganz abwegig.

Angela Merkel jedoch macht sich auftragsgemäß daran, die Gleichberechtigung von Mann und Frau weiter zu fördern. Sie stützt sich dabei auf die alten Essener Forderungen der CDU von 1985, und sie merkt bald, dass auch Jahre danach viele Männer in der Union noch immer nichts von diesen Thesen halten. Von Helmut Kohl, der sie in diesen Jahren »Mädchen« nennt, ist in den turbulenten Zeiten nach der Wiedervereinigung auch nicht viel zu erwarten. Merkel lässt die Frauen- und Familienpolitik bald hinter sich, wird Umweltministerin. Dass es letztlich Helmut Kohls Regierung war, die dann einen der elementarsten familienpolitischen Rechtsansprüche durchsetzt, nämlich das Recht auf einen Kindergartenplatz, ist schon fast vergessen. Genau wie die CDU-Ministerin, die dies auf den Weg brachte: Claudia Nolte, ein anderes von »Kohls Mädchen« aus jener Zeit nach der Wende, nicht der »geistig-moralischen«, sondern jener in der DDR.

18

GEDÖNS? —
GERHARD SCHRÖDER

Die Männer an der Spitze der neuen rot-grünen Koalition sind allem Anschein nach nicht wirklich »neue Männer« mit einem neuen Rollenverständnis, schaut man auf ihre privaten Lebensverhältnisse. Beide geben immerhin zu, dass ihre vorherigen Ehen an ihrer Dominanz, an ihrem Karrierestreben gescheitert sind. Mit ihren ersten personalpolitischen Entscheidungen vergibt Rot-Grün auch die Chance, Signale der Gleichberechtigung in die Gesellschaft zu senden. Schließlich hatte Rita Süssmuth von der CDU bis dahin über Jahre als Bundestagspräsidentin das zweithöchste Amt im Staat bekleidet und in Konflikten mit Helmut Kohl manches Mal gezeigt, dass eine Frau auf dieser Position die Macht des Parlaments gegenüber der Regierung durchaus zu mobilisieren weiß – wie schon die Sozialdemokratin Annemarie Renger zu Willy Brandts Zeiten. Dahinter dürfe die rotgrüne Koalition nicht zurückfallen, fordern die Frauen von SPD und Grünen.

Doch im Kampf um Proporz und Einfluss setzt sich Wolfgang Thierse durch, einer der wenigen prominenten und machtbewussten ostdeutschen SPD-Politiker. Das ist allerdings keine zehn Jahre nach der Einheit auch ein wichtiges Signal an die ehemaligen Bürger der DDR, dass die SPD sie nicht vergessen hat. Thierse, eine der prägenden Figuren der friedlichen Revolution, ist nun der erste Ostdeutsche in der Staatsspitze der gesamtdeutschen Bundesrepublik. Die Hoffnung der Frauen, dann im folgenden Jahr bei der Wahl des neuen Bundespräsidenten zum Zuge zu kommen, zerschellt ebenfalls am Anspruch eines Parteigranden: Johannes Rau besteht auf einer zweiten Chance, Staatsoberhaupt zu werden. Die SPD-Führung fügt sich schon frühzeitig diesem Wunsch eines verdienten Sozialdemokraten und verhindert eine gründlichere Debatte über die Möglichkeit, erstmals eine Frau an die Spitze des Staates zu wählen.

Das ist die Ebene der Symbolpolitik. Aber wie sieht es mit der praktischen Politik aus? Hier zeigt sich: Gerhard Schröder ist und bleibt ein Familienmensch, wenn auch mit einer immer wieder gebrochenen Biografie. Aber das verbindet ihn mit vielen Landsleuten. Er weiß, wenn er am Kabinettstisch in Hannover oder Berlin sitzt, mehr über den Alltag berufstätiger Eltern als viele andere in der Runde. Die Ehen mit Hiltrud Hensen und Doris Köpf bringen insgesamt drei Töchter in sein Leben, denen gegenüber er sich durchaus als aktiver Vater versteht. Das schlägt sich in seiner Politik nieder. Zu den demonstrativen Schritten zur Stärkung von Frauen gehört, dass schon sein erstes Kabinett in Niedersachsen fast zur Hälfte aus weiblichen Ministern besteht. Und er holt mit der Grünen Waltraud Schoppe eine echte Frauen-Ministerin in die Regierung – ohne weiteres Zuständigkeits-»Gedöns«.

Bei der Berufung seiner ersten Bundesministerin für Familie, Senioren, Frauen und Jugend steht dann wohl doch wieder der Proporz im Vordergrund. Christine Bergmann hat als SPD-Senatorin in Berlin zwar Kenntnisse in der Frauenpolitik gesammelt, doch ausgewählt wird sie vor allem wegen ihrer ostdeutschen Herkunft. Immerhin hat sie in der DDR Erfahrungen in einem Land gesammelt, in dem eine flächendeckende Betreuung der Kinder vom Krippenalter an und eine hohe Berufstätigkeit der

Frauen selbstverständlich waren. Das sind allerdings Themen, die gerade wegen ihrer Verknüpfung mit dem untergegangenen System der DDR in der Mitte der bundesdeutschen Gesellschaft in diesen Jahren eher kontaminiert denn attraktiv sind.

Sie stehen daher zunächst noch nicht im Vordergrund rotgrüner Familienpolitik, auch wenn die Koalition programmatisch ambitioniert startet. »Die neue Bundesregierung will die Gleichstellung von Mann und Frau wieder zu einem großen gesellschaftlichen Reformprojekt machen«, heißt es im Koalitionsvertrag. Und die Ministerin kündigt an: »Ich will Familien- und Frauenpolitik wieder zu einer echten Querschnittsaufgabe machen, die in allen gesellschaftlichen Bereichen eine entscheidende Rolle spielt.« Die Regierung leitet dann auch erste Schritte für eine Entwicklung weg von der rein finanziell unterstützenden hin zu einer qualitativ neuen Familienpolitik ein. Sie beschließt die Elternzeit – Väter und Mütter haben nun das Recht, in den ersten drei Jahren ihres Kindes die Arbeitszeit zu verringern oder ganz auszusetzen, ohne dass ihnen das Nachteile am Arbeitsplatz bringen darf. Das neue Gesetz zur Teilzeitarbeit – gegen heftige Proteste aus der Wirtschaft durchgesetzt – soll die Vereinbarung von Beruf und Familie erleichtern. Es folgt das Bundesgleichstellungsgesetz, das die Gleichberechtigung von Männern und Frauen zumindest im öffentlichen Dienst garantieren soll. Mit einer verpflichtenden Quotenregelung für die freie Wirtschaft scheitert die Ministerin am Widerstand der Unternehmen, wie in den folgenden Jahren bis heute alle Nachfolgerinnen. So wichtig nehmen die jeweiligen Regierungschefs das Thema denn doch nicht, dass sie sich hier stärker engagieren.

Obwohl Christine Bergmann aufgrund ihrer Herkunft wenig mit der westdeutschen feministischen Bewegung gemein hat, macht sie sich eines ihrer Symbolthemen zu eigen: den Kampf gegen Pornografie. Sie verlangt in einem *Spiegel*-Interview ein Verbot der Verbreitung von Darstellungen, die Frauen oder gar Kinder in erniedrigender Weise zeigen, und erregt damit einige Aufmerksamkeit. Und sie greift ein Thema auf, das die Frauenpolitik ebenfalls noch 20 Jahre später kontrovers beschäftigt: den Schutz und die soziale Absicherung von Prostituierten. Insgesamt aber gelingt es ihr kaum, mit ihren Themen in eine größere Öffentlichkeit vorzudringen. Anders als viele in dieser durchaus auch hedonistisch begabten Kabinettsriege verfügt sie über wenig mediales Inszenierungsgeschick, wie die *FAZ* anmerkt.

Man unterliegt vermutlich keiner Fehlspekulation bei der Annahme, dass dies auch der engsten Beraterin des Kanzlers, seiner in Familienthemen so engagierten Frau Doris, auffällt und sie ihn entsprechend beeinflusst. Ab dem Jahr 2000, Schröder ist inzwischen auch SPD-Vorsitzender, zeichnet sich eine Neuausrichtung der sozialdemokratischen Familienpolitik ab. Schröder gibt in seinen Erinnerungen zu, dass er einige Zeit gebraucht habe, die gesellschaftspolitische Bedeutung der Familienpolitik richtig einzuschätzen – trotz der ganz persönlichen Erfahrungen in seiner Kindheit am Rande der Gesellschaft. Auf seinen ausdrücklichen Wunsch übernimmt die populäre stellvertretende SPD-Chefin Renate Schmidt aus Bayern die Leitung des parteiinternen »Forum Familie« und nicht die amtierende Ministerin. Damit setzen Schröder und Schmidt eine innerparteiliche Diskussion in Gang, deren Ziel es ist, in der Familienpolitik wieder ein eigenständiges Politikfeld zu sehen und nicht – wie zuvor viele Jahre lang – diese nur als Fußnote der Frauen- oder der Sozialpolitik zu betrachten.

Im Wahlkampf 2002 veranstaltet die SPD einen viel beachteten familienpolitischen Kongress mit den Hauptrednern Re-

nate Schmidt und Gerhard Schröder. Und nach der knapp gewonnenen Bundestagswahl übernimmt Renate Schmidt dann
das Familienministerium. Sie ist eine professionelle, bestens ver-
netzte Politikerin mit jahrelanger Erfahrung im Bundestag und
im bayerischen Landtag. Aber sie weiß auch viel über das richtige Leben, das verbindet sie mit Schröder. Mit 17 wurde sie schwanger und musste ihr Gymnasium in Fürth ein Jahr vor dem Abitur
verlassen, sie galt als Schande für die Schule. Sie hat viele Jahre
als Programmiererin und Systemanalytikerin beim Quelle-Ver-
sand gearbeitet und war als Betriebsrätin und Gewerkschafte-
rin aktiv. Außerdem hat sie drei Kinder großgezogen, und das
in Bayern, unter besonders rückschrittlichen Bedingungen für
berufstätige Mütter. Sie ist dazu eine warmherzige Politikerin,
die auch schon als mögliche Bundespräsidentin im Gespräch
war. Er habe viel von ihr gelernt, sagt Schröder, fachlich, aber
auch menschlich.»Mit ihrem sympathischen Auftreten und ihrer menschlichen Wärme war sie ein Glücksfall für die politische Arbeit.«

Im neuen Koalitionsvertrag definieren SPD und Grüne auch
ein neues Familienbild. Hier taucht erstmals in einem offiziellen
Dokument eine Formulierung auf, die damals in konservativen
Kreisen verdammt, heute aber auch von der CDU wie selbstverständlich benutzt wird:»Unser Familienbegriff ist so vielfältig
wie die Lebensumstände der Menschen: Familie ist für uns, wo
Kinder sind«, heißt es dort.»Uns geht es um die Kinder und die
Eltern – unabhängig davon, in welcher Lebensgemeinschaft sie
zusammenleben.« Damit legt die rot-grüne Bundesregierung
ihrer Politik ein Familienbild zugrunde, das der Wirklichkeit in
Deutschland entspricht und sich bewusst vom traditionellen
Familienverständnis im Sinne des bürgerlichen Ideals der Er-
nährer-Hausfrauen-Ehe absetzt.

Diese Sicht bildet die gedankliche Grundlage für eines der wichtigsten politischen Vorhaben der zweiten rot-grünen Legislaturperiode: den Ausbau von Betreuungseinrichtungen für Kinder unter drei Jahren. Damit gehen SPD und Grüne ein zentrales Problem vieler Familien an. Die mangelnden Betreuungsmöglichkeiten für kleine Kinder sind ein wesentliches Hindernis für die Berufstätigkeit vieler Mütter. Im Koalitionsvertrag heißt es: »In dieser Legislaturperiode ist die bessere Vereinbarkeit von Kindern und Beruf ein zentrales gesellschaftspolitisches Reformvorhaben dieser Koalition. Dafür werden wir die Infrastruktur für Kinder und Familien ausbauen.« Dieses Ziel fügt sich später in die dann so umstrittene Agenda 2010, die dem Kanzler und seiner Regierung heftigste Proteste aus der eigenen Anhängerschaft einbringt und schließlich zu ihrem Sturz führt.

Bevor die neue Ministerin aber das maßgebliche Gesetz, das »Tagesbetreuungsausbaugesetz« (TAG), auf den Weg bringen kann, muss sie zunächst mit einer Kürzung vor die Eltern treten: Im Frühjahr 2003 muss sie wegen der angespannten Haushaltslage einer Kürzung des Erziehungsgeldes zustimmen. Etwa 400 Millionen Euro jährlich spart das Ministerium, indem die Einkommensgrenze für Paare von 51 130 Euro netto auf 30 000 Euro netto gesenkt wird. Das betrifft etwa fünf Prozent aller Eltern. Die Kürzung ist aber auch deshalb irritierend, weil die Einkommensgrenzen im Jahr 2000 erst angehoben worden waren. Dieses Detail verweist auf die Rahmenbedingungen, unter denen Rot-Grün diese Reformpolitik vorantreibt: Die Arbeitslosigkeit wächst ebenso wie die Staatsverschuldung, und die 2002 noch knapp bei den Wahlen gesicherte gesellschaftliche Mehrheit zugunsten der Schröder-Fischer-Koalition schwindet.

Das wichtigste Projekt der Familienpolitik bleibt aber das TAG. Im Koalitionsvertrag wird noch optimistisch eine Betreuungsquote für Kinder unter drei Jahren von »mindestens 20 Prozent« angestrebt; sie wäre wohl auch nicht erreicht worden, wenn sie Bestand gehabt und die Koalition bis zum Herbst 2006 weiterregiert hätte. Im Gesetz wird der Ausbau bis zum Jahr 2010 versprochen, bis dahin soll es 230 000 zusätzliche Kita-Plätze für bis zu drei Jahre alte Kinder geben. Doch die Koalition unterschätzt den Widerstand aus der CDU/CSU und der von ihnen regierten Bundesländer. Denn der Bund kann den Ausbau der Kinderbetreuung nicht verbindlich festlegen, zu gering sind seine Möglichkeiten, den Ländern und Kommunen in dieser Frage Vorschriften zu machen, zu löchrig ist die Finanzierung aus Einsparungen der Kommunen im Zusammenhang mit der Hartz-Reform.

2,5 Milliarden Euro sollen die Kommunen sparen, weil sie durch Hartz IV weniger Geld für Sozialhilfeempfänger ausgeben müssen. 1,5 Milliarden Euro von dieser Summe sollen sie für den Ausbau der Kinderbetreuungseinrichtungen verwenden. Der Städtetag hatte aber die Kosten für den Ausbau der Kinderbetreuung immer auf 2,5 Milliarden Euro geschätzt. Außerdem sind die Summen, die durch Hartz IV eingespart werden, regional unterschiedlich: Eine wirtschaftlich prosperierende Kommune in einem westlichen Bundesland spart durch die Hartz-Reform wenig, fängt aber beim Ausbau der Kitas fast bei null an. Denn damals haben nur 2,5 Prozent aller unter drei Jahre alten Kinder in diesen Bundesländern einen Kita-Platz. Bis zu einer Versorgungsquote von 20 Prozent ist es noch ein weiter Weg.

Aber auch die konservative *FAZ* erkennt in dem Gesetz einen einschneidenden Schritt für einen Paradigmenwechsel in der deutschen Familienpolitik. Gegenüber finanziellen Leistungen wird nun mehr Wert auf den Ausbau von Infrastrukturen gelegt, die Familien unterstützen. Dazu formuliert das TAG erstmals auch Qualitätskriterien für die Kinderbetreuung. Ziel ist nun ausdrücklich eine »nachhaltige Familienpolitik«. Sie soll einerseits Anreize zur Erhöhung der Geburtenrate geben und andererseits die Erwerbsquote von Frauen fördern.

Der Familienpolitiker Gerhard Schröder
auf einem Unternehmenswettbewerb 2005

Dies wird auch als ein Mittel der Armutsbekämpfung in Familien verstanden. Frauen sollen nicht allein aus Gründen der Selbstverwirklichung, sondern zur Verbesserung des Familieneinkommens arbeiten. Konzentrierte sich die Familienpolitik bis zum Jahr 2002 vor allem auf die Entlastung der Familien durch staatliche finanzielle Leistungen, zielt die »nachhaltige Familienpolitik« darauf, die Geburtenrate zu heben, das Bildungsniveau zu verbessern, das Armutsrisiko zu minimieren und die Erziehungskompetenz zu stärken. Der im Zuge dieser Politik vorangetriebene Ausbau von Bildungs- und Betreuungsmöglichkeiten für Kinder stößt im Vergleich zu anderen Teilen der Agenda 2010 auf einen breiten gesellschaftlichen Konsens. Allerdings ändern die ganzen Reformen nichts daran, dass auch zehn Jahre später alleinerziehende Mütter dem größten Armutsrisiko in Deutschland ausgesetzt sind.

Dennoch ist die umfassende Neuorientierung der Familienpolitik eine Hinterlassenschaft der Schröder'schen Regierung, die weit über ihre Amtszeit hinausweist. Dazu zählt auch das Elterngeld, das Renate Schmidt vorbereitet und wegen des vorzeitigen Endes der Legislaturperiode nicht mehr umsetzen kann. Als 2005 die neue Familienministerin Ursula von der Leyen das Amt übernimmt, erkennt sie schnell die gesellschaftspolitische Bedeutung der von Rot-Grün vorgenommenen Neuorientierung der Familienpolitik. Sie setzt die Pläne ihrer Vorgängerin auch gegen Widerstand in der eigenen Partei durch und erwirbt sich damit einen guten Teil ihrer Popularität.

Ein erheblicher Teil der Reformpolitik der Koalition folgt einerseits durchaus dem neoliberalen Zeitgeist (Deregulierung der Arbeitsbedingungen, Senkung des Spitzensteuersatzes), korrespondiert andererseits aber auch mit Schröders sehr persönlichen Erfahrungen eines Kindes, das unterprivilegiert und in Armut aufwächst. Neben der Sozialpolitik konzentriert er sich auf die Bildungspolitik. »Ich habe es selbst gespürt: Bildung ist der Schlüssel zum Arbeitsmarkt und zu gesellschaftlicher Anerkennung«, schreibt der Absolvent des zweiten Bildungswegs in seinen Erinnerungen. Er kündigt eine neue »bildungspolitische Epoche« für seine Regierungszeit an. Auch hier dauert es allerdings einige Jahre, bis dem wirkliche Konsequenzen folgen. Auslöser ist die erste Pisa-Studie mit katastrophalen Ergebnissen für das deutsche Schulsystem und seine Schüler.

Vor allem der immer noch manifeste Zusammenhang zwischen sozialer Herkunft und Bildungschancen, Schröder selber wohlbekannt, alarmiert die Sozialdemokraten. Die Situation in Deutschland ist hier deutlich schlechter als in den meisten europäischen Ländern. Er ist der erste Kanzler, der im aufziehenden Wahlkampf 2002 eine bildungspolitische Regierungserklärung im Bundestag abgibt. Er knüpft an die Erfolge der Bildungspolitik der sozialliberalen Koalition unter Willy Brandt an, die dafür gesorgt hatte, dass Gymnasien und Hochschulen sich verstärkt auch Arbeiterkindern öffneten. Allerdings hat Schröder hier ähnlich wie mit dem »Gedöns« bei der Familienpolitik etwas gutzumachen. »Ihr wisst doch ganz genau, was das für faule Säcke sind«, hatte er 1995 als niedersächsischer Ministerpräsident einer Schülerzeitung gesagt und damit ein großes Hallo in den Medien ausgelöst. Davon ist nun nicht mehr die Rede. Vor dem Bundestag nennt er die Bildung »die soziale Frage des 21. Jahrhunderts«. Das Thema rückt damit wieder ins Zentrum sozialdemokratischer Politik.

Mit Edelgard Bulmahn hat Schröder hier von Anfang an eine kompetente, durchsetzungsfähige Politikerin und enge Vertraute als Ministerin platziert. Die Bundestagsabgeordnete aus Hannover ist auch seine Nachfolgerin als Vorsitzende der niedersächsischen SPD. Trotz der Zuständigkeit der Länder für einen Großteil der Bildungspolitik kann sie schon Ende der ersten rotgrünen Legislaturperiode einiges vorweisen, was Schröder genüsslich im Bundestag vorträgt. So sind in ihrer Amtszeit die Haushaltsausgaben für Bildung und Forschung um 21,5 Prozent gestiegen – die Vorgängerregierung hatte sie noch gekürzt. In der zweiten Wahlperiode konzentriert sie sich auf den Ausbau der Ganztagsschulen und ködert die Länder erfolgreich mit einem Investitionsprogramm von 4,4 Milliarden Euro.

Auch das ist eine gesellschaftspolitisch wirksame Maßnahme, denn sie verbessert die Bedingungen, unter denen Mütter und Väter arbeiten können, und gleicht soziale Benachteiligungen unter den Schülern aus. Wer nachmittags noch in der Schule betreut wird, ist weniger auf Hausarbeitshilfe der Eltern angewiesen, die ohnehin nicht alle Eltern leisten können. Diese Politik wird in weiten Kreisen der Bevölkerung geschätzt, auch wenn sie von der lautstarken Auseinandersetzung vor allem um die Hartz-IV-Regelungen der Agenda 2010 oft übertönt wird. Die CDU allerdings zeigt Wirkung. Unter dem Druck der bildungspolitischen Offensive der Sozialdemokraten rückt sie von alten Überzeugungen wie dem ehernen Bekenntnis zur Hauptschule ab. Das ist dann ein Teil der von Angela Merkel betriebenen Modernisierung der CDU, die am Ende die Sozialdemokraten teuer zu stehen kommt – sie verlieren nach und nach die Hegemonie über ihre klassischen Themen, zu denen immer auch die Familien- und Bildungspolitik gezählt hat.

19

IST DAS NOCH IHR LAND? —
ANGELA MERKEL

Am 15. September 2015 steht Angela Merkel im Berliner Kanzleramt gemeinsam mit ihrem österreichischen Kollegen Werner Faymann vor den Hauptstadtjournalisten. Es ist ein gewohntes Bild, wie zu solchen Anlässen üblich – die beiden Politiker an schmalen Pulten vor der blauen Wand, die deutsche und die österreichische Fahne im Hintergrund. Und doch ist dies ein Auftritt der Bundeskanzlerin, wie man ihn noch nicht erlebt hat. Ihr Ton klingt ruhig wie immer, aber sie wirkt ungewohnt angefasst, man könnte fast sagen, verletzt. Und sie spricht in eigener Sache. »Wenn wir jetzt anfangen, uns noch entschuldigen zu müssen dafür, dass wir in Notsituationen ein freundliches Gesicht zeigen, dann ist das nicht mein Land«, erklärt Angela Merkel. Es ist die sehr emotionale Reaktion auf die Kritik an ihrer Flüchtlingspolitik.

Dieser Tag markiert einen Wendepunkt in der Kanzlerschaft von Angela Merkel. Fast zehn Jahre ist sie jetzt im Amt. Sie wird einerseits getragen von einer großen Zustimmung in der Bevölkerung, keiner ihrer Vorgänger hatte so lange so hohe Sympathiewerte wie sie. Sie wird andererseits begleitet von dem anhaltenden Vorwurf, sie sei eine Kanzlerin des Ungefähren, die ihre Politik nach Meinungsumfragen gestalte, sich ungern festlege und jegliche Emotionalität aus der Politik verbannt habe. Das gilt nun plötzlich nicht mehr. Zehn Tage zuvor, in der Nacht vom 4. auf den 5. September, hat sie in einem Alleingang mit Faymann entschieden, die in Ungarn unter unwürdigsten Umständen gestrandeten Flüchtlinge ohne weitere Kontrollen durch Österreich nach Deutschland einreisen zu lassen. Sie hat eine schnelle, klare Entscheidung getroffen und steht zu ihr. Zehn Jahre hat Angela Merkel das Land mit bemerkenswerter Ruhe und großem Erfolg durch Wirtschafts- und Europakrisen gesteuert. Nun steht sie selbst plötzlich im Mittelpunkt einer Krise, die vielen Deutschen die Ruhe nimmt. Und sie stellt dem Land eine Bedingung: Entweder ihr folgt mir im freundlichen Umgang mit Flüchtlingen – oder? Was bedeutet eigentlich: »Dann ist das nicht mein Land«? Das lässt Angela Merkel erst einmal offen.

Jahrelang war Angela Merkel perfekt im Ungefähren, und das rührt wohl auch daher, dass sie in der Diktatur von klein auf gelernt hat, wie gefährlich klare Worte sein können. Ihre Eltern leben in der DDR unter besonderer Beobachtung der Behörden. Ihr Vater und ihre Mutter stehen nicht in offener Opposition zum System, sie verhalten sich neutral. Umso deutlicher schärften Herlind und Horst Kasner ihren Kindern ein, ihre Worte zu hüten, sich zurückzunehmen, sich nicht festzulegen. Dirk Kurbjuweit, der sie seit Langem für den *Spiegel* beobachtet, hat dies in seinem Buch »Angela Merkel, die Kanzlerin für alle?« so beschrieben: »In der Vorsicht gegenüber den eigenen Worten lässt sich Angela Merkel von niemandem übertreffen, da die Folgen in einer Diktatur weit schlimmer sind als in einer Demokratie. [...] Wer undeutlich ist, kann nicht falsch liegen. Und auch an Undeutlichkeit lässt sich Angela Merkel von niemandem übertreffen. So war also das Kind der Diktatur ganz gut gerüstet für die Mediendemokratie.« Kurbjuweit beschreibt hier die Kanzlerin der ersten Jahre. Die Angela Merkel, die ab dem Sommer 2015 auftritt, ist eine ganz andere. Aber auch dies hängt mit ihrer Kindheit im Pfarrhaus zusammen, wie noch zu sehen sein wird.

Mit der in der DDR-Kindheit erlernten Anpassungsfähigkeit macht sie sich an die Arbeit. Sie ist in den Wahlkampf 2005 als eine radikale Reformerin mit neoliberalen Zielen gestartet. Unter anderem will sie die solidarische Krankenversicherung mithilfe einer Kopfpauschale umbauen, sodass jeder Versicherte, egal, ob Manager oder Pförtner, einen gleichen Grundbetrag zahlt. Das kommt in der Bevölkerung nicht gut an, es ist auch der erste schwere Konflikt, den sie mit Horst Seehofer, damals ein führender Sozialpolitiker der Union, austrägt.

Doch dieses Programm ist nach dem Wahltag vergessen. Nun regiert sie mit den Sozialdemokraten und schlägt eine ganz andere Richtung ein. Ihre Kritiker werfen ihr die Sozialdemokratisierung der CDU vor. Besonders in der Familien- und Gesellschaftspolitik wird das bald spürbar. Aber auch andere Grundsätze gibt sie wendig auf – erst ist sie für die Verlängerung der Laufzeiten der Atomkraftwerke, nach der Katastrophe von Fukushima lässt sie den Ausstieg beschleunigen. Das dreigliedrige Schulsystem, die Wehrpflicht, die Ablehnung der Schwulenehe, einen lang gehüteten Glaubenssatz der Union nach dem anderen schleift sie und passt die Haltung der Partei dem Zeitgeist an. Die folgt ihr staunend – über den Kurswechsel und die damit verbundenen Wahlerfolge.

Man kann die These aufstellen, dass sie auch deshalb zur politisch mächtigsten Frau in Deutschland geworden ist, weil sie auf ihrem Weg dorthin zwei Wesensmerkmale systematisch in den Hintergrund gestellt hat – ihre Herkunft aus der DDR und ihr Geschlecht. Sie tritt weder als Interessenvertreterin der Ostdeutschen auf noch als Vorkämpferin für die Sache der Frauen. Jedenfalls zeigt sie das lange Zeit nicht. Sie ist aus ihrer Vergangenheit in der DDR durchaus von einem emanzipierteren Frauenbild geprägt, freilich ohne den ihr fremden feministischen Überbau. In der DDR war es einfach normal, dass Frauen arbeiteten und die Kinder in öffentlichen Einrichtungen betreut wurden. Gerade deshalb stößt dieses Modell in Westdeutschland auf besonderes Misstrauen.

Lange Zeit hat Angela Merkel also darauf geachtet, nicht sehr erkennbar zu sein. Nicht als Ostdeutsche, nicht als Frau, nicht als Christin. Die Vorbehalte, ob sie dem Kanzleramt gewachsen sein würde, waren so groß, dass sie alles Persönliche, ihre Herkunft und Geschichte ausgeblendet hat und den Menschen lange als so etwas wie eine ideelle Gesamtdeutsche gegenübergetreten ist. Angela Merkel macht sich erst einmal zu einem Neutrum im Hosenanzug, allein konzentriert auf ihr politisches Dasein. Bis heute schirmt sie ihr Privatleben gegenüber der Öffentlichkeit weitgehend ab. Aber seit einiger Zeit ist sie dabei, ihr Bild zu runden. Jetzt erzählt sie manchmal über ihre Kindheit und Jugend in der DDR. Sie kokettiert mit den Vorurteilen, denen sie anfangs in der westdeutsch geprägten Bundespolitik begegnet ist, als man sich in der Union über die »Zonenwachtel« lustig gemacht und ihr den nicht besonders respektvoll gemeinten Titel »Mutti« angehängt hat.

Und sie überrascht zuweilen in politischen Diskussionen mit der Bemerkung: »Ich bin ja auch eine Frau«. Stimmt ja, mochte man sich da sagen, sie ist auch eine Frau. Hin und wieder spielt sie nun ihre Rolle als weibliches Wesen aus. Es gibt ein Datum, da ist es unübersehbar: Das ist ihr Auftritt mit einem offenherzigen Dekolleté in der Oper von Oslo am 13. April 2008.

Nun ist so ein Auftritt eine Sache, eine ganz andere ist es, sich für die Sache der Frauen einzusetzen. Und auch da beginnt Merkel, Botschaften zu senden und Fakten zu schaffen. Ihre wichtigste Botschafterin ist ihre Familienministerin Ursula von der Leyen, der sie starken Rückhalt in dem Bemühen gibt, Frauen das Leben leichter zu machen, etwa durch bessere Kinderbetreuung. Sie übernimmt das von der sozialdemokratischen Vorgängerin Renate Schmidt entwickelte Programm zum Ausbau der Kita- und Krippenbetreuung und für ein Elterngeld. Dabei gilt es stets, den Widerstand der männlichen, konservativen Quertreiber in der Bundestagsfraktion der CDU/CSU zu brechen oder mindestens zu umschiffen. Von der Leyen kann sich dabei auf die Unterstützung der Kanzlerin verlassen.

Aber auch die sozialdemokratischen Ministerinnen, die vorher Schröders rüde Amtsführung kennengelernt hatten, sind überrascht und erbaut vom offenen, sie ermutigenden Stil der neuen Kanzlerin. Und noch etwas ändert sie, sozusagen exemplarisch. In ihrer Rede zum 30. Jahrestag des Frauenministeriums, ihrem ersten Amt in Bonn, erinnert sie 2016 daran: »Als ich Bundeskanzlerin wurde, wurde noch jede schwangere Frau ins Mutterhaus [das Ministerium, aus dem sie ursprünglich kam] geschickt. Heute darf man auch im Kanzleramt schwanger sein, Kinder kriegen und wiederkommen – und die Welt bricht nicht zusammen; es funktioniert trotzdem.« In ihrem Umfeld arbeiten manche Frauen, z. B. ihre enge Beraterin Eva Christiansen, die das vorgeführt haben.

Angela Merkel erfüllt damit die Erwartung, die vom ersten Tag ihrer Kanzlerkandidatur nicht nur konservative Frauen an sie richten. Ihre prominenteste Helferin von der ursprünglich anderen Seite des gesellschaftlichen Spektrums ist Alice Schwarzer, über Jahrzehnte eine rebellische Anführerin des Feminismus. Sie macht sich nun gemein mit konservativen Damen wie Friede Springer, Renate Kröcher oder Christiane Underberg, die ein feines, überaus einflussreiches Netzwerk zur Unterstützung erst der Kandidatin und dann der Kanzlerin spinnen – die einen, wie Schwarzer, aus dem Grund, dass sie eine Frau ist, die anderen, weil sie eben auch eine Frau ist.

Es heißt oft, Merkel sei eigentlich einsam in der CDU, ohne eigene Basis und Hausmacht. Aber das stimmt nicht. Auf den öffentlich wenig beachteten Kongressen der Frauen Union der CDU kann man erleben, wo Angela Merkel in dieser Partei zu Hause ist. Auf keinem anderen Parteitag, Kongress oder Forum der CDU wird sie so uneingeschränkt, begeistert und auch warmherzig gefeiert wie hier, von den ausschließlich weiblichen Delegierten der CDU-Frauenorganisation mit ihren immerhin 135 000 Mitgliedern. Und selten auch kann man Angela Merkel so gelöst in einer großen Versammlung erleben wie hier. »Ich fühle mich getragen«, bekennt sie 2009 in ihrer Rede auf dem Kongress der Frauen Union in Duisburg, und damit trifft sie die Atmosphäre sehr genau.

Man kann dann eine sehr gut gelaunte Kanzlerin erleben, die auf äußerst witzige Weise über ihre Ernennung zur Frauenministerin im Kabinett von Helmut Kohl erzählt, der das kurze Einstellungsgespräch mit der Frage begonnen habe: »Wie verstehen Sie sich mit Frauen?« Sie berichtet von ihren Erlebnissen als Physikstudentin unter lauter Männern, die sich bei den Versuchen immer vordrängelten »und schon die Finger an allen Knöpfen hatten, während ich noch nachdachte, und bums, war die ganze Versuchsanordnung im Eimer«. Sie wirbt am Beispiel ihres Gatten darum, Männern die Arbeit im Haushalt schmackhafter zu machen und nicht zu hohe Anforderungen zu stellen, zum Beispiel an ihre Fähigkeit, die Wäsche auf eine ganz bestimmte Weise zu ordnen und zu hängen.

Das ist erheiternd, aber die Botschaft ist politisch: Gleichberechtigung, Gleichstellung von Frauen und Männern in allen gesellschaftlichen Bereichen, wobei sie auch klare Worte an die großen Konzerne richtet, die Frauen systematisch aus Vorständen und Aufsichtsräten fernhalten. Das ist für weite Teile der CDU noch immer kulturell fremd. Und deshalb kann Merkel sich nur hier feiern lassen für ihre Bekenntnisse zum Frausein, auch wenn sie und ihre Partei an vielen Punkten inkonsequent bleiben, etwa in der Debatte über Frauenquoten. Innerparteilich haben sie ein sogenanntes Quorum, danach »soll« ein Drittel aller Mandate und Ämter mit Frauen besetzt werden. Sogar dagegen war Merkel ursprünglich. Jetzt schätzt sie das Instrument, weil nun immerhin geschaut werde, ob es nicht auch Frauen für solche Ämter gibt »und siehe da, es gibt viel mehr, als die Männer gedacht haben«.

Maria Böhmer, Staatsministerin im Kanzleramt und Vorsitzende der Frauen Union, begrüßt Merkel in Duisburg mit dem Schild »Chefin«. Das ist sie jetzt unbestritten. Niemand zweifelt 2009 mehr an ihrer Autorität und Durchsetzungskraft. Wer die unterschätzt, ist schon gescheitert. Das haben ihre innerparteilichen Gegner erlebt und in den vergangenen vier Jahren auch die SPD, deren erfahrene Minister dachten, sie könnten die unerfahrene Kanzlerin im Kabinett umzingeln und an die Wand drücken. Das ist gründlich schiefgegangen. Das US-Wirtschaftsmagazin *Forbes* hat sie auch deshalb gerade zum vierten Mal zur mächtigsten Frau der Welt erklärt. Das möchte sie bleiben, mindestens noch einmal vier Jahre. Dafür sucht sie nach neuen Wählerschichten, und da liegt es nahe, sich an die Frauen zu wenden. An solche vor allem, die nicht zum klassischen Wählerklientel der CDU gehören, jüngere, in den Großstädten lebende zum Beispiel, aber auch politikferne Frauen. Dafür startet Angela Merkel eine Art Interview-Offensive in Frauenzeitschriften wie *Brigitte* und *Cosmopolitan*, in der sie ungewohnte Einblicke in ihr Privatleben gestattet. Sie sollen zeigen: Diese Kanzlerin ist nicht nur Kanzlerin, sie hat auch ein Leben außerhalb des Amtes und sogar eine Familie.

Das geschieht nun immer in Wahlkampfzeiten. Dann dulden ihre Strategen, was sonst streng unterbunden wird, zum Beispiel die Verbreitung von Fotos italienischer Paparazzi und Handyfotografen, die Merkel beim Urlaub mit den Kindern und Enkeln ihres Mannes auf Ischia zeigen. Dann darf die *Bild*-Zeitung die Kanzlerin ganz privat zeigen, mit dem einen Enkel an der Hand beim Orangenpflücken, mit dem anderen beim Fußballkicken am Strand. Sauer hat zwei Söhne aus einer ersten Ehe, Daniel und Adrian, die bei seiner ersten Frau aufgewachsen sind. Adrian ist ein bekannter Fotokünstler, der in Leipzig lebt und arbeitet. Aus seiner Ehe stammen die beiden Enkel. Die Botschaft der Bilder wenige Wochen vor dem nächsten Wahltermin ist deutlich: Auch Angela Merkel hat eine Patchworkfamilie und führt ein Mehr-Generationen-Familienleben wie Millionen andere auch. Nicht nur im Urlaub, sondern zuweilen bekocht sie auch alle sonntags in ihrem Wochenendhaus in der Uckermark, das ansonsten tabu ist, selbst für enge Parteifreunde und vor allem für Journalisten.

Merkel hatte eigentlich nicht vor, ihren langjährigen Lebensgefährten Joachim Sauer zu heiraten. Doch Anfang der 90er-Jahre spürt sie den Einfluss und den Druck, den die katholische Kirche da noch in der Christlich-Demokratischen Union ausüben kann.»Angeblich gibt es ja auch in der jetzigen Regierung eine Ministerin christlicher Couleur, die nicht in einer Ehe lebt«, moniert der Kölner Kardinal Meisner 1993 öffentlich. Auf Anraten Helmut Kohls reist Merkel nach Köln und erläutert dem Kardinal, dass sie nach einer gescheiterten Ehe nicht noch einmal heiraten wolle. Aber am 2. Januar 1999 erscheint in der *FAZ*

eine kleine, unscheinbare Familienanzeige: »Wir haben geheiratet. Angela Merkel Joachim Sauer – Berlin, Dezember 1998.« Für
eine CDU-Generalsekretärin mit noch größeren Ambitionen
ist dieser Schritt nun offenbar unvermeidbar – mehr aber auch
nicht. Merkel und Sauer heiraten im Standesamt von Pankow
unter Ausschluss der Öffentlichkeit, nicht einmal ihre Familien
sind dabei.

Angela Merkel und Joachim Sauer 2015 im Urlaub auf Ischia

Wie sehr sich die gesellschaftlichen Verhältnisse in Deutschland seither verändert haben, lässt sich am Umgang mit Joachim Gauck ablesen. Als er 2012 zum Bundespräsidenten gewählt wird, stört sich kaum jemand an dem Umstand, dass mit ihm seine Lebensgefährtin Daniela Schadt zur First Lady wird, während er mit einer anderen Frau verheiratet ist und bleibt. Diese Liberalisierung des gesellschaftlichen Klimas ist auch eine Folge der liberalen Gesellschaftspolitik, die Angela Merkel in der CDU durchgesetzt hat. Und das ist gleichzeitig die Hauptkritik aus der Union an ihr: dass sie die konservativen Werte der Partei preisgibt. Ein Teil des Erfolges der AfD speist sich auch aus dieser Quelle.

Die Wendigkeit der CDU-Vorsitzenden hat allerdings auch ihre Grenzen, und die liegen rechts. Wann immer in der Partei oder der Öffentlichkeit antisemitische Töne laut werden oder einer die Naziverbrechen verharmlost, greift sie ein. Sie sorgt 2003 dafür, dass der CDU-Bundestagsabgeordnete Martin Homann wegen antisemitischer Äußerungen erst aus der Fraktion und dann aus der Partei ausgeschlossen wird. 2007 rügt sie öffentlich Baden-Württembergs Ministerpräsidenten Günther Oettinger, der auf der Trauerfeier für den früheren Regierungschef Hans Filbinger erklärt hatte, dieser sei gar kein Nationalsozialist, sondern ein Gegner des Regimes gewesen. Zwei Jahre später kritisiert sie Papst Benedikt XVI, der die Exkommunizierung von Holocaust-Leugnern aufgehoben hatte. »Es geht hier darum, dass von Seiten des Papstes und des Vatikan sehr eindeutig klargestellt wird, dass es hier keine Leugnung geben kann und dass es einen positiven Umgang mit dem Judentum geben muss«, fordert die deutsche Bundeskanzlerin in einer außergewöhnlichen Stellungnahme. »Diese Klarstellungen sind aus meiner Sicht noch nicht ausreichend erfolgt.«

Schon früh nimmt sie aus der gleichen Geisteshaltung in der aufflammenden Debatte um die Flüchtlingspolitik sehr deutlich Stellung gegen die fremdenfeindlichen Pegida-Demonstranten. In ihrer Silvesteransprache 2014 sagt sie: »Heute rufen manche montags wieder ›Wir sind das Volk‹. Aber tatsächlich meinen sie: Ihr gehört nicht dazu – wegen eurer Hautfarbe oder eurer Religion. Deshalb sage ich allen, die auf solche Demonstrationen gehen: Folgen Sie denen nicht, die dazu aufrufen! Denn zu oft sind Vorurteile, ist Kälte, ja, sogar Hass in deren Herzen!« Schon in dieser Ansprache sagt Angela Merkel einen Satz angesichts der weltweit steigenden Zahl der Flüchtlinge, der ihre Politik des kommenden Jahres bestimmen wird: »Es ist selbstverständlich, dass wir ihnen helfen und Menschen aufnehmen, die bei uns Zuflucht suchen. […] Das ist vielleicht das größte Kompliment, das man unserem Land machen kann: dass die Kinder Verfolgter hier ohne Furcht groß werden können.« Später im Jahr wird sie solch einem Kind begegnen, dem Palästinensermädchen Reem Sahwil. In einer öffentlichen Diskussion mit Merkel im Juli in Rostock sagt die 15-Jährige: »Es ist wirklich sehr unangenehm zuzusehen, wie andere das Leben genießen können und man es selber halt nicht mitgenießen kann.« Und: »Ich weiß nicht, wie meine Zukunft aussieht.« Die Familie ist von der Abschiebung bedroht. Merkel antwortet mit Bedauern, dass Deutschland nun einmal nicht alle Flüchtlinge aufnehmen könne. Als Reem daraufhin zu weinen beginnt, geht die Kanzlerin zu ihr, streichelt sie und versucht sie zu trösten. Die im Fernsehen gezeigte Szene löst eine ungeheure Reaktion in den sozialen Netzwerken aus. Merkel wird für ihre harten Worte und ihre unbeholfene Geste kritisiert. Wenige Wochen später trifft die Kanzlerin die Entscheidung zur Grenzöffnung, und die Debatte dreht sich. Nun wird Angela Merkel für ihre menschliche Nachgiebigkeit angegriffen. Vor allem in Ostdeutschland schürt Pegida einen bis dahin ungekannten Hass auf die etablierte Politik, als deren Inbegriff Angela Merkel erscheint.

Der *Spiegel*-Autor Oliver Berg stellt in einem klugen Text über dieses Phänomen eine interessante Verbindung zur Herkunft der Kanzlerin her:»Hinter dem Hass steckt wahrscheinlich auch Neid auf die persönliche Zuwendung der Kanzlerin für die Flüchtlinge. ›Helmut, nimm uns an der Hand, zeig uns den Weg ins Wirtschaftswunderland‹, stand 1991 auf Transparenten. Diesen Wunsch hat Kohl vielen erfüllt. Aber Merkel? Sie gilt als kühl und berechnend, Gefühle hat sie gezeigt, als sie Flüchtlinge herzte und sich von ihnen herzen ließ. Hat sie je einen Vorpommer so in den Arm genommen?«Seit dem Herbst 2015 erleben die Deutschen also eine andere Kanzlerin. Eine, die nicht im Ungefähren verharrt, sondern entschlossen ihren Weg geht, gegen einen großen Teil der öffentlichen Meinung, ihrer Schwesterpartei CSU und vieler europäischer Partner. Dabei ist es nicht so, dass die Bundesregierung nicht handelt. Sie stoppt die unkontrollierte Zuwanderung, verschärft das Asylrecht drastisch, erklärt zweifelhafte Länder zu sicheren Zufluchtsstaaten und führt die EU in ein fragwürdiges Flüchtlingsabkommen mit der Türkei. Die Zahl der nach Deutschland gelangenden Flüchtlinge geht deutlich zurück.

Was sich nicht ändert, ist die öffentliche Haltung der Kanzlerin, die Entschlossenheit, das freundliche, humane Gesicht Deutschlands zu wahren. Sie macht das im September 2016 noch einmal deutlich. Einer Abschottung Deutschlands vor Fremden und speziell von Menschen islamischen Glaubens »stehen das ethische Fundament der Christlich-Demokratischen Union Deutschlands und meine persönlichen Überzeugungen entgegen.«Die Frage ist, woher diese Haltung eigentlich rührt. Die

Antwort findet sich in Templin, im evangelischen Waldhof, dort, wo Angela Merkel aufgewachsen ist und mit ihrer Familie sehr konkret christliche Nächstenliebe im Umgang mit schwachen, schutzbedürftigen Menschen erlebt hat. Die CDU-Vorsitzende sagt in Diskussionen über ihre politische Orientierung gern, sie sei eben mal konservativ, mal sozial und mal liberal, je nach der konkreten Fragestellung. Was aber dabei ihre Richtschnur, was die Grundlage all dessen ist, beschreibt sie auch: Das ist ihr christliches Menschenbild.

Doch sie spricht nur selten über ihren Glauben. Wäre sie nicht die Vorsitzende der Partei mit dem C im Namen, wüsste man vielleicht gar nichts über ihr Bekenntnis. Umso interessanter ist ihr Auftritt am Reformationstag 2014, als sie gewiss nicht zufällig in der Kirche von Templin über das Thema »Christlich leben, politisch handeln« spricht. Es ist die Kirche, in der manchmal auch ihr Vater, der Pfarrer und Leiter des theologischen Seminars, gepredigt hat. Sie empfinde das Christsein als »unglaublichen Schutz«, sagt Angela Merkel hier. Sie könne in dem beruhigenden Bewusstsein leben, auch Fehler machen zu dürfen, denn sie wisse, dass sie nicht vollkommen sei. Zugleich bewahre sie der Glaube vor jeglichen Allmachtsfantasien und lehre Demut.

Sie spricht über die Widersprüche, die ihr als christliche Politikerin ständig begegneten. Sie verteidigt Waffenlieferungen, wenn es darum gehe, den Kurden im Kampf gegen islamistische Terroristen zu helfen, und den Einsatz der Bundeswehr, wenn es darum gehe, Verbrechen zu verhindern wie in den 90er-Jahren auf dem Balkan oder auch in Afghanistan. Aber sie spricht vor allem über Fragen, auf die sie auch keine letzte Antwort habe – wie entscheiden in der Debatte um die Sterbehilfe, wo sind die Grenzen, wo werden sie überschritten? Und auch: wie umgehen mit der immer größeren Zahl von Flüchtlingen, für die man ein offenes Herz haben müsse, sie aber dennoch nicht alle aufnehmen könne?

Es ist dieses Bekenntnis zum Zweifel, der ihr spürbar Sympathien der Zuhörer bringt und das sich in der Sprache und der Botschaft sehr von dem unterscheidet, was man gewöhnlich von Politikern und auch von ihr hört. Denn in der politischen Welt lässt ja auch Angela Merkel keinen Zweifel zu. Ihr Satz »Wir schaffen das« kennt keine Einschränkung. Es ist bemerkenswert, dass Angela Merkel, die unter sehr kritischer Beobachtung der katholischen Kirche ihren Weg gegangen ist, nun die stärkste Unterstützung von dieser Seite erhält. Der bayerische Kardinal Marx greift empört in die Debatte der Unionsparteien über die Flüchtlingspolitik ein: Die CSU sollte sich schämen, lautet seine Botschaft.

Ende 2016 spitzt sich die krisenhafte Lage in der Welt zu, nicht zuletzt durch die Wahl des unberechenbaren Donald Trump zum neuen Präsidenten der USA. Angela Merkel gilt nun vielen, vor allem außerhalb Deutschlands, als letzte Garantin der Werte des freien Westens, als womöglich Einzige, die auch die Europäische Union vor dem Zerfall bewahren kann. In dieser Situation kündigt sie an, sie werde noch einmal zur Wahl antreten. Das ist eigentlich keine Überraschung, es gibt in der Union keine Alternative zu ihr. Überraschend ist, dass sie offenbar wirklich lange mit dieser Entscheidung gerungen hat, während alle dachten, sie sei selbstverständlich längst gefallen.

Da ist sie wieder, die zögerliche Angela Merkel. Und die Frau, die sich nicht gut präsentieren kann. Ihrer Ankündigung fehlt das Zwingende, Überzeugende, Mitreißende. Sie wirkt eher müde. Auf dem CDU-Parteitag im Dezember wird sie gefeiert, doch anschließend erhält sie weniger als 90 Prozent der Stimmen, was für sie einen Dämpfer bedeutet. Gegen ihren Willen wendet sich der Parteitag gegen die doppelte Staatsangehörigkeit. All das zeigt: Sie ist nicht mehr unantastbar, für manche in der Union ist sie eine Provokation. Als wenige Wochen später ein tunesischer Asylbewerber einen Anschlag auf einen Berliner Weihnachtsmarkt verübt, wird ihre Lage noch schwieriger. Es ist eingetreten, was ihre Kritiker schon lange beschworen haben. Ihre anschließenden Auftritte wirken kraftlos, manche Medien erinnern an die Tatkraft eines Helmut Schmidt während des RAF-Terrors.

Kritiker werfen der Kanzlerin vor, sie habe ihre Sprache liturgisiert. Es gehe nicht mehr um Fakten, sondern um den richtigen Glauben, schreibt der konservative Publizist Alexander Kissler im Magazin *Cicero*. »Deutschland soll sich das Richtige wünschen, an das Richtige glauben und der Predigerin folgen.« Er sieht bei Angela Merkel das Ungute am politischen Protestantismus scharf hervortreten, »die seifige Selbstzufriedenheit, der Bekenntnistrotz, die Unterscheidungsgier, die sich als Abwägung verkleidet«.

Klar ist: Nach elf Jahren Kanzlerschaft von Angela Merkel hat sich das Land mehr verändert, als die meisten es sich 2005, als die ungewöhnliche Frau aus dem Osten ihr Amt angetreten hat, vorstellen konnten. Das hat viel mit den Krisen der globalisierten Welt zu tun. Aber eben auch mit dem Regierungsstil einer Politikerin, die sich von einer Meisterin des Ungefähren zu einer Kanzlerin entwickelt hat, die in einer das Land erschütternden und spaltenden Frage eine klare, unmissverständliche Haltung einnimmt – eine Haltung, die einst in ihrer Familie in Templin in der Uckermark geprägt worden ist.

Übrigens:

Angela Merkel hat sich noch einmal mit dem palästinensischen Flüchtlingsmädchen getroffen. Sie lud Reem im April 2016 ins Kanzleramt ein. Worüber sie gesprochen haben, wurde nicht bekannt. Aber die Geschichte hat eine gute Wendung genommen, die Familie hat inzwischen ein Bleiberecht in Deutschland. Und das 15-Jährige Mädchen machte sich zur Sprecherin ihrer Schicksalsgenossen. »Ich würde ihr einfach nur danke sagen wollen. Von mir und meiner Familie und allen Flüchtlingen, denen sie geholfen hat. Das war für sie und für Deutschland alles nicht so einfach, und ich danke Frau Merkel sehr dafür.«

SIGMAR GABRIELS
BABYPAUSE — ODER:
DIE ZUKUNFT DER FAMILIE

Im Herbst 2016 kommen ermutigende Zahlen vom Statistischen Bundesamt. Zum ersten Mal seit 30 Jahren ist in Deutschland die Geburtenziffer wieder auf 1,5 Kinder pro Frau gestiegen. 1,5 Kinder, was für eine bizarre Vorstellung, als könnte es halbe Kinder geben. Aber so arbeiten nun einmal Statistiker, und hinter dieser Zahl verbirgt sich eben eine kleine Rekordmarke. Seit 1982 sind in Gesamtdeutschland nicht mehr so viele Kinder geboren worden.

Ist das die Trendwende? Die Experten sind mehr als vorsichtig. Zu viele Sondereinflüsse spielen da zusammen. Zum Beispiel sind die Kinder der Babyboomer jetzt in den besten Gebärjahren – so viele Frauen zwischen 26 und 36 hat es lange nicht mehr gegeben in Deutschland. Das dreht sich aber ab etwa 2020 wieder ins Negative. Dazu kommt, dass viele Frauen ihre Kinder so spät wie nie bekommen, da schlägt sich eine Art Nachholeffekt in den Zahlen nieder. Außerdem zeigt sich, dass die Geburtenziffer unter Frauen mit deutscher Staatsangehörigkeit unter dem Durchschnitt liegt und mit 1,43 Kindern nur um 0,1 Prozentpunkte gestiegen ist, also fast stagniert. Bei Frauen mit ausländischer Staatsangehörigkeit ist die Ziffer dagegen innerhalb eines Jahres von 1,86 auf 1,95 gestiegen. Und dabei spielen die Frauen, die mit der großen Flucht 2015 nach Deutschland gekommen sind, noch gar keine Rolle, ihre Kinder waren zum Stichtag noch nicht geboren.

Auf jeden Fall lässt sich aber feststellen, dass die Zuwanderer einen kulturellen Wandel in Deutschland bewirken. Bei ihnen sind große Familien mit vielen Kindern oft noch so normal, wie sie es vor Jahrzehnten unter Deutschen auch waren. Sie werden noch eine ganze Zeit lang zu steigenden Geburtenraten beitragen. Allerdings zeigt sich, dass zunehmende Integration und Assimilation diesen Trend mit der Zeit auch wieder stoppen. Türkischstämmige Familien, die in der zweiten, dritten oder schon vierten Generation in Deutschland leben, passen ihr Geburtenverhalten dem der Deutschen an und bekommen Jahr für Jahr weniger Kinder.

Das hängt auch mit ihrer zunehmenden Sicherheit in der neuen Gesellschaft zusammen, was für sich genommen ein durchaus positiver Tatbestand ist. Denn noch immer ist es so, dass die Kinderzahl etwas über den Blick in die Zukunft aussagt. Wer eine Altersversorgung hat, braucht nicht mehr so viele Kinder, so einfach und archaisch ist der Zusammenhang. In Deutschland ist die Geburtenziffer auch in dem Maße zurückgegangen, wie Frauen in das Rentensystem einzahlen und eine eigene Altersversorgung aufbauen konnten.

Freilich lässt sich inzwischen auch das Gegenteil behaupten: Wer große Zukunftsängste hat, wird in einer modernen Gesellschaft eher weniger oder keine Kinder in die Welt setzen. Denn gerade in Deutschland können Kinder auch ein Armutsfaktor sein, wie die Statistiken zeigen, vor allem die Kinder von Alleinerziehenden. Ihre Mütter bzw. Väter haben es oft besonders schwer, eine auskömmliche Arbeit mit sozialer Sicherheit und Aufstiegschancen zu finden. Aber das muss, das darf nicht so bleiben.

Wie kann also die Politik eingreifen in diese einerseits höchst private und intime Sphäre, die zugleich doch so einen großen Einfluss auf die Zukunftsfähigkeit der Gesellschaft hat? Sehr viel spricht ja gegen die angebliche Adenauer-Theorie, wonach die Leute Kinder bekommen oder auch nicht, der Staat da jedenfalls wenig tun könne. Wie wir gesehen haben, hat schon der erste Kanzler der Bundesrepublik sehr wohl versucht, politischen Einfluss auf die Familienverhältnisse jener Nachkriegsjahre zu nehmen. Aber noch deutlicher lassen sich die Entwicklungen der vergangenen zehn, 15 Jahre einordnen, seit unter der rot-grünen Bundesregierung von Gerhard Schröder mit einer gezielten Familienförderung und vor allem dem Ausbau der öffentlichen Kinderbetreuung begonnen wurde und die Regierungen von Angela Merkel diese Politik fortgeführt haben.

So hat sich die gesellschaftliche Stimmung in Bezug auf das Kinderkriegen gewiss auch unter diesem Einfluss gewandelt. Man kann das in den Städten schon auf der Straße beobachten – wann wären Väter wohl früher so selbstverständlich und stolz mit umgeschnalltem Baby oder Kinderwagen unterwegs gewesen? Wenn sie in der Firma ihren Teil der Elternzeit beantragen, wird das heute von den Chefs und den Kollegen weder als Zumutung – wie zu Beginn dieser Möglichkeit – noch als Heldentat – wie in den ersten Jahren danach – betrachtet. Es ist schlicht normal geworden. Und wenn Szenecafés im Prenzlauer Berg oder Schwabing ein Stillverbot in ihren Räumen erlassen, ernten sie Empörung, und zwar nicht nur von den Müttern. All das zeigt, dass Kinderkriegen und -haben gesellschaftlich wieder hoch angesehen ist, und das nicht nur theoretisch und in Sonntagsreden. Dazu haben die vom Staat geschaffenen verbesserten Rahmenbedingungen wie Elternzeit und Elterngeld sowie der massive Ausbau der Betreuungsmöglichkeiten für Kleinkinder beigetragen.

Für die Entwicklung der Bundesrepublik (West) lassen sich seit ihrer Gründung grob vier Phasen des Umgangs mit der Kinderfrage feststellen. Es begann in den ersten 20, 25 Jahren mit dem klassischen Modell. Der Vater als Ernährer, die Mutter als Hausfrau, die in der Regel zwei Kinder betreute. In den 70er- und 80er-Jahren beeinflussten feministisch und emanzipatorisch aktive Frauen den gesellschaftlichen Diskurs. Sie waren entschlossen, trotz der mangelhaften äußeren Bedingungen Beruf, Karriere und Kinder unter einen Hut zu bringen. Das führte neben dem erfolgreichen Aufbrechen tradierter Rollen oft aber auch zu extremer persönlicher Belastung – der Frauen, ihrer Kinder und der Partnerschaft. Manche dieser Mütter (weniger die Väter!) bekommen von ihren heute erwachsenen Kindern zu hören, sie hätten sie abgeschoben, sich zu wenig um sie gekümmert.

Das führte zu einem neuen Verhaltensmuster dieser Generation, etwa seit den 90er-Jahren: Kinder wurden als störend für die eigene Entfaltung empfunden. Wir haben dieses Motiv auch am Beispiel von Angela Merkel und Joachim Sauer betrachtet. Bei ihnen spielte, wie bei Millionen anderen Ostdeutschen, die Sondersituation eine Rolle, dass sie nach dem Ende der DDR eine zweite Chance für ihre Lebensplanung hatten. Die Karriere, materielles Wohlergehen, die Absicherung eines möglichst hohen Lebensstandards bis in die Rentenzeit hatte dann für viele Deutsche Vorrang. Der neoliberale Zeitgeist jener Jahre verteufelte Regeln wie sichere Jobs, feste Arbeitszeiten und freie Wochenenden, Voraussetzungen für ein zuverlässiges Familienleben. Die Geburtenziffer rutschte vollends in den Keller.

Nun haben wir es mit einer desillusionierten Generation zu tun, für die materielle Sicherheiten keine so große Rolle mehr spielen. Sie ist schon daran gewöhnt, dass unbefristete Arbeitsplätze die Ausnahme sind, dass von der Rente für sie nur noch wenig übrig bleiben wird. Sie entdecken die Werte eines Lebens mit Kindern neu. »Mit dem Argument, keine Kinder zu wollen, weil Kinder individuelle Freiheiten einschränken könnten, dürfte man heute bei einer Abendessenseinladung von um die 30-Jährigen zumindest einen mittleren Shitstorm auslösen«, beschreibt Vera Schroeder im Oktober 2016 in einem klugen Leitartikel in der *Süddeutschen Zeitung* dieses Phänomen.

Man könnte auch auf die Idee kommen, dass sich das zuvor beschriebene archaische Verhaltensmuster doch wiederbelebt: Wer in eine unsichere Zukunft im Alter geht, setzt auf mehr Kinder, die dann für einen da sein können. Dazu mag auch die Erfahrung beitragen, die derzeit viele aus den geburtenstarken 60er-Jahrgängen machen: dass sie wie in einem Sandwich zwischen zwei Generationen stecken. Sie müssen sich, viel länger als ihre Vorgänger, um die jetzt immer älter werdenden Eltern kümmern und haben gleichzeitig schon eigene Kinder, die ihrer Kraft, Zeit und Aufmerksamkeit bedürfen.

Wenn es sehr gut läuft für die künftige deutsche Gesellschaft, dann nähern sich die Geburtenziffern der zuwandernden und der hier schon lebenden Menschen wieder auf einem höheren Niveau an, als dies hierzulande lange üblich war. Denn 1,5 Geburten pro Frau, das reicht noch lange nicht, um die Zahl der jährlich Sterbenden auszugleichen und das herkömmliche Rentensystem zu stabilisieren. Dafür lautet die Zauberziffer 2,1. Aber das ist auch in Westeuropa nicht unerreichbar, wie die Französinnen mit fast zwei Kindern pro Frau beweisen.

Wenn es nach den Plänen von Angela Merkel geht, werden wir noch ein paar Jahre von einer Frau regiert werden, die sich zu einem bestimmten Zeitpunkt gegen eigene Kinder entschieden hat. Doch auch in ihrer Regierungszeit haben sich die Dinge schon weiterentwickelt. Mit Kristina Schröder und Manuela Schwesig bekommen erstmals Ministerinnen während ihrer Amtszeit Babys, und auch im Büro der damaligen SPD-Generalsekretärin Andrea Nahles wird eine Spielecke für ihre kleine Tochter eingerichtet. Alle drei Frauen unterbrechen nur kurz ihre Arbeit und demonstrieren so, dass Kinder Teil des beruflichen Alltags werden können und keinen negativen Einfluss auf das Fortkommen der Mütter mehr haben müssen. Das geschieht freilich unter materiell sehr privilegierten Bedingungen, denen anderseits die weit überdurchschnittliche zeitliche Belastung dieser Mütter gegenübersteht, die zudem zu ihren Familien pendeln müssen.

Wie sich das veränderte Familienbild auf künftige Kanzler auswirkt, bleibt aber vorerst eine Sache der Spekulation. Immerhin, der damalige SPD-Vorsitzende Sigmar Gabriel hat als erster Spitzenpolitiker schon gezeigt, dass seine kleine Tochter Marie eine größere Rolle in seinem Leben spielt, als das bisher in diesen Kreisen üblich war. Aber er ist auch schnell an Grenzen gestoßen, seine eigenen und die seines Jobs. Aus der nach der Geburt Maries 2012 groß angekündigten Babypause wurde nicht viel, weil Gabriel die Zeit oft nutzte, um von zu Hause aus Partei und Öffentlichkeit per Mail und Interviews mit immer neuen Ideen zu beschäftigen, was dann neue Aktivitäten nach sich zog. Freilich schlafen Kleinkinder auch noch viel.

Bei seinem Amtsantritt als Bundeswirtschaftsminister und Vizekanzler kündigte er dann 2013 an, er werde einmal in der Woche mittags Schluss machen mit der Arbeit, um Marie aus dem Kindergarten abzuholen. Doch tatsächlich klappt das nur alle paar Wochen einmal. Gabriel klagt in Interviews zuweilen öffentlich über die Ferne zu seiner Familie, und es ist nicht immer leicht zu erkennen, wann dabei Koketterie und PR-Interessen die Regie übernehmen. So erzählt er traurige Anekdoten, wie die Vierjährige zum Fernsehapparat läuft, um ihren Vater zu küssen, wenn sie ihn dort entdeckt. Oder dass Marie auf Angela Merkel im Fernsehen zeigt und ruft: »Guck mal, Mama, da ist die Frau vom Papa.«

Und dennoch, an der Person Sigmar Gabriels lässt sich gesellschaftlicher Wandel ablesen. Als Ende 2016 bekannt wird, dass er und seine Frau Anke ein zweites Kind erwarten, wird öffentlich diskutiert, ob und wie sich das mit seinen Plänen für die Kanzlerkandidatur vereinbaren ließe. Es ist das erste Mal in Deutschland, dass solche Fragen an einen männlichen Spitzenpolitiker gerichtet werden. Seinen Verzicht auf die Kanzlerkandidatur 2017 begründet er dann wenig später vor allem mit mangelnden Erfolgsaussichten – aber eben auch mit dem Bedürfnis, sich mehr um seine Kinder kümmern zu können. Und auch das gilt nun als respektabel.

Das Private ist politisch und *das Politische ist privat,* haben wir am Beginn dieses Buches festgestellt, das gilt für niemanden mehr als für Politiker und Politikerinnen, natürlich. Das war schon bei Konrad Adenauer so, und das wird auch künftig so sein, wenn vielleicht einmal eine Julia Klöckner, eine Manuela Schwesig oder auch ein Martin Schulz unser Land regiert. Eines aber ist gewiss: Der Prozess hin zu einer kinder- und familienfreundlicheren Gesellschaft, den wir über 70 Jahre am Beispiel der Kanzler, der Kanzlerin und ihrer Familien in der Geschichte der Republik verfolgt haben, der wird wohl nicht mehr umzukehren sein. Auch wenn wir es heute mit einer schneller alternden Gesellschaft als in den Jahrzehnten zuvor zu tun haben. Doch gerade in dieser wird sich auch der Wert der Familie noch einmal neu erweisen. Im Privaten und im Politischen.

FAMILIENPOLITISCHE ZEITTAFEL

1949   *Konrad Adenauer (CDU) wird zum Bundeskanzler gewählt*
       Kinderfreibeträge auf die Steuer werden eingeführt
1953   Adenauer beruft Franz-Josef Wuermeling (CSU) zum ersten
       Familienminister
1954   Kindergeldgesetz (25 DM ab dem 3. Kind)
1958   Ehegattensplitting – Steuerliche Vorteile für Eheleute
1961   Kindergeld ab dem 2. Kind (25 DM, für jedes weitere Kind 40 DM)
1963   *Ludwig Erhard (CDU) wird Bundeskanzler*
1966   *Kurt-Georg Kiesinger (CDU) wird Bundeskanzler*
1969   *Willy Brandt (SPD) wird Bundeskanzler*
1974   Freistellung bei kranken Kindern (5 Tage pro Jahr und Elternteil)
1974   *Helmut Schmidt (SPD) wird Bundeskanzler*
1979   Einführung des Mutterschaftsurlaubs (6 Monate)
1982   *Helmut Kohl (CDU) wird Bundeskanzler*
1986   Erziehungsgeld und -urlaub werden eingeführt (10 Monate, wird
       später ausgebaut)
1990   Steuerfreies Existenzminimum für Familien
1996   Rechtsanspruch auf einen Betreuungsplatz für alle 3- bis 6-Jährigen
1998   *Gerhard Schröder wird Bundeskanzler*
2002   Freibetrag für Betreuung, Erziehung oder Ausbildung von Kindern
2003   Auf- und Ausbau von Ganztagsschulen
2005   Kinderzuschlag für Geringverdiener
2005   Tagesbetreuungsausbaugesetz (TAG) für Kinder unter 3 Jahren
2005   *Angela Merkel wird Bundeskanzlerin*
2007   Elterngeld und Elternzeitgesetz
2008   Kinderförderungsgesetz zum Ausbau der Betreuung der 1- bis
       3-Jährigen
2013   Rechtsanspruch auf einen Betreuungsplatz ab dem 1. Lebensjahr
       Einführung des Betreuungsgeldes
2015   Flexibilisierung der Elternzeit

LITERATURVERZEICHNIS

Adenauer, Konrad: *Erinnerungen 1945–1953*, München 1987
Aust, Stefan u. Fleck, Robert: *Helmut Schmidt*, München/Hamburg
    2005
Bahr, Egon: *Das musst du erzählen*, Berlin 2013
Baring, Arnulf: *Machtwechsel*, Stuttgart 1982
Bommarius, Christian: *Das Grundgesetz, Eine Biographie*, Berlin 2009
Brandt, Lars: *Andenken*, München, 2006
Brandt, Matthias: *Raumpatrouille*, Köln 2016
Brandt, Peter: *Mit anderen Augen*, Bonn 2013
Brandt, Rut: *Freundesland*, Hamburg 1992
Brandt, Willy: *Links und Frei*, Hamburg 1982
Brandt, Willy: *Erinnerungen*, Frankfurt am Main 1989
Burda, Franz (Hg.): *Konrad Adenauer, Ein Gedenkband*, Offenburg 1967
Fischer, Joschka: *Die rot-grünen Jahre*, Köln 2007
Grebing, Schöllgen, Winkler (Hg.): *Willy Brandt und die SPD 1972–1992*,
    Bonn 2001
Geyer, Kurbjuweit, Schnibben: *Operation Rot-Grün*, München 2005
Hennecke: Hans Jörg: *Die dritte Republik*, München 2003
Kemski, Hans Ulrich: *Um die Macht*, Berlin 1999
Koelbl, Herlinde: *Spuren der Macht*, München 2002
Köhler, Henning: *Helmut Kohl. Ein Leben für die Politik*, Köln 2014
Kohl, Helmut: *Erinnerungen, 1930–1982*, München 2004
Kohl, Walter: *Leben oder gelebt werden*, München 2011
Körner, Torsten: *Die Familie Willy Brandt*, Frankfurt am Main 2013
Krein, Daniela: *Konrad Adenauer und seine Familie*, Augsburg 1957
Kujacinski, Dona und Kohl, Peter: *Hannelore Kohl. Ihr Leben*,
    München 2002
Kurbjuweit, Dirk: *Angela Merkel*, München 2009
Langguth, Gerd: *Angela Merkel*, München 2005
Lehberger Reiner: *Loki Schmidt*, Hamburg 2014

Merseburger, Peter: *Willy Brandt, Visionär und Realist*, Stuttgart/
    München 2002
Noack, Hans-Joachim: *Helmut Schmidt, Die Biographie*, Berlin 2008
Osang, Alexander: *Das eiserne Mädchen*, in: »Spiegel reporter« 3/2000
Osang, Alexander: *Die Schläferin*, in: »Der Spiegel« 46/2009
Osterheld, Horst: *Konrad Adenauer, Ein Charakterbild*, Bonn 1987
Recker, Marie-Luise: *Konrad Adenauer, Leben und Politik*, München 2010
Roll, Evelyn: *Die Erste*, Reinbek 2005
Schmidt, Helmut: *Außer Dienst*, München 2008
Schmidt, Helmut u. Loki: *Kindheit und Jugend unter Hitler*, München 2012
Schmidt, Helmut: *Was ich noch sagen wollte*, München 2015
Schmidt, Loki: *Erzähl doch mal von früher*, Hamburg 2008
Schöllgen, Gregor: *Willy Brandt, Die Biographie*, Berlin/München 2001
Schöllgen, Gregor: *Gerhard Schröder, Die Biographie*, München 2015
Schröder, Gerhard: *Entscheidungen*, Hamburg 2006
Schwarz, Hans-Peter: *Helmut Kohl, eine politische Biographie*,
    München 2012
Walterskirchen, Helene: *An der Seite der Macht. Deutschlands First Ladys*,
    Berlin 2002
Zimmer, Dieter (Hg.): *Deutschlands First Ladies*, Stuttgart 1998

S.15: Besuchertribüne im Bundestag, 22.11.2005, v.l.n.r. Isa Gräfin
von Hardenberg, Gesellschaftsreporterin Inga Griese, TV-
Moderatorin Sabine Christiansen und Verlegerin Friede Springer
verfolgen die Wahl von Angela Merkel zur Bundeskanzlerin,
© dpa

S.18: Angela Merkels Eltern, Herlind und Horst Kasner, verfolgen
die erste Wahl ihrer Tochter zur Bundeskanzlerin 2005, © dpa –
Report

S.21: Bundeskanzler Konrad Adenauer 1962 zu Gast im Weißen Haus,
v.l.n.r: Adenauers Tochter Libet Werhahn, Konrad Adenauer,
President Kennedy und Jacqueline Kennedy, © picture alliance/
Everett Collection

S.28: Kurt Georg Kiesinger (CDU) mit seiner in Washington (USA)
lebenden Enkelin (undatiert), © dpa – Bildarchiv

S.35: Willy Brandt, Regierender Bürgermeister von Berlin und Kanzlerkandidat der SPD, am Sonntag der Bundestagswahl 1965, mit
seiner Familie im Garten der Berliner Dienstvilla, v.l.n.r.: Peter,
Rut Brandt, Willy Brandt, Lars und Matthias, © picture alliance

S.50: Helmut Schmidt mit Ehefrau Loki und Tochter Susanne, 1948,
© ullstein bild – Sven Simon

S.53: Empfang der »Die Zeit« 2009 aus Anlass des 90. Geburtstags
von Helmut Schmidt, mit Tochter Susanne und Ehefrau Loki,
© picture-alliance / Sven Simon

S.64: Bundeskanzler Helmut Kohl, Ehefrau Hannelore und die Söhne
Walter und Peter 1981 im Sommerurlaub am Wolfgangsee, © dpa

S.83: Doris Schröder-Köpf und Ehemann Gerhard Schröder 2012 auf
einem SPD-Sommerfest in Niedersachsen, © dpa

S.94: Angela Merkel, letzte Regierungssprecherin der DDR, zu Besuch
bei Fischern in Lobbe auf der Insel Rügen, © Melde Press /
Süddeutsche Zeitung Photo